Speaking Christian

그리스도교
신앙을 말하다

왜 신앙의 언어는 그 힘을 잃었는가?

이 도서의 국립중앙도서관 출판시도서목록(CIP)은
서지정보유통지원시스템 홈페이지(http://seoji.nl.go.kr)와
국가자료공동목록시스템(http://www.nl.go.kr/kolisnet)에서
이용하실 수 있습니다. (CIP제어번호 : CIP2017008977)

Speaking Christian

그리스도교
신앙을 말하다

왜 신앙의 언어는 그 힘을 잃었는가?

마커스 J. 보그 지음 · 김태현 옮김

비아

| 차례 |

2010년 3월, 여든 번째 생일을 보내고
생을 마친 나의 누이 비벌리에게 이 책을 바친다.
그녀는 나보다 열두 살 많은 '큰 누님'이었고,
내가 태어나 학교에 들어가기 전까지는
두 번째 어머니였다.
그리고 함께한 일생동안
그녀는 최고의 친구였다.

이 책의 목적은 성서와 근대 이전의 그리스도교 전통에서
길어올린 그리스도교 언어의 대안적인 의미를 제시하는 데 있다.
이를 위해 나는 오늘날 그리스도교 언어가 어떻게 쓰이고 있는지를
다루며, 이를 성서에 바탕을 두고 그리스도교 전통에서 내려오는
의미와 비교하고 대조할 것이다. 그리고 문자 그대로 이해하거나
천국과 지옥이라는 틀로 해석하는 방식이
그리스도교 언어의 의미에 어떤 영향을 끼쳤는지 알아볼 것이다.
그리하여 '그리스도교 언어를 말하는 것'의
보다 고전적이고 진정한 의미를 밝히고자 한다.

서문

그리스도교에서 쓰는 언어는 오늘날 일종의 걸림돌이다. 그리스도교인, 비그리스도교인 할 것 없이 사람들은 그리스도교를 이루는 기본적인 용어를 이해하지 못한다. 구원, 희생, 구속자, 구속, 의, 회개, 자비, 용서, 거듭남, 재림, 하느님, 예수, 성서 등과 같은 거대한 말부터 신경信經, 주기도문, 전례와 같은 말도 성서에서 뜻하는바, 그리고 전통이 가리키던 의미에서 상당히 벗어났다.

그리스도교 언어를 왜곡하고 잘못 이해하게 된 데는 크게 두 가지 원인이 있다. 첫째는 그리스도교인, 비그리스도교인을 막론하고 그리스도교 언어를 문자 그대로 해석하는 경향이다. 둘째는 이른바 '천국과 지옥'heaven and hell이라고 부르는 틀로 그리스도교 언어를 해석하는 것이다. 이 두 가지가 사람들이 그리스도교 언어를 접하는 방식을 결정하는데, 이에 관해서는 1장에서 자세히 설명할 것이다. 이러한 방식과 틀로 그리스도교를 이해하면 그리스도교 언어에 담긴 의미는 축소되고 왜곡되기에 십상이다.

다른 나라도 마찬가지겠지만 오늘날 미국 그리스도교인은 같은 용어를 사용하나 그 용어를 달리 이해함으로써 심각하게 분열되어 있다. 그리고 이 역사는 뿌리가 깊다. 미국 그리스도교인의 절반가량(어쩌면 그 이상)은 내세, 죄와 용서, 우리 죄로 인한 예수의 죽음, 믿음을 강조하는 '천국과 지옥'의 틀로 성서에 담긴 언어를 문자 그대로 이해해야 한다고 믿는다. 나머지 절반(아마도 더 적겠지만)은 이런 입장에 난감해하며 의문을 품는다. 그리스도교 언어를 다르게 이해하는 쪽으로 옮겨간 사람도 있다. 양측의 차이는 매우 분명하다. 같은 성서와 같은 용어를 사용한다 해도 사실상 별개의 두 종교가 있다고 할 수 있을 정도다.

이 책의 목적은 성서와 근대 이전의 그리스도교 전통에서 길어올린 그리스도교 언어의 대안적인 의미를 제시하는 데 있다. 이를 위해 나는 오늘날 그리스도교 언어가 어떻게 쓰이고 있는지를 다루며, 이를 성서에 바탕을 두고 그리스도교 전통에서 내려오는 의미와 비교하고 대조할 것이다. 그리고 문자 그대로 이해하거나 천국과 지옥이라는 틀로 해석하는 방식이 그리스도교 언어의 의미에 어떤 영향을 끼쳤는지 알아볼 것이다. 그리하여 '그리스도교 언어를 말하는 것'의 보다 고전적이고 진정한 의미를 밝히고자 한다. 또한 이 의미들을 21세기를 사는 우리가 직면한 현실과 연결할 것이다.

결국 이 책의 목적은 그리스도교 언어에 담긴 풍성한 의미와 지혜를 되살리는 것이다. 처음에는 책 제목을 '그리스도교 언어를 구원하기'Redeeming Christian Language로 지을까 고민했다. 하지만 이내 '구원'Redeeming이라는 말 또한 구해야 할, 구원이 필요한 말임을 깨달았다. 오늘날에는 구원이라는 말이 대개 구원자 예수의 죽음을 통해 우리 죄를 용서받는 것이라는 의미로 쓰인다. 하지만 구원의 고전적이고 성서적인 의미는 다르다. 구원이라는 말은 노예와 속박, 포로 상태에서 자유롭게 됨을 뜻한다. 우리 죄를 용서받는 것이 아니다. 이러한 의미에서 그리스도교 언어는 '구원'되어야 한다. 현대의 문자주의와 '천국과 지옥' 해석틀이라는 속박에서 풀려나야 한다.

그간 예수, 하느님, 성서, 그리고 그리스도교의 핵심 등에 관한 책을 써왔기 때문에 불가피하게 되풀이되는 주제도 있다. 하지만 이전 저서에서 다룬 내용이라도 이 책에서는 좀 더 간결하고 새롭게 설명하였다. 장마다 분량이 들쭉날쭉해서 분량이 많은 장이 있는가 하면 대여섯 쪽밖에 안 되는 장도 있다. 1장에서 다룬 주제를 명확히 하기 위해 얼마만큼의 설명이 필요한지에 따라 각 장의 분량을 안배했다.

이 책은 일종의 '그리스도교 언어 입문서'다. 특정 언어에 관한 입문서는 해당 언어를 읽는 법을 가르쳐주기 마련이다. 이때 읽기란 단순히 언어를 알아보고 발음하는 것을 배우는 데서 그치지 않는다. 온전한 의미에서 특정 언어를 듣고 이해할 수 있을 때 우리는 그 언어를 읽을 수 있다. 우리는 기존의 이해에 방해받지 않고서 다시, 그리스도교 언어를 읽고 들으며 음미할 수 있어야 한다. 신앙의 언어를 읽고 듣는 법을 다시 익혀야 한다. 이 책의 목적은 바로 이를 돕는 것이다.

이 책은 일종의 '그리스도교 언어 입문서'다.
특정 언어에 관한 입문서는
해당 언어를 읽는 법을 가르쳐주기 마련이다.
이때 읽기란 단순히 언어를 알아보고 발음하는 것을
배우는 데서 그치지 않는다.
온전한 의미에서 특정 언어를 듣고 이해할 수 있을 때
우리는 그 언어를 읽을 수 있다.
우리는 기존의 이해에 방해받지 않고서 다시,
그리스도교 언어를 읽고 들으며 음미할 수 있어야 한다.
신앙의 언어를 읽고 듣는 법을 다시 익혀야 한다.
이 책의 목적은 바로 이를 돕는 것이다.

그리스도교 언어는 성서, 그리고 성서가 기록된 이후

형성된 그리스도교에 뿌리를 두고 있다.

그리스도교 언어는 예배와 기도, 교리와 공동체에서

사용하고 노래한 말들로 이루어져 있다.

그리스도교인이라는 것, 즉 그리스도교 언어를 이해하고

사용하고 그 언어로 자신의 삶을 빚어간다는 것은

그리스도교 언어라는 틀 안에서

하느님과 함께하는 삶을 사는 것이다.

01

___

그리스도교 언어를 말한다는 것

오늘날 그리스도교 언어를 말하는 것—그리스도교 언어를 알고 이해하는 것—은 위기에 처해 있다. 이 위기는 다른 나라에서도 마찬가지겠지만 일단 내가 가장 잘 아는 문화 지형인 미국에 한정해 이야기하고자 한다. 이 위기는 이중의 위기다. 우선 많은 이가 그리스도교 언어를 낯설게 느끼며, 그 수는 점차 늘고 있다. 적잖은 사람이 그리스도교 언어를 전혀 알지 못하거나, 듣더라도 무슨 뜻인지 전혀 이해하지 못한다.

그러나 이러한 현상은 문제의 한 면에 지나지 않는다. 더 심각한 문제는 그리스도교 언어를 유창하게 할 줄 안다고 생각하는 이들조차 그리스도교 신앙을 잘못 이해하고 곡해한다는 점이다. 그들은 스스로 그리스도교 언어를 잘 이해하고 말한다고 생각하지만, 그들이 사용하는 그리스도교 언어에 담긴 뜻은 그 역사적 의미와 매우 다르다. 그 차이가 너무 커서 그들이 존경을 표하는 과거 신앙의 선배들과 제대로 소통이나 할 수 있을지 모르겠다.

그런데 왜 이 위기가 언어의 문제일까? 사람들은 언어라는 매개를 통해 종교에 참여하기 때문이다. 한 종교의 신자가 된다는 것은 그 종교의 언어를 이해하고 말할 수 있음을 뜻한다. 모든 종교에는 기본적인 용어가 있다. 제의와 의식에 참여하며 신자들은 자신이 속한 종교에서 비중이 큰 단어를 비롯한 여러 용어를 듣고 말한다.

누군가가 무슬림이라면 이는 기본적으로 '이슬람교 언어를 말하는 것'을, 불교 신자라면 '불교 언어를 말하는 것'을 뜻한다. 이때 '말한다'는 것은 단순히 그 종교의 고대 언어나 그 현대적 변용을 안다는 걸 뜻하지 않는다. '말한다'는 것은 더욱 근본적인 것, 즉 누군가 세상을 보는 렌즈로서 자신이 속한 종교의 관념과 사상을 사용하며, 자신의 종교와 세상살이를 연결 짓기 위해 그 종교의 관념과 사상을 사용함을 뜻한다.

최근 학계의 표현을 빌려 말하자면, 종교는 '문화-언어 전통'cultural-linguistic traditions이다.[1] 이 말이 의미하는 바는 단순하면서도 중요하다. 모든 종교는 특정 문화에 기원을 두고 있기에 한 종교의 언어는 자신이 기원을 둔 문화와 밀접한 연관을 맺고 있다. 이는 종교가 자신이 속한 문화 언어에 급진적으로 도전했다 하더라

---

[1] George Lindbeck, *The Nature of Doctrine* (Philadelphia: Westminster, 1984).

도 마찬가지다. 종교가 시간의 흐름에서 살아남으면 그 자체로 하나의 문화-언어 전통이 되는데, 여기에는 그 자신의 언어, 기본 어휘, 경전과 이야기, 제의와 의식 등이 포함되어 있다. 보통 이러한 것들은 종합적인 사고 체계로 조직화한다. 그리스도교에서는 이를 '신학'이라고 부르며 교리와 교의도 이에 해당한다.

　이런 의미에서 그리스도교인(또는 유대교인이나 무슬림)은 프랑스인(또는 터키인이나 한국인)과 비슷하다. 프랑스인을 가르는 기준 중 하나는 프랑스어를 말할 수 있는가이다. 프랑스어를 이해할 수 있는 능력 또한 하나의 기준이 된다. 프랑스어를 말할 수만 있을 뿐 이해하지 못한다면 프랑스어에 유창하다고 할 수 없다. 마찬가지로 어떤 언어를 읽고 쓸 줄 안다는 것은 단순히 그 언어로 쓰인 걸 발음할 줄 아는 것 이상의 능력을 의미하며 그 말이 무엇을 뜻하는지 이해하는 능력까지를 포함한다. 그리스도교 언어를 읽고 쓸 줄 안다는 것은 단순히 성서의 용어나 그리스도교 용어를 분간할 줄 아는 것만이 아니라 그 뜻을 이해할 수 있음을 의미한다. 물론 그리스도교 언어를 이해한다고 해서 그 사람이 반드시 그리스도교인이라고 볼 수는 없다. 프랑스어에 능통하다고 해서 프랑스인이 되지는 않는 것처럼 말이다. 프랑스어를 배운다고 해서 누구나 프랑스인이 되는 건 아니다. 프랑스인이라는 것은 '프랑스'라는 공동체에 대한 의식과 '에토스'ethos, 즉 생활양식을 아우른다. 마찬가지로 그리스도교인이 되려면 그리스도교라는 공동체의 일원이라는 의식과 그리스도교적 생활양식을 갖추어야 한다. 이는 언어 이상이지 그 이하는 아니다.

그리스도교 언어는 성서, 그리고 성서가 기록된 이후 형성된 그리스도교에 뿌리를 두고 있다. 그리스도교 언어는 예배와 기도, 교리와 공동체에서 사용하고 노래한 말들로 이루어져 있다. 그리스도교인이라는 것, 즉 그리스도교 언어를 이해하고 사용하고 그 언어로 자신의 삶을 빚어간다는 것은 그리스도교 언어라는 틀 안에서 하느님과 함께하는 삶을 사는 것이다.

생소하고 잘못 이해되는 언어

오늘날 많은 이가 그리스도교 언어를 생소하게 여긴다. 그 이유는 명확하다. 북미권에서 지난 반세기 동안 그리스도교인 가정에서 그리스도교인으로 자란 사람의 비율은 급격하게 줄어들었으며 유럽은 그 정도가 더 심했다. 1960년대 중반 이후 태어난 사람들은 그리스도교의 영향력이 강한 문화에서 자라지 않은 한 성서나 그리스도교 언어를 거의 접하지 못했다.

30년 전, 그리스도교 언어가 숨 쉬는 공기처럼 자연스럽던 미네소타에서 미국에서 교회 수가 가장 적은 주인 오레곤으로 교수직을 옮겼을 때 나는 이런 변화를 생생하게 느낄 수 있었다. 첫 번째 강의였던 '신약성서 입문' 첫 시간에, 유대교에 뿌리를 둔 초기 그리스도교를 알지 못하면 신약성서를 이해할 수 없다고 말하자 학생이 손을 들어 물었다. "유대교가 뭔가요?" 좋은 질문이었다. 유대교가 뭔지 모르지만 알고 싶어 하는 사람에게 5분 내로 유대교를 설명해주려면 어떻게 해야 할까? 유대교를 설명하기 위해 모세를 언급하자 다른 학생이 손을 들어 물었다. "모세가 누군가요?"

이 또한 좋은 질문이었다. 모세라는 이름을 한 번도 들어본 적이 없는 이에게 모세가 누구인지 알려주려면 어떻게 말해야 할까?

그제야 나는 이곳이 미네소타가 아님을 실감했다. 오레곤 주에 있는 학생 중에는 성서나 그리스도교를 거의 알지 못하는 이가 많았다. 강의 첫날, 학생들에게 '나와 성서' 또는 '나와 그리스도교'라는 주제로 십 분 동안 에세이를 작성하라고 했다. 그리고 학생들에게 질문했다. '그리스도교와 성서에 관해 무엇을 접해봤는가?' '자라면서 교회를 다녔는가?' '교회를 다녔든 아니든 성서와 그리스도교에 대해 무슨 이야기를 들었는가? 어떤 느낌을 받았는가?' 다음은 학생들의 답변과 내가 알게 된 점 중 일부다.

"성서는 잘 모르지만, 물고기 배 속에 갇힌 사내 이야기가 성서에 있다고 알고 있어요."

"그리스도교는 잘 모르지만, 그리스도교인들은 죄를 정말 싫어하는 것 같아요."

학생 중 절반은 결혼식이나 장례식 빼고는 예배에 참석해본 적이 없으며, 결혼식이나 장례식 예배조차 안 가본 학생도 있었다.

과반수의 학생이 그리스도교인들은 문자주의적이고 반지성적이며, 매사 판단하기 좋아하고 독선적인 데다 편견이 심하다고 묘사했다. 한 학생은 오레곤 주에서 유일하게 뱀을 만지는 교회에서 예배를 드린 적이 있다고 말했다. 그는 그리스도교 예배에 뱀이 등장하는 줄은 몰랐는데 흥미로웠다고 말했다.[*]

학생들이 특별히 지적으로 문제가 있던 것은 아니었다. 되려 그들은 명석했다. 다만 그들은 점점 현실이 되고 있는 미래의 전조였을 뿐이다. 마흔 살 이하의 미국인 중 다수는 교회와 거의, 혹은 전혀 상관없이 자랐다. 1980년 이후 출생한 사람 중 25%는 어떠한 종교에도 몸을 담고 있지 않다.

그리스도교 언어─그리스도교의 중요한 용어들, 그리고 그러한 용어로 이뤄진 성서와 이야기들─에 익숙하지 않은 것은 그리스도교인들도 마찬가지다. 조사에 따르면 미국 그리스도교인 중 사복음서의 이름을 댈 수 있는 사람은 절반도 안 되며, 1/3 정도만이 산상설교가 마태오 복음서(마태복음)에 있다는 걸 알고 있다. 또한 세 명 중 두 명은 '하늘은 스스로 돕는 자를 돕는다'라는 속담이 성서에서 나온 말인 줄로 알고 있다. 사람들은 대개 구약성서에서 몇 가지 이야기만 알고 있을 뿐이었는데, 그마저도 정확하지 않은 게 많다. 신약성서도 상황이 조금 나을 따름이다. 이처럼 많은 그리스도교인에게도 성서와 그리스도교의 언어는 생소한 외국어나 마찬가지다. 단순히 낯설다는 것이 문제가 아니다. 어렸을 때부터 그리스도교 언어를 들은 사람은 많다. 여전히 교회에 나가고 있다면 성

---

[*] 미국의 오순절 교회 중 일부는 20세기 초부터 성결운동의 일환으로 예배 중에 뱀을 만지는 의식을 한다.

서 낭독과 설교, 찬송과 기도, 전례와 신경 등을 통해 계속해서 그리스도교 언어를 접할 것이다. 우리는 그리스도교 언어에 충분히 젖어 있다.

문제는 사람들이 그리스도교 언어를 잘못 이해하고 있다는 점이다. 오늘날 그리스도교 언어는 성서에 담긴 의미, 고전적인 의미와는 다른 뜻을 지니게 되었다. 본래 풍부하고 다양한 의미를 지니고 있던 말이 하나의 특정한 의미를 지닌 말로 축소된 예도 있다. 더욱 심각한 건 의미가 축소되는 것을 넘어 본래 의미가 왜곡되고 곡해된다는 점이다.

오늘날 사람들이 이처럼 자주 그리스도교를 잘못 이해하는 데는 크게 두 가지 이유가 있다. 먼저, 많은 경우 그리스도교에 대한 통상적인 이해가 낳은 해석틀을 통해 성서와 그리스도교 언어를 받아들이고 있기 때문이다. 나는 이 해석틀을 '천국과 지옥 해석틀'heaven-and-hell framework이라고 부른다. 그다음으로는, 성서와 그리스도교 언어를 문자 그대로 해석하는 '문자주의'가 만연하기 때문이다. 문자주의는 그리스도교 언어를 하느님의 무오한 계시가 문자 그대로 완벽하게 재현된 것으로 받아들이는 것이 그리스도교 언어를 이해하는 가장 신실한 방법이라고 주장하는 것이다. 이번 장에서는 천국과 지옥 해석틀의 문제를 다루고, 그리스도교 언어의 문자주의 해석에 대해서는 다음 장에서 논의할 것이다.

천국과 지옥 해석틀

각 단어는 해석틀 안에서 의미를 획득한다. 해석틀은 단어의 의미를 형성하는 커다란 맥락이다. 코끼리는 아프리카에 있는 동물 보호 구역 방문이라는 맥락에서, 혹은 정치 만평이라는 맥락에서 그 의미가 전혀 달라진다.* 해석틀은 중요하다.

오늘날 많은 이가 '천국과 지옥'이라는 틀로 그리스도교 언어를 받아들인다. 나는 경멸을 담거나 젠체하지 않으면서도 이를 적확하게 묘사할 표현을 찾느라 고민하고 고심했다. '천국과 지옥 그리스도교'heaven-and-hell Christianity라는 표현은 그리 오래되지 않은, 그러나 오늘날 개신교 신자와 로마 가톨릭 신자 대다수가 당연시하는 그리스도교를 가리킨다.

유년기가 끝나가는 열두 살 즈음에 다음과 같은 질문을 받았다고 생각해보라. '그리스도교는 무엇에 관한 것인가?' '그리스도교의 핵심 메시지인 '복음'the gospel이란 무엇인가?' '왜 우리는 그리스도교인이 되어야 하는가?' 이 질문들은 그리스도교인으로 자란 사람들에게만 해당하는 질문이 아니다. 사실상 서구 문화권에서 자란 사람이라면 누구나 유년기가 끝날 때쯤에는 그리스도교에 대한 일정한 인상을 갖게 되기 마련이다.

50여 년 전, 나는 그리스도교 가정에서 태어나 그리스도교인으로 자랐다. 열두 살의 나라면 내 마음에 새겨진 그리스도교에 대해 이렇게 대답했을 것이다. '예수는 우리 죄로 인해 죽었는데, 이 예수를 믿으면 우리는 죄를 용서받고 천국에 갈 수 있다.' 물론 나는 그리스도교인이 되는 것은 그보다 많은 것을 의미한다고 배웠

---

* 코끼리는 미국 공화당을 가리킨다.

다. 그리스도교인이 된다는 것은 하느님의 계명, 특히 서로 사랑하라는 계명에 순종함으로써 삶을 바꾸어나감을 뜻했다. 그러니, 그리스도교인이 된다는 것은 무언가를 믿는 것일 뿐 아니라 무언가를 행하는 것이기도 했다. 그럼에도 핵심은 분명했다. 우리는 망가졌고 지옥에서 영원한 고통을 겪는 것이 마땅할 정도로 벌을 받아야 한다. 그러나 하느님은 이런 우리를 위해 예수를 보냈다. 예수는 우리가 받아야 할 벌을 대신 받아 죽었다. 이 예수를 믿으면 죄인인 우리는 용서를 받고 천국에 갈 수 있다.

내가 유년기를 보낸 스칸디나비아 루터교에서 이러한 이해는 일반적인 것이었다. 다른 개신교 신자, 로마 가톨릭 신자라고 해서 특별히 다르지 않다. 정도의 차이는 있으나 교회 안팎의 수많은 사람은 이러한 이해가 그리스도교의 핵심이라고 본다. 그리고 많은 이가 이러한 틀을 따라 그리스도교 언어를 이해한다. 천국과 지옥 해석틀에는 네 가지 핵심 요소가 있다. 그것은 내세the afterlife, 죄와 용서sin and forgiveness, 우리 죄를 사하기 위한 예수의 죽음Jesus's dying for our sins, 그리고 믿음believing이다. 이 네 요소는 과거 내 유년기 시절 기억뿐 아니라 오늘날 많은 그리스도교인의 머릿속에 박혀있다. 그리고 이 틀이 우리가 경험한 내용, 들은 내용을 달리 빚어낸다.

내세Afterlife 많은 사람이 천국에 가기 위해 그리스도교인이 된다. 내가 자란 교파에서는 죽음 이후의 삶을 중시했다. 누군가 열두 살 무렵의 나에게 내세 같은 건 없다고 말했다면 나는 그리스도교의 존재 이유, 그리스도교인이 되어야 하는 이유를 찾지 못했을 것이다. 실제로 오늘날 많은 그리스도교인이 이러한 식으로 이해하고 있다. 어떤 교회는 천국에 대한 희망을 이야기하면서 동시에 지옥에 대한 위협을 노골적으로 강조한다. 물론 지옥을 거의, 혹은 전혀 언급하지 않는 교회도 있다. 하지만 이러한 교회에서도 축복받은 내세를 향한 희망은 그리스도교 신앙에서 핵심을 이룬다. 당신이 교회에 갔을 때 들었던 설교에서 천국의 약속(그리고 지옥의 위협)이 얼마나 큰 비중을 차지하는지를 생각해보라.

죄와 용서 Sin and Forgiveness 죄는 하느님과 함께하는 삶에서 핵심적인 문제다. 그리고 그 해결책은 용서이다. 우리는 죄인이기 때문에 벌을 받아 마땅하다. 그리스도교 예배에서 죄와 용서라는 말이 얼마나 자주 등장하는지를 떠올려보라. 대부분의 예배에는 죄를 고백하는 순서가 있다. 어렸을 적 매주 일요일 아침에 예배를 드리며 나는 고백했다.

우리는 불쌍한 죄인입니다. 우리는 천성적으로 죄 많고 불결한 존재일 뿐 아니라 생각, 말, 행동으로 당신께 죄를 지었음을 고백합니다. 그러므로 우리는 당신의 은총을 바라고 구합니다. 우리 주 예수 그리스도에 의지해 당신의 무한한 자비를 간구합니다.

꽤 강렬한 고백이지만, 이보다 더 강한 표현들로 이루어진 고백도 많았다. 이처럼 죄를 고백하는 것은 개신교만의 특징이 아니다. 로마 가톨릭 신자인 친구는 매주 토요일마다 사제를 직접 만나 자신의 죄를 고백해야 했다.

그리스도교인은 대부분 예배를 드리며 세 번 하느님의 자비를 구한다. "주여, 우리에게 자비 베푸소서. 그리스도여, 우리에게 자비 베푸소서. 주여, 우리에게 자비 베푸소서." 우리는 하느님의 자비가 필요하다. 우리가 죄인이기 때문이다. (주의 만찬Lord's supper, 미사Mass, 성체성사Holy Communion라고도 불리는) 감사성찬례Eucharist를 드릴 때 쓰는 말들도 우리의 죄, 그리고 우리가 용서받을 수 있게 해준 예수의 희생을 강조한다. 당신이 생각하는 그리스도교에서 죄와 용서가 어느 정도의 비중을 차지하는지 한번 천천히 생각해보라.

비그리스도교인들은 천국과 지옥 그리스도교가 '죄에 사로잡혀' 있음을 그리스도교인보다 더 잘 알고 있다. 몇 해 전 한 불교 승려는 눈을 반짝이며 내게 말했다. "당신들 그리스도교인은 분명 아주 나쁜 사람들인가 보군요. 항상 죄를 고백하고 용서를 구하니 말입니다."

우리 죄로 인해 죽은 예수 Jesus Died for Our Sins 천국과 지옥 해석틀에서 볼 때 예수가 한 행동 중 가장 중요한 행동은 다름 아닌 그의 죽음이다. 그는 우리 죄를 사하기 위해, 우리를 대신해 죽음으로써 불순종으로 인해 치러야 하는 대가를 대신 치렀다. 그로 인해 우리는 용서받을 수 있게 되었다. 이를 확신하는 사람들뿐만 아니라 이에 대해 의혹을 품거나 인정하지 않는 사람들조차 예수의 생애에서 가장 중요한 일은 그의 죽음이라고 생각한다.

멜 깁슨Mel Gibson이 연출한 영화 '패션 오브 크라이스트'The Passion of the Christ를 떠올려보라. 영화는 예수가 체포되어 고문당하다 죽음에 이르는 최후의 열두 시간을 보여준다. 보수적인 그리스도교인들은 이 영화에 환호했으며 교황 요한 바오로 2세John Paul II도 "있는 그대로를 보여준다"며 이 영화를 치켜세웠다. 영화의 메시지는 명확하다. 예수의 가장 중요한 의미는 세상의 죄를 사하기 위한, 대속으로서의 그의 죽음이라는 것이다.

오늘날 미국의 보수 그리스도교인들은 우리 죄로 인한 예수의 죽음과 내세를 관련지어 이야기한다. 예컨대 남침례신학교 총장인 앨버트 몰러Albert Mohler는 지난 2010년 말했다.

예수가 그저 단순히 희생자로서 십자가에 못 박힌 것일까요? 그렇다면 우리에게 복음이란 없었을 것이며, 영생에 대한 희망도 없었을 것입니다. 예수가 단순히 정권의 비위를 거스른 정치범으로 십자가에 못 박힌 것일까요? 그렇다면 인류 역사에는 흥미로운 사건으로 남겠지만, 그것에 내 삶을 걸지는 않을 것이며 내세에 대한 저의 희망도 사그라질 것입니다.[2]

몰러가 "복음", "영생에 대한 희망", "내세에 대한 희망"과 예수가 "단순한 희생자", "정권의 비위를 거스른 정치범" 이상이라는

2   'Jesus, Reconsidered: Book Sparks Evangelical Debate', 2010년 3월 26일 미국 공영 라디오 방송NPR과의 아침 인터뷰 중, 인터뷰는 바바라 브래들리 해거티 Barbara Bradley Hagerty가 진행했다.

점을 연결해 이야기한 점에 주목하자. 몰러를 비롯한 많은 그리스도교인이 생각하기를, 예수의 가장 중요한 의미는 그가 우리 죄로 인해 죽음으로써 우리가 용서받고 천국에 갈 수 있게 되었다는 것이다.

믿음Believing 천국과 지옥 해석틀을 이루는 마지막 요소는 믿음이다. 여기서 믿음은 일련의 핵심 진술들을 사실이라고 시인하는 것을 뜻한다. 하느님은 우리가 믿음 혹은 '신앙'faith을 갖기를 바라며, 믿음 혹은 신앙을 가질 때 우리는 천국에 갈 수 있다. 절반가량의 개신교 신자는 믿음을 예수가 우리 죄를 사하기 위해 죽었다는 것뿐만 아니라 성서가 하느님의 무오한 계시이며 문자적으로 완벽한 사실을 전하는 문헌이라는 것, 그 외에 더 많은 것을 받아들이는 것으로 여긴다. 그 밖의 개신교 신자들과 대다수 로마 가톨릭 신자들은 믿음의 내용을 엄밀하게 상술하지는 않지만 일련의 믿음을 시인하는 게 중요하다는 공감대는 있다. 많은 이가 이러한 일련의 믿음을 시인하는 것이 '신앙'의 주된 요소라 생각한다.

이러한 네 가지 요소로 이뤄진 해석틀을 바탕으로 사람들은 중대한 그리스도교 용어들의 의미를 이해한다. 하지만 이렇게 이해된 의미는 성서와 초기 그리스도교에서 말하는 용어들의 의미와는 사뭇 다르다. 몇 가지를 예를 들어 보겠다.

- '구원'Salvation은 오늘날 죽음 이후의 삶을 가리킨다. 구원은 천국에 가는 것이다. 하지만 성서에서 말하는 구원은 내세와는 거

의 무관하다. 그보다 성서는 현세에서 이루어지는 변혁으로 구원을 말한다.

· '구원받은'Saved은 우리의 죄에서 구원받는 것을 뜻한다. 하지만 성서에서 이 말은 그보다 훨씬 폭이 넓다. 우리의 죄와는 무관한 경우도 많다.

· '구원자'Savior는 우리의 죄에서 우리를 구원한 이인 예수를 가리킨다. 하지만 성서에서 이 말은 예수가 등장하기 전에도 오랫동안 쓰였다. 그리고 이 말 또한 죄에서 구원받는 것과는 별다른 관련이 없이 쓰인 경우가 많다.

· '희생'Sacrifice은 우리의 죗값을 치르기 위해 예수가 십자가 위에서 맞이한 죽음을 가리킨다. 하지만 성서에서 이 말은 이른바 대속과는 아무런 관련이 없다.

· '하느님'God은 세상과 분리된 인격적 존재를 가리킨다. 하느님은 사랑하는 하느님이자 벌하는 하느님이다. 하느님은 우리를 위해 죽임당하도록 예수를 보낼 만큼 우리를 사랑한다. 동시에 그분은 당신을 믿지 않거나 당신의 뜻을 따라 행동하지 않는 이를 심판할 것이다. 하지만 성서는 하느님에 대한 매우 다른 이해를 담고 있는데, 하느님이라는 말이 가리키는 것과 하느님의 성품 모두가 다르다.

· '자비'Mercy는 하느님께서 죄 많고 벌 받아 마땅한 우리를 용서하는 것을 가리키는 말이다. 하지만 성서에서 '자비'로 번역되는 원어는 대개 오늘날 우리가 쓰는 '자비'라는 말과는 다른 의미로 쓰였다.

· '회개'Repentance는 죄를 뉘우치고 더 나은 삶을 살기로 결단하는 것을 의미한다. 하지만 성서에서 '회개'의 의미는 상당히 다르다. 성서에서 이 말은 포로 생활에서 돌아오는 것 그리고 '우리의 생각을 뛰어넘는 것'을 뜻한다.

· '구속자, 구속하다, 구속'Redeemer, redeem, redemption은 ('구원자, 구원하다, 구원'savior, save, salvation과 마찬가지로) 우리를 죄에서 구함으로써 구속을 성취한 구속자로서의 예수를 가리킨다. 하지만 성서에서 이 말은 죄에서의 구원이 아니라 노예 상태에서의 해방을 뜻한다.

· '의義'Righteousness는 주로 개인적인 미덕을 가리키며, 그래서 개인의 의인됨과 관련이 있다. 하지만 성서에서 '의'는 대개 사회적이고 공동체적인 미덕이다. 이 말은 정의Justice, 곧 사회가 의로운지 아닌지와 관련이 있다.

· '평화'Peace는 마음의 평화나 하느님과의 화해 등 주로 개인의 내면 상태로 이해된다. 하지만 성서에서 '평화'는 개인의 내적 평

화 그 이상을 뜻한다. '평화'는 세상, 즉 폭력과 전쟁 없는 세상을 향한 하느님의 꿈에서 큰 비중을 차지한다.

- '신앙'Faith은 하느님과 예수에 관한 일련의 진술과 성서가 (문자적으로) 사실임을 믿는 것을 뜻한다. 하지만 성서와 근대 이전의 그리스도교에서 '신앙'은 이러한 진술들을 사실로 인정하는 것이 아니었다. 신앙은 예수를 통해 알게 된 하느님을 향한 헌신commitment, 충성loyalty, 충실allegiance을 뜻했다. 이러한 맥락에서 '믿다'believe와 가장 가까운 말은 '사랑하다'일 것이다.

이 책은 위에 열거한 용어들뿐 아니라 몇몇 주요 그리스도교 용어를 다룰 것이다. 이 장에서는 우선 통상적인 천국과 지옥 해석틀이 블랙홀처럼 그리스도교 언어를 빨아들여 그 의미를 바꾸고 왜곡하고 있다는 점만 지적하고자 한다. 이에 대한 비판이 이 책의 상당 부분을 채울 것이다. 하지만 먼저 그러한 해석틀이 영향력 있었고 여전히 수많은 사람에게 영향력을 미치고 있다는 점을 강조하고자 한다.

'영향력이 있다'라는 말은 사람들의 삶에 긍정적인 영향을 주었다는 뜻이다. 백 년도 전에 태어나셨던 우리 부모님이 좋은 본보기다. 부모님 세대 중 많은 이는 일평생 천국과 지옥 그리스도교의 해석틀 속에서 살았다. 생전에 여쭤보지는 못했지만, 적어도 내가 아는 한 그것은 부모님께 아무 문제가 되지 않았다. 천국과 지옥 해석틀은 얼마간 부모님의 삶에 긍정적인 영향을 미쳤다. 당시에는 이 해석틀을 당연시했으므로 오늘날 경직된 형태보다 한결 '유연'했다. 당시 사람들은 이 해석틀을 강조하거나 힘써 변호할 필요가 없었다. 부모님 세대 중 많은 이는 이 틀을 하느님의 영이 자신들 안에서 작용해 온유, 관용, 긍휼의 열매를 맺게 해주는 은총의 통로로 여겼다. 하느님의 영은 다양한 방법을 통해 작용할 수 있으며 또 작용한다는데 나는 이의를 제기하지 않는다.

하지만 오늘날 전통적인 천국과 지옥 그리스도교의 틀로 해석된 그리스도교 언어의 의미는 문젯거리다. 많은 사람은 이 해석틀이 그리스도교 언어를 불분명하게 만들고 그 언어가 본래 갖고 풍성한 의미를 빼앗아갔다고 생각한다. 또한 이는 단지 의미 축소의 문제가 아니다. 그리스도교 언어는 오늘날 지적인 걸림돌이 되었으며 그리스도교를 진지하게 대하기는 점점 더 어려워지고 있다.

구해낼 것인가, 대체할 것인가

그리스도교 언어는 구제 불능이기에 우리가 원하는 바대로 소통하기 위해서는 실제로 소통 가능한 언어로 그리스도교 언어를 대체해야 한다는 목소리도 있다. '구원'이라는 말의 의미가 대다수 사람이 생각하는 의미와 크게 다르다면, 과연 잘못 이해될 염려 없이 그 말을 사용할 수 있겠는가? '하느님'이라는 말의 본래 뜻이 대다수가 알고 있는 뜻과 크게 차이 난다면, 과연 잘못 이해함 없이 그 말을 쓸 수 있겠는가? '구원받은', '자비', '의', '회개' 등등 다른 말들도 마찬가지다.

캐나다연합교회 목사이자 진보적 그리스도교를 위한 캐나다 센터 회장, 『하느님과 함께 혹은 하느님 없이: 우리가 사는 방식이 우리가 믿는 것보다 더욱 중요한 이유』의 저자인 그레타 보스퍼Gretta Vosper는 그리스도교 언어를 다른 언어로 대체해야 한다고 강력하게 주장한다.[3] 그는 주류 그리스도교에서 일상적으로 행하는 예배에 아무것도 모르는 사람이 참석했을 때 무엇을 경험할지 한번 상상해보라고 한다.

· "이는 주님의 말씀입니다"로 끝나고 "하느님, 감사합니다"로 화답하는, 낯설 뿐 불편함만 주는 성서 낭독

· 하느님이 개입하도록 설득할 수 있다고 전제하는 기도

· 우리는 모두 죄인이나 예수가 이런 우리를 위해 죽음으로써 그 죗값을 치렀다는 점을 강조하는 전례

· 빵과 포도주를 예수의 살과 피라 말하며 사람들에게 주는 행위

이러한 언어가 외부인에게는 어떠한 의미로 다가갈까? 내부자인 그리스도교인들에게는 또 무슨 의미일까? 보스퍼는 자신의 저서에서 오늘날 그리스도교 언어의 생존을 염려하는 모든 이는 그

---

3 Gretta Vosper, *With Or Without God: Why the Way We Live is More Important than What We Believe* (Toronto: HarperCollins, 2008).

언어를 바꿀 필요가 있다고 주장한다.

하지만 이 책에서는 그리스도교 언어를 대체하자고 말하는 대신 두 번째 선택지, 이를 구제하는 방안을 택하려 한다. 여기엔 개인적 이유가 있다. 성공회 신자인 나는 그리스도교 언어로 둘러싸인 교파에 속해 있다. 일요일마다 우리는 성서 낭독을 네 차례 하는데, 이는 다른 교파에 비해 많은 횟수다. 성공회 기도서를 바탕으로 이루어지는 성사와 기도는 성서 언어와 그리스도교 언어로 가득 차 있다. 나에게 이 언어를 포기한다는 것은 굉장한 자양분을 가진 성서적이고 전례적인 교파를 떠남을 의미한다.

또 다른 이유는 덜 개인적이다. 이 책은 종교가 언어와 같다고 전제한다. 이 점을 받아들인다면, 그리스도교인이 된다는 것은 곧 그리스도교 언어를 말하는 것을 의미한다. 프랑스어를 말하길 멈춘다면 더는 프랑스인이 아니라고 할 수 있듯, 그리스도교 언어를 말하길 멈춘다면 더는 그리스도교인이 아니라고 할 수 있다. 그리스도교 언어를 말하는 것은 그리스도교인에게 본질적인 것이다.

오해하지는 말기 바란다. 그리스도교 언어를 알거나 쓰지 않더라도 훌륭한 삶을 살 수 있다. 여기서 '훌륭한 삶'이란 단순히 행복하고 근사한 삶을 말하는 것이 아니라 그리스도교에서 소중히 여기는 미덕을 체화한, 변화된 삶을 말한다. 그리스도교는 훌륭하고 변화된 삶을 위한 유일한 길은 아니다. 하지만 그리스도교는 훌륭하고 변화된 삶을 위한 효과적인 길임을 역사를 통해 끊임없이 증명해왔다. 그리스도교는 수많은 사람이 인정했고, 인정하고 있으며 앞으로도 여전히 강한 영향력을 미칠 것이다. 그리스도교 언어를 대체하기보다는 구해내야 한다. 잃을 것이 너무 많기 때문이다.

그리스도교 언어를 '구해낸다'는 표현은 '해방하다, 속박에서 풀어주다'라는, 성서가 말하는 구원의 차원에서 쓴 말이다. 그리스도교 언어는 '관습으로 굳어진 현재의 의미'라는 속박에서 해방되어야 한다. 그리스도교 언어를 구해낸다는 것은 구원, 희생, 대속, 회개, 하느님, 예수, 삼위일체, 의, 자비, 정의, 은총, 하느님의 나라, 영생, 구세주 예수, 길이요 진리요 생명인 예수 등등의 개별 용어와 표현의 의미를 되살리는 것을 말한다. 이 언어는 무엇을 의미하는가? 이 말들을 사용한다는 것은 무엇을 뜻하는가? 또한 그리스도교 언어를 구해내는 것은 성서 낭독, 주의 기도, 신경, 전례, 성체성사(성찬례) 등 그리스도교 예배에서 쓰는 말들을 구해내는 것까지를 포함한다.

성서와 그리스도교의 언어는 흔히 생각하는 것보다 훨씬 더 폭넓고 풍요롭다. 성서가 기록된 이후의 그리스도교 언어는 아우구스티누스Augustine of Hippo, 토마스 아퀴나스Thomas Aquinas, 아씨시의 프란치스코Francis of Assisi, 노리치의 줄리언Julian of Norwich, 시에나의 카트리나Catherine of Sienna, 아빌라의 테레사Teresa of Avila, 십자가의 요한John of the Cross, 마르틴 루터Martin Luther, 장 칼뱅John Calvin 등과 같은 성인, 신비주의자, 신학자가 사용한 언어를 아우른다. 그리스도교 미술, 음악, 성가, 시 등에서 쓰인 그리스도교 언어의 창의적 변용도 여기에 속한다.

사려 깊게 이해한다면, 그리스도교 언어는 통찰력과 설득력을 지닌 강력한 언어다. 인간이 처한 상황에 대한 그리스도교 언어의 통찰은 우리네 삶에서 일어나는 경험들을 잘 조명해준다. 그리스도교 언어는 하느님, 그리고 전혀 다른 세상을 향한 하느님의 열망을 중심에 둔 생활양식과 대안적 비전을 가리킨다. 이 언어에는 힘이 있다. 많은 이에게 그리스도교 언어는 거룩한 성사, 은총의 통로, 하느님의 영이 우리에게 말하는 방식, 삶의 변화를 위한 매개였으며 여전히 그 역할을 다하고 있다. 그러나 실제로 그렇게 되기 위해서는 먼저 이 언어가 어떻게 이해되고 있는지를 살펴야 한다.

생각해 보기

◇ 당신은 아래의 그리스도교 언어를 어떻게 이해하는가?

  – 믿음, 구원, 천국

  – 의, 회개, 죄와 용서, 예수의 죽음

◇ 이 장에서 이야기한 '천국과 지옥 해석틀'이 위 단어들에 대한 이해와 신앙에 어느 정도의 영향력을 미쳤다고 생각하는가?

◇ 그리스도교인에게나 비그리스도교인에게나 걸림돌이 되는 현대의 그리스도교 언어를 대체해야 한다는 그레타 보스퍼의 견해를 어떻게 생각하는가?

모든 갈등의 중심에는 바로 이 질문,

즉 성서의 권위와 성서의 언어를 이해하는

법에 대한 물음이 자리하고 있다.

과연 성서는 하느님의 문자적이고

절대적인 계시로 이해해야 할까?

02

—

문자주의를 넘어서

그리스도교 언어가 오늘날 많은 이에게 문젯거리가 된 두 번째 이유는 오늘날 수많은 교회가 문자주의literalism를 그리스도교 언어를 가장 신실하게 이해하는 방법으로 받아들였기 때문이다. 비단 교회뿐만 아니라 현대 사회에서는 문자-사실주의적으로 언어를 이해하는 방식이 만연하다. 그러나 이러한 방식이 등장한 건 최근이며 불과 몇 세기 동안 일어난 일의 산물이다. 앞서 말했듯 그리스도교인, 비그리스도교인을 막론하고 많은 이가 천국과 지옥 해석틀 안에서 그리스도교 언어를 문자주의적으로 받아들인다.

성서 문자주의biblical literalism는 성서가 하느님의 무오한 계시라는 생각과 궤를 같이한다. 미국 개신교 신자의 절반가량이 이러한 식으로 성서를 가르치는 교회에 다닌다. 이들도 다른 그리스도교인과 마찬가지로 성서를 성령의 영감을 받아 쓴 '하느님의 말씀'으로 여긴다. 하지만 로마 가톨릭이나 동방 정교회뿐 아니라 다른 개신교 종파들과 달리 이들은 한발 더 나아가 성서가 성령의 영감을 받아 쓴 하느님의 말씀이기 때문에 어떠한 오류도 없는 문서라고 생각한다.

그들의 논리는 이렇다. 완전한 하느님의 영감을 받아 쓰인 성서가 불완전할 리 없다. 성서가 하느님의 영감으로 쓰였다는 것은 곧 성서가 문자적으로, 사실 그대로, 절대적으로 옳다는 것을 보증한다. 성서가 어떤 일이 일어났다고 하면 그 일은 실제로 일어난 것이다. 성서가 무엇이 잘못되었다고 하면 그것은 잘못된 것이다. 이러한 이해가 그리스도교 언어에 미치는 영향은 심대하다.

· 성서가 무오하기에 문자 그대로 해석해야 한다고 생각하는 그리스도교인들은 대개 지구와 우주의 역사가 1만 년이 채 되지 않았다고 믿는다. 창세기 앞부분과 성서에 나오는 족보를 문자 그대로 받아들여 현재로부터 거슬러 올라가 보면 대략 6천 년이라는 계산이 나오기 때문이다. 심지어 어떤 이들은 구체적으로 기원전 4004년에 창조가 이뤄졌다고 주장하기도 하며 그렇기에 진화론을 반대한다. 진화가 오랜 시간에 걸쳐 이루어졌다는 주장이 성서에 나타난 지구의 나이, 그리고 문자 그대로 실재했던 아담과 이브로부터 우리에게까지 이르는 계보와 충돌하기 때문이다. 종교와 과학의 갈등은 그들에게 중대한 문제다. 그들은 자문한다. 하느님과 성서를 믿어야 하는가? 아니면

과학을 믿어야 하는가?

· 그들은 성서에 등장하는 스펙터클한 사건들이 실제로 일어났다고 믿는다. 그들에게 노아의 홍수, 출애굽기에 나오는 열 가지 재앙과 둘로 갈라진 홍해, 동정녀 마리아의 수태, 예수가 일으킨 치유, 예수가 물 위를 걸은 사건, 오병이어, 육체의 부활 등은 모두 실제로 일어난 일이다. 그때는 하느님이 실제로 기적 같은 일들을 행하셨다. 그들에게는 그러한 사건들이 '실제로 일어났다'는 점이 결정적으로 중요하다. 그 사건들이 실제로 일어난 게 아니라면 성서와 그리스도교는 진리가 아니다.

· 그들은 양성평등에 반대한다. 아내는 남편에게 순종해야 하며, 여성은 성직자가 될 수 없다. 여성이 순종할 것과 여성이 남성 위에 군림하지 말 것을 이야기하는 구절이 성서에 있기 때문이다.

· 그들은 동성애를 죄악으로 여긴다. 성서의 몇 구절이 동성애를 비난하기 때문이다.

· 그들은 예수가 구원을 위한 유일한 길이며, 그리스도교만이 진정한 종교라고 주장한다. 오직 예수를 믿는 자만이 구원받을 수 있다. 신약성서의 몇 구절이 그렇게 이야기하기 때문이다.

이러한 예들은 성서가 무오하며 절대적인 진리라고 주장하는 '완고한' 형태의 문자주의를 보여준다. 오늘날 미국 그리스도교에서는 이러한 형태의 문자주의가 두드러지게 나타나는데, 근본주의 교파와 대다수 보수-복음주의 교파, 그리고 초대형 교회들에서 쉽게 찾아볼 수 있다. 그리스도교 텔레비전 방송과 라디오 방송, 그리스도교 우파 정치세력에서도 이러한 형태의 문자주의가 지배적이다.

이보다는 '유연한' 형태의 문자주의를 따르는 그리스도교인도 있다. 얼마 전까지만 해도 주류 개신교와 로마 가톨릭에서는 유연한 형태의 문자주의를 쉽게 찾아볼 수 있었다. 50여 년 전 루터교 배경에서 자란 내가 그 전형적인 예다. 우리는 성서가 '하느님의 영감으로 기록된 하느님의 말씀'이라고 배웠다. 이 말은 내게 (그리고 아마도 대다수 신자에게) 성서가 다른 책과는 달리 하느님에게서 온 책이라는 의미로 다가왔다. 성서가 하느님에게서 왔다는 것, 성서의 권위는 바로 여기서 나온다. 성서는 하느님의 계시다. 우리는 자연스럽게 믿음과 도덕에 관한 궁극적인 권위가 성서에 있다고 여겼다. 성서는 우리에게 무엇을 믿을지, 어떻게 살아야 할지를 알려 주었다.

그러나 우리는 성서 무오설이나 문자주의에 매몰되지는 않았다. 성서에는 오류가 없고 성서는 문자적으로 해석해야 한다고 생각하는 그리스도교인이 있음을 알고 있었지만, 그렇게 생각하지는 않았다. 우리는 창세기에 나오는 창조 이야기를 문자 그대로 받아들이길 고집하지 않았기에 성서와 진화론 중 양자택일을 하지 않아도 되었다. 우리는 세상이 창조된 6일을 지질학적 연대기로 확장하는 데 별다른 어려움을 느끼지 않았다. 또한 요나가 물고기 배 속에서 사흘을 보낸 이야기를 실제 사건이 아닌, 조금 과감하게 말해 비유라고 생각한다 해도 별로 문제 될 게 없었다.

하지만 우리도 정말 중요한 사건들은 성서에 묘사된 대로 일어났다고 여겼다. 그리고 도덕에 대한 성서의 가르침이 하느님에게서 왔으며 우리에게 어떻게 살아야 할지 알려준다는 점을 받아들였다. 어떤 일에 대해 성서가 잘못되었다고 말하면 그걸로 문제는 끝이었다.

동성애 문제에서 잘 드러나듯 오늘날에도 '유연한 문자주의'는 주류 교파 신자들 가운데서 작동하고 있다. 하지만 성서가 동성애 행위가 잘못되었다고 말하면 그걸로 끝일까? 성에 대한 성서의 가르침은 하느님의 절대적인 계시일까? 그렇다면 동성애에 관한 그리스도교의 가르침을 바꾸는 것은 불가능하다. 하지만 그렇지 않다면 성서가 권위를 갖고 있다는 말은 무엇을 뜻할까? 모든 갈등의 중심에는 바로 이 질문, 즉 성서의 권위와 성서의 언어를 이해하는 법에 대한 물음이 자리하고 있다. 과연 성서는 하느님의 문자적이고 절대적인 계시로 이해해야 할까?

근대의 산물인 성서 무오설과 문자주의

많은 그리스도교인이 성서 문자주의와 성서가 문자 그대로 사실이라고 해석하는 것이 전통이자 정통이라고 생각한다. 하지만 그렇지 않으며 이를 상기하는 건 중요하다. 이러한 방식으로 그리스도교 언어를 이해하는 것은 최근에, 지난 몇 세기에 걸쳐 일어난 움직임의 산물이다.

성서가 문자 그대로 사실이며 오류가 없다는 주장을 처음으로 명확하게 밝힌 것은 불과 3세기 남짓한 과거인 17세기 후반에 출간된 개신교 신학 저서였다. 이러한 주장은 앎에 대한 과학적인 접근과 근대 과학을 낳은 계몽주의에 대한 반응이었다. 이 시기 서구 문화사에는 코페르니쿠스Copernicus(16세기), 갈릴레이Galileo(17세기 전반), 뉴턴Newton(17세기 후반)과 같은 인물들이 등장했다. '근대성'modernity이라고도 하는 계몽주의는 오늘날 사람들의 사고방식을 형성하는 데 결정적인 영향을 끼쳤다. 계몽주의의 영향으로 그리스도교인, 비그리스도교인 할 것 없이 대다수 현대인은 사실성factuality과 진리truth를 동일시하게 되었다. 계몽주의는 언어의 이해에도 커다란 영향을 미쳤다. 이러한 관점에 따르면 모든 진술은 사실 그대로 참이거나 전혀 참이 아니거나 둘 중 하나다.

개신교에서 성서 무오설과 문자주의가 나타나기는 했어도 16세기 종교개혁 시기에 활동한 주요 인물들은 그와 같이 생각하지 않았다. 물론 종교개혁가들은 성서의 권위를 강조했다. 성서는 그들이 세상을 지배하던 종교 권력 및 왕권에 맞설 수 있었던 원천이자 기반이었다. 마르틴 루터 신학의 토대였던 '오직 성서'Sola scriptura는 이내 개신교 종교개혁의 구호가 되었다. 그러나 루터를 비롯한 종교개혁가들은 성서 무오설과 문자주의를 주장하지 않았다. 루터는 야고보의 편지(야고보서)와 요한의 묵시록(요한계시록)을 신약성서에서 빼야 한다고 생각했는데, 성서를 하느님의 무오한 계시로 여긴다면 생각할 수 없는 일이다. 그는 문자주의자가 아니었다. 이는 아담과 이브 이야기에 대한 그의 해석을 살펴봐도 알 수 있다. 창세기 3장 8절을 보면 금지된 열매를 먹은 아담과 이브가 동산으로 걸어오는 하느님의 소리를 듣고 두려움에 떠는 장면이 나온다. 루터는 이 구절을 해석하며 아담과 이브가 들은 것은 하느님이 실제로 동산으로 걸어올 때 들리는 소리가 아니라, 바람과 자연의 소리였다고 말했다. 이전에는 부드럽게만 들렸던 그 소리가 타락한 그들의 상태 때문에 무섭고 두려운 것이 되었다는 것이다.

성서 무오설과 문자주의는 개신교가 시작할 때부터 있지 않았다. 완고하고 경직된 문자주의가 개신교 신자들 사이에 널리 퍼진 것은 17세기 신학 저서에 처음 등장한 이후 한참 시간이 흐른 뒤인 19세기 후반과 20세기 초반의 일이었다. 그리스도교 언어에 미친 문자주의의 영향으로 많은 이가 성서와 그리스도교를 믿기 어려워한다. 수많은 젊은이가 그리스도교에 거의 혹은 전혀 관심을 두지 않는 이유도 마찬가지다. 몇몇 열혈 신자는 성서 무오설과 문자주의를 신봉하지만, 다수는 성서 무오설이나 문자주의가 믿을 만한 게 못 된다고 여긴다. 사람들은 어떻게 특정 종교가 유일하게 참된 종교인지, 그 종교의 언어를 문자 그대로 절대적인 진리로 해석해야 하는지 이해하지 못한다.

문자주의는 외부자에게만 문제가 되는 것이 아니다. 내부자, 즉 그리스도교인에게도 커다란 영향을 미친다. 문자주의는 성서와 그리스도교의 의미를 단순화, 획일화, 축소하며 궁극적으로는 왜곡한다.

역사-은유적 이해

주류 성서학은 문자주의가 야기하는 지적 걸림돌 없이 그리스도교 언어를 더욱 풍성하고 온전하게 이해할 수 있는 대안적 방식을 제시한다. 문자주의와 마찬가지로 이 역시 오래되지 않은, 최근 몇 세기에 이루어진 시도들의 산물이다. 하지만 그 뿌리는 아주 오래전으로, 성서가 만들어진 시기까지 거슬러 올라간다. 주류 신학자들은 그리스도교 언어에 대한 이러한 이해를 공유하지만 이를 가리키는 명칭은 따로 없다. 이 책에서는 이러한 이해를 '역사-은유적 접근'historical-metaphorical approach이라 부르겠다.

성서와 그리스도교 언어에 대한 역사적 접근은 단순하면서도 중요한 의미를 갖지만, 때로 이 말은 오해를 불러일으키기도 한다. 오늘날 '역사적'historical이라는 말은 사실성과 관련이 있다. 과거에 있었던 놀라운 이야기를 들으면 사람들은 "그 이야기가 역사적인 사건인가요?"라고 되묻는데, 이 말은 곧 "그 일이 실제로 일어났나요?"라는 말과 다르지 않다. 성서에 대한 역사적 접근은 그러한 질문에 답해줄 수 있고, 적합한 정보에 입각한 개연성 있는 판단을 하도록 도울 수도 있다. 하지만 여기서 쓰는 '역사적'이라는 말은 그런 것이 아니다. 역사적 접근이란 성서와 그리스도교의 언어를 그 언어가 나온 과거의 역사적 상황에 놓는 것을 뜻한다. 이 말을 사용했던 고대 공동체에게 이 말은 무엇을 의미했을까? '그때'는 이 말이 무슨 의미였을까? 좀 더 구체적으로 역사적 접근은 다음과 같이 묻는다.

· 창세기에 등장하는 6일간의 창조 이야기는 기원전 6세기 유대인들의 바빌로니아(바빌론) 포로 시절이나 그 이후에 쓰였을 것이다. 그러한 상황에서 창조 이야기는 무엇을 의미했을까?

· 고대 이스라엘 예언자 대부분은 기원전 8세기에서 기원전 6세기 사이에 활동했다. 그 시기 이스라엘에서 일어난 사건들의 맥락에서 예언자들의 이야기는 무엇을 의미했을까?

· 신명기는 기원전 7세기경 기록됐다. 그 당시 이스라엘인들에게 일어났던 일은 신명기를 이해하는 데 어떤 도움을 줄까?

· 고대 이스라엘인에게 '구원'은 무엇을 의미했을까? 출애굽(이집트 탈출) 이야기에서는? 바빌로니아 포로 시절에는? 고대 이스라엘의 기도와 찬송인 시편에서는? 예수가 활동하던, 초기 그리스도교 운동이 등장한 1세기에는?

· 예수에게 적용되기 전 '주님, 하느님의 아들, 메시아, 구원자, 희생' 같은 말들은 무엇을 의미했을까? 예수를 따르던 무리가 저 말들을 예수에게 적용했을 때 이는 무엇을 의미했을까?

· 니케아 신경Nicene Creed에 쓰인 말들은 325년 그 신경을 만든 이들에게 무슨 의미였을까?

· 하느님 안에 세 위격이 있다는 삼위일체 교리를 4세기에 만든 사람들에게 '위격'person이라는 말은 무슨 의미였을까?

이러한 역사적 접근은 새로운 이해의 빛을 가져다준다. 언어는 그 언어가 속한 상황과 맥락에서 생기를 띄기 마련이다. 더 나아가 역사적 접근은 현대의 의미나 곧잘 오해를 일으키는 의미를 과거에 투사하는 것을 막아준다. 역사적 접근을 통해 우리는 현재의 편협한 시야에서 벗어날 수 있다. 역사적 접근은 성서가 우리를 위해 쓰였거나 우리를 상대로 쓰인 게 아니라 고대의 공동체가 자신을 위해 썼다고 본다.

이처럼 역사적 접근은 그리스도교 언어를 절대적인 것으로 보지 않고 상대화한다. 일부 그리스도교인에게 이는 매우 위협적으로 들린다. 그들에게 '상대적'relative이라는 말은 부정적인 의미만 지닐 뿐이다. 그들에게 상대적이라는 말은 "그건 어디까지나 상대적이지"라며 다른 사람의 말을 묵살할 때처럼 '중요하지 않은' 심지어는 '참이 아닌'이라는 뜻만을 갖는다. 하지만 '상대적'relative이란 말에는 긍정적인 의미도 있다. 상대적이라는 말에는 '관련된'related to이라는 뜻도 들어있다. 이런 의미에서 '상대적'이란 "이것이 우리의 영적 조상들이 보았던 방식이다"라는 뜻이다. 그들이 썼던 언어, 성서와 그리스도교 전통의 언어는 그들의 시공간, '그때 거기'와 '관련돼' 있다.

성서와 그리스도교의 언어가 상대적이라는 점을 받아들인다고 그 언어가 우리 시대에는 별다른 중요한 의미를 갖지 않게 되는 건 아니다. 다만 질문은 바뀐다. 이제는 성서가 모든 걸 결정할 수 있는 것처럼 "성서는 무엇이라고 말하는가"라고 묻는 대신 "저 언어가 '그때 거기'에서 그들에게 의미했던 바를 생각하면 '지금 여기'의 우리에게는 무엇을 의미하는가?"라고 물어야 한다.

예를 들면 구약성서와 신약성서 모두 노예 제도에 대한 규율을 담고 있다. 이러한 규율은 그들의 시공간, 그때 거기에 대한 것이다. 그런데 그 규율이 지금 여기의 우리에게도 같은 의미를 지닐까? 적어도 남북전쟁 때까지는, 미국 남부뿐 아니라 북부에서도 많은 그리스도교인이 그렇게 생각했다. 하지만 생각을 달리하는 그리스도교인들이 나타났는데, 그들은 성서가 가르치는 보다 일반적인 원칙들(평등, 사랑, 정의, 인간의 존엄성 등)에 비춰 봤을 때 '그때 거기'의 노예 제도에 대한 구절이 '지금 여기'의 자신들에게는 더는 적용되지 않는다고 생각했다. 오늘날 성서 구절에서 노예 제도를 괜찮다고 했으니 노예 제도를 재건해야 한다고 생각하는 그리스도교인은 없을 것이다. 과거 그리스도교인들은 노예 제도에 대한 구절을 그때 거기에 대한 것으로 받아들임으로써 성서의 가르침을 올바르게 상대화했다(어쩌면 그때 거기에서도 노예 제도는 잘못된 것이었을 수 있다).

성서와 그리스도교 언어의 의미를 그 언어가 본래 쓰인 시공간에 비춰 볼 때 우리는 '관련성'을 알게 된다. 이해는 축소되지 않으며 더욱 풍부해진다. 성서와 그리스도교 언어가 지금 여기의 우리에게 무엇을 의미하는지 알기 위해서는 그때 거기서 그들이 저 언어를 어떻게 보았는지를 고려해야 한다. 그때 거기의 그들에게 지녔던 의미와 지금 여기의 우리에게 다가오는 의미는 같지 않을 수도 있다.

역사-은유적 접근을 했을 때 언어, 특히 종교적 언어는 문자적 의미나 사실 그대로의 의미, 역사적 의미 이상의 의미를 지닌다. 종교적 언어는 곧 언어의 은유적 의미를 가리킨다. 은유metaphor란 언어가 지니는 '의미의 잉여'the surplus of meaning에 관한 것이다.[1] 은유적 의미는 문자적-사실적 의미보다 열등하지 않다. 그 이하가 아니라 그 이상이다.

은유적 접근법이 옳다는 근거는 다름 아닌 성서에서 쉽게 찾아볼 수 있다. 성서를 수놓은 언어 중 다수는 은유적이다. 예컨대 성서는 하느님을 '반석'이라고 한다. 이 말의 문자적 의미는 무엇인가? 분명, 하느님은 문자 그대로 반석은 아니다. 성서는 하느님의 '오른손'에 대해 이야기한다. 이 말의 문자적 의미는 무엇인가? 하느님에겐 손이 없다. 이 말은 다른 무언가, 그 이상의 무언가를 의미하고 있다. 그것이 은유적 의미다.

은유적인 의미와 비슷한 말로 '상징적인 의미'symbolic meaning와 '비유적 의미'parabolic meaning가 있다. 상징 언어symbolic language는 그 언어 너머에 있는 무언가를 가리킨다. 상징 언어의 의미는 문자적이거나 사실적이지 않다. 비유 언어 역시 마찬가지다. 예수의 비유를 떠올려보라. 그 비유들이 사실이라고 주장하는 그리스도교인은 없을 것이다. 예컨대 선한 사마리아 사람이나 탕자가 실제로 있었다

---

[1]   David Tracy, *The Analogical Imagination* (New York: Corssroad, 1987, first published in 1981).

고 믿거나 예수가 단지 언젠가 실제로 일어났던 일을 전해주었다고 보지는 않을 것이다. 분명, 예수는 그 이야기들을 지어냈다. 예수가 전한 비유의 핵심은 그 의미에 있지, 그 이야기 자체의 사실 여부에 있지 않다.

성서와 그리스도교 언어에 대한 은유적 접근은 문자 그대로의 사실이 아니라 의미를 강조한다. 이런 관점에서 본다면 성서에 나오는 대다수 이야기는 그 이야기들이 역사적 기억을 담고 있다 해도 은유적이다. 왜 고대 이스라엘인은 자신들의 이야기와 전통을 보존하고 전했을까? 거기에 그들 자신의 시대까지 이어져 내려오는, 문자적 의미 이상의 의미가 있다고 보았기 때문이다.

창세기에서 태초를 설명하는 부분을 생각해보라. 우주와 지구, 생명이 6일 동안 창조된다. 그런 다음 에덴동산의 아담과 이브가 말하는 뱀의 꾐에 넘어가 금단의 열매를 먹고 낙원에서 고통으로 가득 찬 세상, '에덴의 동쪽'으로 추방된다. 문자주의자들은 이 이야기를 기록한 자들이 '실제 일어난 일'을 전하고 있으며 아담과 이브와 에덴동산, 말하는 뱀이 먼 과거에 실제로 존재했다고 주장한다. 하지만 과연 그것이 이 이야기가 전하고자 하는 바일까?

오래전부터 성서학자들과 그리스도교 신학자들은 이 이야기를 인간이 처한 상황, 그리고 하느님에 대한 우리의 철저한 의존을 은유적으로 심오하게 묘사한 것으로 보았다. 이 이야기에서 '의미의 잉여'는 최소한 이중적이다. 하나는 우리와 모든 피조물이 하느님에게 기원을 두고 있다는 점이고, 다른 하나는 하느님이 함께하시는 가운데 우리가 생을 시작했으나 무언가 잘못되었고 에덴의 동쪽에서 살고 있지만 돌이켜 다시 그분에게 돌아가기를 소망한다는 점이다.

이스라엘 백성이 이집트의 노예 생활에서 빠져나오는 이야기를 떠올려보라. 이 이야기는 성서의 맨 앞 다섯 권에서 중점적으로 다루며, 성서 전체의 기초가 되는 이야기다. 이야기는 다음과 같은 내용을 담고 있다.

· 파라오의 남아 말살 정책에서 살아남은 아기 모세

· 불꽃은 있으나 불타지 않는 떨기나무에서 모세에게
  이야기하는 하느님의 음성

· 하느님이 이집트에 내린 열 가지 재앙

· 홍해가 갈라지는 기적과 해방된 이스라엘 백성을 추격하던
  파라오 군대의 전멸

· 시나이 산에서 모세에게 내린 십계명

· 바위에서 솟는 물, 하늘에서 떨어지는 메추라기와 만나로 사막
  한가운데서 먹을 것을 얻는 기적(메추라기는 땅 위에 1m 가까이 쌓
  이기도 했다. 아침에 일어나 삽으로 메추라기를 치워가며 길을 내야 하는
  광경을 상상해보라.)

· 광야에서의 40년 기간 중 벌어진 우상 숭배 때문에
하느님이 내린 무자비한 형벌

성서 문자주의는 이 이야기들이 과거를, 하느님이 행한 폭력을 비롯해 그 당시 하느님이 행한 극적인 일들을 사실대로 전한다고 본다. 하지만 과연 그것이 이 이야기들이 전하고자 하는 바일까? 이 이야기들의 잉여 의미, 사실적인 의미를 넘어선 의미가 훨씬 더 중요한 건 아닐까? 은유적 해석에 따르면 출애굽 사건은 세상을 지배하는 권력자들의 노예로 표현되는 인간 상황, 그리고 이러한 속박에서 우리를 해방해 약속의 땅으로 향하는 여정으로 인도하려는 하느님의 열망에 관한 이야기다.

신약성서에서 초기 그리스도교 공동체가 예수에 대해 전하는 이야기들을 생각해보라. 왜 그들은 그러한 이야기를 전했을까? 단지 실제로 일어났던 일을 전달하고 싶어서였을까? 잉여 의미, 곧 그러한 이야기에서 보다 중요한 목적, 곧 그들 삶을 위한 의를 보았기 때문이 아니었을까?

요한 복음서를 보면, 예수가 앞을 보지 못하는 자를 고쳐주자 그는 사람들에게 "내가 앞 못 보는 사람이었는데 지금은 잘 보게 되었다"(9:25)라고 말한다. 이 이야기의 주된 목적이 예수가 선천적으로 시각장애가 있던 사람을 극적으로 치유한 일이 과거에 일어났다는 것을 전하기 위함일까? 예수가 모두를 위한 "세상의 빛"(9:5)이라는 점이 이 이야기의 핵심은 아닐까? 더 나아가, 이 이야기가 요한 복음서 1장의 증언, 어떻게 예수가 "모든 사람을 비

추"는 "참 빛"(1:9)인지를 강조하는 것은 아닐까?

"내가 앞 못 보는 사람이었는데 지금은 잘 보게 되었다"라는 말을 단지 아주 오랜 옛날 단 한 차례 일어난, 아마도 다시는 되풀이되지 않을 위대한 사건 앞에서 내뱉은 탄성이라고 치부해버리면 그 의미를 놓치게 된다. '나 같은 죄인 살리신'Amazing Grace이라는 찬송에서 "광명을 얻었네"라고 노래하는 것처럼 저 말은 시대를 초월해 적용할 수 있는 말이다. '본다'는 것은 물리적인 시력의 회복을 뜻하지 않는다. 이 말은 은유적인 의미에서 앞을 보지 못하는 사람이 눈을 뜨는 것이다. 바로 이것이 이 이야기의 잉여 의미, 사실 이상의 의미이자 은유적, 상징적, 비유적 의미다.

성서와 그리스도교의 언어에는 풍성한 의미가 깃들어 있다. 따라서 우리는 이 언어를 문자주의라는 문화적 속박에서 구해내야 한다. 문자적이고 절대적인 의미로 이해하면 성서와 그리스도교의 언어는 믿기 힘든 것이 되고 만다. 많은 이에게 그리스도교 신앙은 (신앙이 아니었다면 진지하게 여기지 않았을) 일련의 진술을 문자 그대로 절대적인 진리라고 믿는 것이 되었다. 하지만 그리스도교인이 된다는 것이 과연 그런 것일까? 그것이 성서의 하느님과 예수가 우리에게 바라는 바일까? 과연 그것이 우리를 구원해줄까? 그렇지 않다면 문자주의의 사로잡힌 상태에서 벗어나야 하는 건 아닐까? 이러한 맥락에서 "나의 백성을 보내라"라는 말은 그 당시에 그랬던 것처럼 오늘날에도 적용될 수 있는 것은 아닐까?

성서에는 오류가 없고 성서를 문자 그대로 해석해야 한다고 믿는 그리스도교인들은 성서 무오설과 문자주의를 내던지는 것이 두

렵고 불안할는지 모른다. 그들에게 그것은 곧 확실성을 포기하는 것을 의미하기 때문이다. 그러나 또 다른 많은 그리스도교인에게 이는 해방의 경험이다.

생각해 보기

◇ 성서를 이해함에 문자주의가 성서와 그리스도교의 의미를 단순화, 획일화, 축소, 궁극적으로 왜곡한다는 저자의 견해를 어떻게 생각하는가?

◇ 성서를 이해하는 데 가장 좋은 방법이 역사-은유적 접근이라는 그의 견해는 타당한가?

◇ 성서가 하느님이 직접 쓴 것이 아니라 인간이 만든 것이라면, 성서가 "하느님의 말씀"이라는 말을 어떻게 받아들여야 할까?

구원의 통상적 의미가 죄와 용서,

천국이라는 해석틀에서 형성된 것처럼

구원의 성서적 의미도 일정한 해석틀을 거쳐 형성된다.

성서적 해석틀 안에서 구원은

죄와 용서, 천국과 지옥보다 훨씬 많은 것을 담고 있다.

구원은 죽음 이편의 삶에서 맞이하는 변환을 뜻한다.

즉 구원은 우리 한 사람 한 사람의 삶에서 일어나는 변환,

그리고 사회 속에서 살아가는 삶에서 일어나는

변환을 모두 아우른다.

03

구원

이제 각각의 그리스도교 용어를 살펴보자. 첫 번째로 살필 말은 '구원'salvation이다. 구원을 가장 먼저 다루는 이유는 이 말이 중요하기 때문이기도 하지만, 1장에서 이야기한 천국과 지옥 해석틀이 그리스도교 언어를 어떻게 왜곡하는지를 가장 명확하게 보여주는 사례이기 때문이다.

두말할 필요 없이 '구원'은 그리스도교에서 커다란 비중을 차지하는 용어다. 이 말은 그리스도교인의 소망, 갈망, 희망, 삶의 목적을 가리킨다. 구원은 힌두교와 불교의 '열반'이나 '깨달음'만큼의 비중을 갖는 그리스도교의 핵심 용어다.

구원은 의미로 꽉 찬 단어다. 그런 만큼 이 말은 무수한 사람의 갖가지 응어리를 실어 나른다. 이를 안 지는 오래되었지만, 적지 않은 사람이 이 말에 얼마나 부정적인 인상을 느끼는지를 안건 최근 어느 토론 모임을 주관하면서부터다. 토론 모임에 참여한 이들은 연령대가 다양했는데 절반은 20~30대였고 나머지 절반은 60~70대였다. 대부분 교회에 다니고 있는 헌신적인 그리스도교인이었으나, 더는 교회에 나가지 않거나 교회에 가본 적은 없지만 그리스도교에 참되고 중요한 무언가가 있을지 모른다고 진지하게 고민하고 탐구하는 사람들도 있었다.

토론 모임의 80%는 구원이라는 말에 대해 부정적인 기억만 갖고 있었다. 이 기억은 유년기와 청소년기까지 거슬러 올라간다. 그들은 구원을 천국에 가는 것이라 들었다. 이 말은 그 자체로는 매력적일지 몰라도 그 반대편 가능성—지옥에 가는 것—은 무시무시하기 그지없는 말이었다. 지옥 불을 설교하는 교회를 다닌 이들은 노골적으로 지옥에 대한 위협을 받았다. 대부분은 이보다는 그 빈도나 정도가 덜한 교회를 다녔지만, 지옥에 떨어질 가능성이 있다는 이야기를 듣기는 마찬가지였다.

'천국에 가는 것'으로서의 구원은 '구원받은'이나 '구원자' 같은 말을 이해하는 데도 영향을 미쳤다. 죄는 천국에 가는 데 걸림돌이 되므로 '구원받은'은 죄를 용서받는 것을 의미했으며 '구원자'는 이를 이루기 위해 죽은 예수를 가리켰다. 사람들이 할 일은 예수를 믿고 죄를 회개하는 것이었다.

모임에 참석한 이들은 어린아이였을 때도 자신이 구원받을 만큼 제대로 믿고 행동하고 있는지 염려했다고 회상했다. 공포심에 바탕을 둔 그리스도교가 대체로 그러하듯 불안이 구원을 잠식했다. 지옥의 위협은 교인들의 행실을 통제하고 조작하기 위한 가학적인 수단으로 쓰이기도 했다. 이런 경험을 한 사람 중 다수가 교회를 떠났고, 몇십 년 동안 교회를 찾지 않았다. 공포는 적의와 거부감으로 바뀌었다.

구원에 대한 이해와 맞물려 있는 배타성도 사람들을 곤혹스럽게 했다. 그들은 귀에 못이 박이도록 오직 그리스도교인만이 구원을 받을 수 있다는, 천국에 갈 수 있다는 말을 들었다. 오로지 제대로 된 그리스도교인만이 천국에 갈 수 있다고도 했는데, '제대로 된 그리스도교인'이란 곧 그들 자신을 뜻했다. 교회에서 이런 이야기를 강조했는지 기억 못 하는 이들도 있었지만 그들도 그러한 내용을 암시하는 성서의 언어를 듣곤 했다. '오직 한 길'을 말하는 요한 복음서 14장 6절("나는 길이요 진리요 생명이다. 나를 거치지 않고서는 아무도 아버지께 갈 수 없다")은 그 대표적인 문구였다. 구원은 구원받은 자, 즉 '속한 자'와 '그렇지 못한 자'를 날카롭게 구분했다. 많은 이는 세상 사람들과 달리 교인들이 자신들을 '속한 자'라 여기며 우쭐해 하는 분위기가 교회에 만연했다고 회상했다. 누군가 지적했듯 "구원과 자부심은 함께 한다".

청소년기든 그 이후든 이러한 이해방식은 많은 사람에게 설득력을 잃었다. 사람들은 의문을 던졌다. 오직 그리스도교인만이 천국에 갈 수 있다고? 피 흘린 예수의 희생으로 우리가 죄에서 구원받았다고? 예수의 죽음이 하느님의 구원 계획이었다고? 우리의 죗값을 대신 치르게 하려고 하느님이 예수를 보냈다고? 이것을 믿는 자만이 구원받을 수 있다고? 진짜? 정말 다 그런 거라고?

현대적 의미

구원을 '천국에 가는 것'으로 이해하는 방식은 현대 영어권에서 통용되는 구원의 의미를 반영한다. 최근 한 설문은 응답자들에게 "여러 종교가 영생으로 인도해줄 수 있다"라는 말에 동의하는지 물었다.[1] 설명을 보면 이 설문은 '영생'과 '영원한 구원'을 '천국에 가는 것'과 동일시한다. 설문은 '영생'이 그리스도교뿐 아니라 모든 종교의 목적이라고 전제한다.

구원과 예수의 죽음으로 우리가 죄에서 벗어난 것을 연결 짓는 사고방식 또한 흔한 일이다. 세 영어사전이 구원을 어떻게 정의하고 있는지 살펴보자.[2] 사전의 목적이 진정한 의미를 찾는 데 있는 게 아니라 일반적으로 쓰이는 용법, 즉 한 단어가 어떠한 의미로 가장 빈번하게 쓰이는지 기술하는 데 있음을 유념하고 읽어보자.

· 아메리칸 헤리티지 사전: 그리스도교에서 '구원'은 '권력 혹은 죄의 형벌로부터의 구제, 즉 구속'이다. '구속'은 '예수의 희생을 통한 죄로부터의 구원'을 뜻하며 '구원하다'는 '죄의 결과로부터 자유롭게 하다, 즉 구속하다'라는 뜻이다.

· 랜덤하우스 웹스터 사전: '구원'은 '권력 혹은 죄의 형벌로부터

---

[1] Pew Forum on Religion and Public Life, "Many Americans Say Other Faiths Can Lead to Eternal Lfe," reported on December 18, 2008

[2] *The American Heritage College Dictionary*, fourth ed. (Boston, New York: Houghton Mifflin, 2004), *The Random House Webster's College Dictionary* (New York: Random House, 2001), *The Concise Oxford American Dictionary* (New York: Oxford Univ. Press, 2006).

의 구제, 즉 구속'을 의미한다.

· 옥스퍼드 아메리칸 사전: 구원은 '죄와 그 결과로부터 구제받는
  것을 뜻하며 그리스도교인은 그리스도에 대한 신앙을 통해 이
  것이 이뤄진다고 믿는다'.

성서가 말하는 구원은 이러한 사전에서 말하는 구원과는 현격히
다르다. 성서는 훨씬 더 풍성한 의미를 지닌 구원, 훨씬 더 포괄적
인 구원을 말한다. 이를 확인하기 위해 먼저 우리는 해석틀이 어떻
게 의미를 형성하는지 면밀히 살펴야 한다. 구원의 통상적 의미가
죄와 용서, 천국이라는 해석틀에서 형성된 것처럼 구원의 성서적
의미도 일정한 해석틀을 거쳐 형성된다. 성서적 해석틀 안에서 구
원은 죄와 용서, 천국과 지옥보다 훨씬 많은 것을 담고 있다. 구원
은 죽음 이편의 삶에서 맞이하는 변환—개인적 변환과 정치적 변
환—을 뜻한다. 즉 구원은 우리 한 사람 한 사람의 삶에서 일어나
는 변환과 그리고 사회 속에서 살아가는 삶에서 일어나는 변환을
모두 아우른다.

성서적 의미

오늘날 주류 개신교 교회에서 가장 널리 쓰는 성서 영역본인 신
개정표준역NRSV:New Revised Standard Version 성서에서 구원과 그 파생

어는 5백 회가량 등장한다.[3] '구원'은 127회, '구원하다', '구원받음', '구원함'은 약 300회, '구원자'는 약 40회 등장한다. 그중 2/3가 구약성서에 나오며 나머지는 신약성서에 나온다.

구원이 흔히 '천국에 가는 것'과 연관돼 쓰이므로, 우선 가장 잘못 이해되고 있는 점부터 바로잡아야겠다. 성서에서 구원은 내세와 거의 관련이 없다. 구약성서가 다루는 거의 모든 세기를 통틀어 고대 이스라엘인들은 내세를 믿지 않았다. 창세기에 나오는 인류의 조상 이야기에도, 출애굽 이야기에도, 예언자들의 열성적인 가르침에서도, 시편과 잠언, 전도서와 욥기에 나오는 찬송과 기도, 지혜의 말들에서도 내세라는 개념은 나타나지 않는다. 죽음 너머의 삶에 대해 최초로 명확히 언급한 것은 다니엘서인데, 기원전 165년경에 기록된 이 책은 구약성서 중 가장 나중에 쓰인 책이다.[4] 게다가 다니엘서에서도 '구원'은 내세를 이야기하기 위해 쓰인 말이 아니다. 앞으로 알아보겠지만, 구원은 다른 무언가에 관한 것이었다.

신약성서에서는 구원이 간혹 내세와 연결되기도 하지만 대부분은 그렇지 않다. '구원받은'과 '구원자' 역시 우리가 천국에 갈 수 있도록 죄에서 구제되는 것은 주된 의미가 아니다. 신약과 구약 모

---

[3] 복음주의 교회와 로마 가톨릭에서 널리 사용하는 성서 역본은 확인해보지 않았지만 큰 차이는 없을 것이다. 외경에 등장하는 횟수는 포함하지 않았다.

[4] "티끌로 돌아갔던 대중이 잠에서 깨어나 영원히 사는 이가 있는가 하면 영원히 모욕과 수치를 받을 사람도 있으리라. 슬기로운 지도자들은 밝은 하늘처럼 빛날 것이다. 대중을 바로 이끈 지도자들은 별처럼 길이길이 빛날 것이다." (다니 12:2-3)

두 구원의 주요한 의미는 현재 통용되는 의미와는 사뭇 다르다.

이제 '구원'이 등장하는 성서 본문을 살펴볼 텐데, 이 말이 무슨 의미인지 모른다고 가정해보자. '구원'이 쓰인 성서의 문맥, 성서적 해석틀을 통해 그 의미가 형성되도록 해보자. 성서 본문을 해석할 때는 2장에서 언급한 역사-은유적 접근법을 사용할 것이다.

'속박으로부터의 해방'으로서 구원: 구원의 의미를 형성하는 첫 번째 성서적 해석틀은 출애굽 이야기다. 이 이야기는 기원전 13세기를 무대로 정치적·경제적·종교적 군주인 파라오 아래에서 노예 생활을 하는 이스라엘인들을 다룬다. 이야기는 이스라엘인들이 새로운 생활양식을 받아들인 것, 시나이 산에서 하느님과 맺은 언약, 광야에서 이어지는 기나긴 여정을 그리며 이스라엘인들이 약속의 땅을 앞둔 상황에서 이야기를 마친다.

출애굽 이야기는 고대 이스라엘의 '근원 서사'primal narrative, 즉 그들이 아는 가장 중요한 이야기이자 하느님 그리고 하느님과 동행하는 삶을 이해하는 데 기초가 되는 이야기다.[5] 매년 과월절(유월절)로 기념하는 이 이야기는 구약성서와 유대교에 있어서 신약성서와 그리스도교의 예수 이야기 같은 비중을 차지한다.

'구원'과 '구원하다'라는 말은 노예에서 해방되는 이 이야기가 절정에 다다랐을 때 등장한다. 이집트에서 풀려난 이스라엘인들이 눈앞의 홍해와 뒤쫓는 파라오의 군대 사이에 꼼짝없이 갇혀서 물

---

[5]   Walter Bruggemann, *The Bible Makes Sense* (Atlanta: John Knox, 1977), 특히 3장.

에 빠져 죽느냐 다시 노예가 되느냐 하는 상황에 처했을 때 하느님은 이스라엘인들이 건너갈 수 있도록 바다에 길을 내고 바다에 들어선 파라오의 군대를 수장해버렸다. 이를 두고 출애굽기 저자는 이야기한다.

바로 그 날, 주님께서 이스라엘을 이집트 사람들의
손아귀에서 구원하셨다. (출애 14:30)

또한 이 구출을 경배하며 찬양한다.

주님은 나의 힘, 나의 노래, 나의 구원,
주님이 나의 하느님이시다. (출애 15:2)

예언서와 시편에서는 출애굽에 대한 이스라엘의 기억을 전하며 '구원자'라는 말을 사용한다. 호세아 13장 4절에서 하느님은 이야기한다.

나는 너희가 이집트 땅에 살 때로부터 주 너희의 하느님이다.
그때에 너희가 아는 하느님은 나밖에 없고,
나 말고는 다른 구원자가 없었다.

시편 106편 21절에서는 하느님을 "이집트에서 큰일을 이룩하신, 자기들의 구원자"라고 일컫는다.

출애굽이라는 틀로 볼 때 구원, 구원하다, 구원자의 의미가 얼마나 포괄적인지를 주목하라. 구원은 경제적 속박으로부터의 해방을 포함한다. 이집트에 있던 이스라엘 노예들은 빈곤했고, 끝도 없이 착취당하고, 중노동을 하면서도 형편없는 양식만 근근이 얻었다. 구원은 정치적 속박으로부터의 해방도 포함한다. 이집트에서 노예들은 아무런 힘이 없었고 아무 목소리도 낼 수 없었다. 또한 구원은 종교적 속박으로부터의 해방까지를 아우른다. 파라오는 이스라엘 노예들이 다른 세상을 열망하게 하는 하느님을 숭배하도록 허락하지 않았다.

이 같은 세 가지 속박에서 해방됨을 뜻하는 구원은 고대 이스라엘의 삶을 결정지었다. 모세오경에 나오는 급진적인 경제법을 떠올려보라. 돈을 빌려줄 때는 이자를 붙여선 안 된다. 7년마다 모든 빚을 탕감해야 하며 빚을 갚지 못해 노예가 된 자는 풀어줘야 한다. 50년마다 오는 희년에는 농토의 소유권을 본래 소유하고 있던 가족에게 아무런 보상 없이 넘겨줘야 한다. 이러한 법 조항들은 모두 빈곤이 고착된 하층계급이 나타나지 않게 하는 데 그 목적이 있다. 이집트로부터 구원받았기에 이스라엘인들은 이스라엘 안에 이집트가 다시 나타나지 않도록 하려 했다.

출애굽 사건 이후 한 세기 동안 고대 이스라엘에는 왕이 없었다. 이집트에서 왕정의 억압과 착취를 뼈저리게 겪었기 때문이었다. 기원전 1천 년경 이스라엘에 왕정이 도입되었을 때 왕이 새로운 파라오가 될 것이라며 반대하는 이들도 있었다.[6] 그들은 이집트에서 이스라엘 민족을 구출해준 하느님 말고는 그 누구도 이스라엘의 왕이 되어선 안 된다고 생각했다. 왕정이 없다고 해서 당시 이스라엘이 급진적 개인주의나 무정부 상태는 아니었다. 이스라엘은 통합된 사회, 하느님과의 언약을 따라 함께 살아가도록 부름받은 백성이었다.

출애굽 이야기와 그 이야기 속에 나타난 구원의 의미는 구약성서 예언서들의 근간을 이룬다. 왕정이 대두한 이후 아모스, 이사야, 미가, 예레미야와 그 외 예언자들은 군주제를 새로운 파라오 체제라 비난했다. 예언자들은 군주제가 이스라엘에 이집트를 다시 세우고 있다고, 군주제는 이집트에서 이스라엘을 해방한, 즉 '구원한' 이스라엘의 하느님을 부정하는 정치적·경제적 억압 체제라고 비판했다.

'귀양살이에서의 귀환'으로서 구원: 구원의 성서적 의미를 형성하는 두 번째 주요한 해석틀은 기원전 6세기에 있었던 유대인들의 바빌로니아 유수 경험이다. 바빌로니아는 예루살렘을 정복하고 파괴했으며 생존자들을 포로로 잡아갔다. 선조들이 이집트에서 그랬듯 당시 이스라엘인들은 바빌로니아에서 억압당한 채로 빈곤하고 무력하게 지내야 했다. 바빌로니아에서의 포로 생활은 50년 정도

---

[6] 사무엘상 8:44~22, 10:17~19. 이 장들에는 군주제에 찬성하는 이야기
(9:1~10:16)도 포함되어 있는데, 이는 고대 이스라엘이 군주제와 관련하여 양
가적인 태도를 보였음을 알려준다.

지속하다가 바빌로니아를 정복한 페르시아의 황제 키루스(고레스)가 포로들을 고향으로 돌려보냄으로써 막을 내렸다. 이것이 이사야 40장부터 시작되는 이사야서 후반부의 역사적 배경이다. 헨델이 작곡한 「메시아」Messiah 덕분에 많은 이가 이사야서 후반부를 수놓은 장엄한 언어를 알고 있다. 오라토리오에 등장하는 구절은 바빌로니아 유수와 귀환이라는 역사적 상황에서 생동감을 얻는다.

> "위로하여라. 나의 백성을 위로하여라."
> 너희의 하느님께서 말씀하신다. (이사 40:1)

이 구절은 이사야 40장을 여는 구절이다. 이 구절에는 위로의 메시지가 담겨 있으며 이어서 저자는 고난의 시간이 끝났다고 선포한다.

> 한 소리가 외친다.
> "광야에 주님께서 오실 길을 닦아라." (이사 40:3)

포로들이 고향으로 돌아갈 수 있도록 길, "주님께서 오실 길"이 놓인다.

> 모든 계곡은 메우고, 산과 언덕은 깎아내리고,
> 거친 길은 평탄하게 하고, 험한 곳은 평지로 만들어라. (이사 40:4)

하느님은 바빌로니아와 고향 땅을 갈라놓는 사막에 길을, 대로를 건설하고 계신다.

> 그는 목자와 같이 그의 양 떼를 먹이신다. (이사 40:11)

광야를 가로지르는 여정에서 목자가 양 떼를 보호하듯이 하느님은 그들을 살필 것이다.

　이사야서 후반부에는 귀양살이와 귀환이라는 맥락에서 "구원", "구원받은", "구원자" 같은 말들이 많이 나온다. 이사야 45장 17절에는 "구원"과 "구원받은"이 함께 등장한다.

> 이스라엘은 주님께 '구원을 얻으리니',
> 그 '구원'이 영원무궁하리라.

　구약성서에서 '구원자'가 등장하는 대목의 절반이 이사야서 후반부에 있다. 그중 한 구절은 주님의 영광을 드러낸다.

> 그러나 이제 … 주님께서 말씀하신다. … 두려워하지 마라. 내가 너를 지명하여 불렀으니, 너는 나의 것이다. 네가 물 가운데로 건너갈 때에, 내가 너와 함께하고, 네가 강을 건널 때에도 물이 너를 침몰시키지 못할 것이다. 네가 불 속을 걸어가도, 그을리지 않을 것이며, 불꽃이 너를 태우지 못할 것이다. 나는 주, 너의 하느님이다. 이스라엘의 거룩한 하느님이다. 너의 구원자다. … 너는

눈에 넣어도 아프지 않을 나의 귀염둥이, 나의 사랑이다. … 내가 너와 함께 있으니 두려워하지 마라. (이사 43:1~5)

이 구절과 구원자로서의 하느님이 어떻게 연관되는지 살펴보자.

- 함께하시는 하느님: 네가 물 가운데로, 강을, 불 속을, 불꽃을 건너가도 '내가 너와 함께 함께할 것이다'.

- 사랑하시는 하느님: 내가 너를 지명하여 불렀으니, 너는 나의 것이다. … 너는 눈에 넣어도 아프지 않을 나의 귀염둥이, 나의 사랑이다.

- 확신을 주시는 하느님: 두려워하지 마라. — 하느님이 함께하신다는 것을 이야기할 때 함께, 두 차례 등장한다.

바빌로니아에서의 해방, 고향으로 돌아오는 여정, 하느님께서 함께하시고 사랑을 주시는 것, 구원은 이 모든 것을 의미한다. 구원은 귀양살이에서의 귀환, 집으로 돌아오는 것이다.

'위험에서 구출됨'으로서 구원: 구출은 시편에 나오는 구원의 첫째 가는 의미다. 성서에서 가장 긴 책인 시편은 기도와 찬송, 전례 모음집으로 고대 이스라엘이 예배하고 기도하는 데 쓰였다. 이 문헌은 우리의 영적 선조들이 어떻게 하느님을 찬미하고, 하느님을 향해 간구하고 기도했는지를 알려준다. 또한 시편은 '구원'이라는 말이 성서의 다른 어떤 책보다 자주 등장하는 책이기도 하다. 시편에서 대부분 구원이라는 말은 위험이나 위협에서 구출됨, 구조됨을 가리킨다. 하느님의 구출, 구조는 개인의 차원에서 이루어지기도 하고, 민족이나 국가 같은 집단적인 차원에서 이루어지기도 한다. 위험은 대개 적, "악인"에게서 비롯되며 시편 기자는 이들의 위협에서 구해달라고 간구한다. 때로는 "골짜기", 곧 죽음으로부터 구해달라고 간구할 때도 있지만 이것이 죽음을 물리치고 축복받은 내세로 진입하게 해달라고 비는 것을 뜻하지는 않는다. 그보다는 치명적인 질병으로 다가오는 적, 그렇게 목숨을 노리는 적에게서 자신을 구해달라는 청원에 가깝다. 아래는 시편에서 구원이란 말이 등장하는 몇 가지 예다.

주님이 나의 빛, 나의 구원이신데 내가 누구를 두려워하랴. (27:1)

주님께서 베푸시는 구원의 기쁨을 내게 회복시켜 주소서. (51:12)

우리를 구원하시는 하느님,

주님께서 그 놀라운 행적으로 정의를 세우시며 (65:5)

나는 상처받고 쓰러진 몸. 하느님, 당신 그 구원의 손길로

나를 일으키소서. (69:29)

주님께서 나에게 응답하시고, 나에게 구원을 베푸셨으니,
내가 주님께 감사를 드립니다. (118:21)

돌아와 주소서, 주님. 내 생명을 건져주소서.
주님의 자비로우심으로 나를 구원하여 주소서. (6:4)

나를 뒤쫓는 모든 자에게서 구원하시고 살려주소서. (7:1)

내가 피하여 숨을 수 있는 바위, 나를 구원하실
견고한 요새가 되어주소서. (31:2)

하느님, 당신 이름으로 나를 구원하소서.
힘을 떨치시어 내 옳음을 밝히소서. (54:1)

악을 꾸미는 자들에게서 나를 구하소서.
피를 보려는 자들에게서 나를 구원하소서. (59:2)

이 땅에서 억눌린 사람들을 구원해 주셨습니다. (76:9)

나를 핍박하는 자들에게서 이 몸을 구원해주소서.
그들은 나보다 강합니다. (142:6)

그들은 또한, 이집트에서 큰일을 이룩하신,

자기들의 구원자 하느님을 잊어버렸습니다. (106:21)

구약성서에 나타난 구원의 모든 의미—속박으로부터의 해방, 귀양살이에서의 귀환, 위험에서 구출됨—는 신약성서에서도 그대로 이어진다. 복음서와 바울 서신에서도 구원은 '해방'과 '구출'을 의미한다. 일차적으로 구원받는다는 것은 우리를 괴롭히는 것들로부터 해방되고 구출되는 것이다. 하지만 여기서 그치지 않는다. 구원은 해방과 구출임과 동시에 그 이상의 의미가 있다. 구원은 새로운 삶, 구약성서와 신약성서의 핵심 주제인 하느님과 언약 맺은 삶으로 들어가는 것이다. 구원은 해방과 변환을 이야기한다.

구원의 다양한 이미지

해방과 변환이라는 구원의 근본적 의미는 명시적으로 구원이라는 말을 쓰지 않더라도 여러 성서 본문이 묘사하는 내용을 살피면 알 수 있다. 예를 들어 이사야서 35장은 구원이라는 말을 쓰지 않지만 변환이라는 구원의 이미지로 가득하다.

메마른 땅과 사막아, 기뻐하여라. 황무지야, 내 기쁨을 꽃피워라. … 사막에 샘이 터지고 황무지에 냇물이 흐르리라. (35:1,6)

겁에 질린 자들을 격려하여라. "용기를 내어라. 무서워하지 마라. 너희의 하느님께서 원수 갚으러 오신다." (35:4)

그때에 눈먼 사람의 눈이 밝아지고, 귀먹은 사람의 귀가 열릴 것이다. 그때에 다리를 절던 사람이 사슴처럼 뛰고, 말을 못하던 혀가 노래를 부를 것이다. (35:5~6)

이사야서 35장은 구원의 기쁨, 슬픔의 소멸로 마무리된다.

그들의 머리 위에선 끝없는 행복이 활짝 피어나고 온몸은 기쁨과 즐거움에 젖어들어 아픔과 한숨은 간데없이 스러지리라. (35:10)

구약과 신약성서는 해방과 변환으로서의 구원을 다양한 이미지로 표현한다. 자주 등장하는 몇 가지 전형적인 이미지들이 있는데, 신약성서 본문을 예를 들어 살펴보겠다.

눈멂에서 눈뜸으로. 복음서에는 예수가 눈먼 이들의 눈을 뜨게 한 이야기들이 나온다. 이 이야기들을 실제로 일어난 일로 보든, 일종의 이야기로 보든 눈멂과 눈뜸에 은유적 의미가 담겨 있다는 점은 분명하다. 요한 복음서는 이를 분명하게 보여준다. 요한은 예수가 눈먼 이들을 눈뜨게 하고 어둠을 비추는 "세상의 빛"이라고 이야기한다. 그에게 구원의 주된 이미지는 새로운 빛을 받아—계몽—다시 보는 것, 정확히 보는 것이었다. 눈멂과 눈뜸의 은유적 의미는 예수의 발언 곳곳에서 발견된다. 예수는 눈이 멀지는 않았지만 보지 못하는 사람들을 이야기한다.

· 눈이 있으면서도 보지 못하는 사람들이 있다. 마찬가지로 귀가 있어도 듣지 못하는 사람들이 있다(마르 8:18).[*]

· 눈먼 인도자도 있는데(마태 23:16,24) 이 역시 실제로 눈이 먼 사람들은 아니다.

· 눈먼 자가 눈먼 자를 인도하면 둘 다 구덩이에 빠진다(마태 15:14). 여기서도 실제로 눈이 먼 사람을 이야기하는 것은 아니다.[**]

죽음에서 생명으로. 복음서에는 예수가 죽은 자를 살리는 이야기들이 등장한다. 눈뜸과 관련된 이야기와 마찬가지로 이 이야기들을 실제로 일어난 일로 보든, 일종의 이야기로 보든 은유적 의미는 명확하다. 눈이 있어도 보지 못하는 사람들과 마찬가지로 살아 있으면서도 죽은 사람들이 있다. 예수의 촌철살인 한마디를 떠올려보라. "죽은 사람의 장례는 죽은 사람들이 치르게 두어라"(마태 8:22). 이때 "죽은 사람들"은 살아 있는 사람을 가리킨다. 예수는 준엄하게, 무거운 질문을 던진다. 우리는 진정 살아있는가? 살아있다 할지라도 사실상 죽었다고 볼 수 있는 삶도 있다. 하지만 이 말에는

---

[*] 너희는 눈이 있으면서도 알아보지 못하고 귀가 있으면서도 알아듣지 못하느냐? 벌써 다 잊어버렸느냐? (마르 8:18)

[**] 그대로 버려두어라. 그들은 눈먼 길잡이들이다. 소경이 소경을 인도하면 둘 다 구렁에 빠진다. (마태 15:14)

좋은 소식도 담겨 있다. 우리는 이 죽음의 땅에서 벗어날 수 있다.

죽음에서 생명으로의 이동은 바울이 쓴 서신에서도 찾아볼 수 있다. 그는 그리스도의 죽음과 부활을 이야기하며(예: 로마 6:3~11) 자신이 "그리스도와 함께 십자가에 못 박혔"고(갈라 2:19) 새로운 삶으로 접어들었다고 말했다. 요한 복음서가 말하는 "다시 태어남"은 바로 이를 가리킨다(요한 3:1~10).

병약함에서 건장함으로. 복음서에서 예수는 수많은 사람을 치유한다. 이 중 일부는 역사적 사실을 반영한다. 당대에 예수는 치유자와 귀신 축출자로 유명했다. 고대에는 예수의 다른 어떤 모습보다 치유자인 예수에 관한 이야기가 가장 널리 퍼졌다. 하지만 여기에도 사실 그 이상의 의미가 있다. 바로 존재의 상처를 치유하는 것, 건장함을 회복하는 것으로서의 구원이다. 이는 영어 단어 '구원'salvation의 어원적 의미이기도 하다. 구원의 라틴어 어원은 상처에 바르는 연고를 뜻하는 단어인 salve와 같다. 구원은 우리 상처를 치유하는 것, 건강을 회복하는 것이다.

두려움에서 확신으로. 성서는 두려움과 불안의 극복에 관심을 둔다. 성서에서 '두려워하지 마라', '걱정하지 마라' 같은 표현이 자주 등장한다는 사실은 그만큼 성서가 두려움과 불안에 큰 관심을 보여주고 있음을 보여준다. 널리 알려진 복음서의 구절에서 예수는 자신을 따르는 이들에게 걱정하지도, 염려하지도 말고 하느님을 신뢰하라고 가르친다(루가 12:22~31). 베드로의 첫째 편지(베드로전서) 5장 7절도 마찬가지다.

여러분의 온갖 근심 걱정을 송두리째 하느님께 맡기십시오.
하느님께서는 언제나 여러분을 돌보십니다.

개인적 의미를 넘어서는 의미

구원은 한 사람 한 사람에게 관심을 기울인다. 그러한 면에서
구원은 개인적이다. 하지만 동시에 구원은 일관되게 집단적이다.
구원은 우리가 공동체, 사회, 국가에서 어떻게 함께 사는지를 관심
한다. 달리 말하면, 구원은 우리가 사는 세상이 어떠한지, 어떠해
야 하는지와 관련이 있다.

넓은 차원에서, 성서에서 말하는 구원은 개인적일 뿐 아니라
'정치적'political이다. 이때 정치politics라는 말은 그리스도교 언어와 마
찬가지로 당파주의, 부정, 비리 의혹, 자기 이익 등으로 축소된 현
대적인 의미에서 벗어나 폭넓은 본래 의미를 회복해야 한다. '정
치'politics의 폭넓은 본래 의미는 '도시'를 뜻하는 헬라어 어원인 '폴
리스'polis에 잘 나타나 있다. 즉 정치는 도시—큰 규모로 사람들이
함께 사는 것—의 모습, 그리고 이를 빚어내는 것에 관심한다. 그
러므로 정치는 사회, 국가, 세계 그 자체의 모습과 그 모습을 빚어
내는 것을 말한다. 인류가 일군 세상은 어떠해야 하는가?

이러한 폭넓은 의미에서 성서에서 말하는 구원은 정치적이다.
이는 천국과 지옥 해석틀로 구원을 협소하게 이해할 때 흔히 간과
되는 차원이다. 역사-은유적으로 성서를 읽으면 구원이라는 말에

담겨 있는 중요한 차원을 되살릴 수 있다. 구원의 정치적 의미는 출애굽과 예언자들, 예수와 바울의 이야기에서 핵심적인 것이다. 성서에 나타난 구원의 정치적인 의미는 두 부분, 정의와 평화에 초점을 맞춘다.

불의에서 정의로. 성서에서 가장 중시하는 정의는 경제 정의다. 성서가 쓰인 시기에 민주주의, 인종차별, 인권, 성 평등, 환경 문제 등 오늘날 정의 하면 떠올리는 여러 문제는 아직 등장하지 않았다. 성서는 대체로 그러한 문제들을 언급하지 않는다. 성서는 정의를 말할 때 주로 경제 정의에 초점을 맞춘다.

여기에는 분명한 이유가 있다. 성서 시대에 세계는 경제적 불의로 가득했다. 지배 계층은 사회 전체 부의 2/3를 독차지했다. 반면 90%가량의 인구는 최저 생활과 극빈의 경계를 넘나들었다. 성서는 이것이 하느님이 원하는 바가 아니라고 말한다. 오히려 성서는 "이 세상과, 그 안에 가득한 것이 모두 주님의 것"(시편 24:1)이라고, 세상은 하느님의 것이지 우리의 것이 아니라고 이야기한다. 우리는 "나그네"이자 "임시 거주자"에 불과하다(레위 25:23). 우리는 이 땅의 소유자가 아니다. 그럼에도 항상 우리는 우리가 땅을 소유하고 있다고 여긴다. 그리고 우리 중에는 다른 이보다 더 많은 땅을 소유한 자들도 있다.

성서가 열망하는 (그리고 하느님이 열망하는) 경제 정의는 사람이 살아가는 데 기본적으로 필요한 것들에 관심한다. 여기서 기본적으로 필요한 것이란 땅과 식량과 같은 삶의 물적 기반이다. 모든 사람은 기본적인 것을 충분히 누려야 한다. 이는 소수의 자선이 아닌, 함께 만든 체제의 결과로 이루지는 것이다. 성서는 부와 권력을 가진 지배 계층이 자신들의 이익을 추구하기 위한 방향으로 세계의 질서를 구축한다는 것을 잘 알고 있다. 파라오와 헤로데, 카이사르는 여전히 우리와 함께 있다. 우리는 그들에게서 구원되어야 한다.

폭력에서 평화로. 구원의 두 번째 정치적 의미는 평화다. 구원에 관한 여러 이미지가 개인적인 차원과 정치적인 차원을 아우르듯 평화에도 개인적인 의미뿐 아니라 정치적인 의미가 있다. 개인적인 차원에서 평화는 내면의 평화, 조금 확대하면 가족이나 이웃, 동료처럼 가까운 이들 사이에서 이루어지는 평화다. 하지만 성서는 이뿐 아니라 폭력의 종식과 전쟁의 중단까지를 이야기한다.

경제적 불의가 제도화된 가난과 빈곤을 낳듯 제도화된 폭력은 사람들에게 불필요한 고통을 양산한다. 지배 계층은 사람들을 통제하기 위해 폭력을 동원한다. 또한 전쟁이 만들어내는 폭력이 있다. 대부분의 전쟁은 지배 계층이 타국의 지배 계층을 무찔러 영토와 부를 가로채기 위해 일어난다. 인구의 90%를 차지하는 평민들은 전쟁과 아무런 이해관계가 없음에도 높은 세금을 내고 병으로 차출된다. 전쟁 동안에 가축은 빼앗기기에 십상이고 기근으로 농작물 피해가 발생하기도 한다. 침략자는 토지를 빼앗아가고 전투 중에 살육을 벌이기도 한다. 이렇게 평민들의 삶은 철저하게 파괴된다.

이런 까닭에 성서에 나타난 구원의 두 번째 주요한 정치적 의미가 평화와 비폭력이라는 점은 놀랄 일이 못 된다. 성서는 단순한 개인 내면의 평화나 내밀한 인간관계에서 폭력을 행사하지 않는 평화에서 더 나아가 전쟁을 종식하는 것으로서의 평화를 말한다. 구약성서에서 가장 널리 알려진 구절들—두 예언서에 나온다—은 평화를 향한 갈망이 얼마나 컸는지를 보여준다.

그때 수많은 민족이 모여와서 말하리라.
"자, 가자. 우리 모두 주님의 산으로 올라가자.
야곱의 하나님이 계신 성전으로 어서 올라가자.
주님께서 우리에게 주님의 길을 가르치실 것이니,
주님께서 가르치시는 길을 따르자."
법은 시온에서 나오고,
주님의 말씀은 예루살렘에서 나온다.
그가 민족 간의 분쟁을 심판하시고
나라 사이의 분규를 조정하시리니,
나라마다 칼을 쳐서 보습을 만들고
창을 쳐서 낫을 만들리라.
민족들은 칼을 들고 서로 싸우지 않을 것이며
다시는 군사 훈련도 하지 아니하리라. (이사야 2:3~4, 미가 4:2~3)

복음서에서도 마찬가지다. 마태오 복음서(마태복음)에 나오는 산상설교에서 예수는 가르친다.

평화를 이루는 사람은 복이 있다. 하느님이 그들을 자기의 자녀라고 부르실 것이다. (5:9)

'네 이웃을 사랑하고 원수를 미워하여라' 하신 말씀을 너희는 들었다. 그러나 나는 이렇게 말한다. 원수를 사랑하라. (5:43~44)

루가 복음서(누가복음)에 따르면 예수는 예루살렘을 내려다보며 눈물 흘린다. 당시 예루살렘은 성전 권력과 로마 제국의 관료들이 협력하며 지내던 곳이었다. 눈물 흘리던 예수는 말한다. "오늘 너도 평화에 이르게 하는 일을 알았더라면!"(19:41~42). 루가 복음서에 나오는 예수 탄생 이야기에서 천사는 예수를 '구원자'라고 부르고 하늘 군대는 예수가 이 땅에 평화를 가져다준다고 노래한다 (2:11,14). 이 땅에 평화를 가져다주는 자인 '구원자'는 1세기에 로마 황제를 가리키는 명칭 중 하나였다. 황제는 군사 정복을 통해 평화를 가져온다. 황제의 평화에는 황제의 정책에 대한 저항이 설 자리가 없다. 여기에 맞서 성서는 정의를 통한 평화를 말한다.

정의롭고 평화로운 세상으로서의 구원은 성서에 나타난 '하느님의 꿈'dream of God이다. 이 표현은 미국 흑인 작가이자 신학자인 버나 J. 도지어Verna J.Dozier와 남아프리카공화국 대주교를 지낸 데스몬드 투투Desmond Tutu가 썼다.[7] 하느님은 정의로운 세상, 평화로

---

[7] Verna J. Dozier, *The Dream of God* (Cambridge: Cowley, 1991). 데스몬드 투투는 자신의 최근 저서 두 편의 제목에 이 표현을 썼다(*God has a Dream, God's Dream*).

운 세상으로 변혁되기를 꿈꾸신다. 그러한 세상을 열망하신다.

성서를 진지하게 살피며 구원을 이해한다면 사람들은 이를 개인적이면서도 정치적인 의미로 받아들이게 될 것이다. 이와 같은 이해는 우리에게 우리 각자가 변환해야 할 필요성을 일깨운다. 명백하게 정치적인 의미를 드러내는 출애굽 이야기에서도 구원이 지닌 개인적이고 심리적이며 영적인 차원을 발견할 수 있다. 나이가 들면서 우리는 보잘것없는 양식만 제공하면서 더 열심히 하라고 명령하며 우리 자신을 노예로 부리는 내면의 파라오를 갖게 된다. 이러한 파라오는 특정 시공간에서 만들어진 특정 문화 속에서 사회를 겪으며 내면화한 목소리, 관습적으로 받아들이는 요구들이다. 이 내면의 파라오는 수십 년간, 좀 더 나아가서는 한평생 끊임없이 요구하고 다그친다. 구원은 외부의 파라오뿐만 아니라 이러한 내면의 파라오로부터의 해방이다.

귀양살이로부터의 귀환에서도 개인적인 의미를 찾을 수 있다. 말 그대로 다른 나라로 추방당해 귀양살이하는 사람들이 있다. 그곳에서 그들은 무력하고 빈곤하게 살아간다. 귀양살이는 인간이 처한 상황을 표현하는 원형적 이미지이기도 하다. 꼭 실제로 추방되지 않더라도 우리는 살아가며 무언가로부터 잘려나가고 유리되고 추방되고 소외된 듯한 느낌을 받곤 한다. 귀양살이에서의 귀환을 뜻하는 구원은 삶에서 진실로 중요한 것, 삶의 핵심 의미와 목적, 즉 하느님과 우리를 다시 연결하는 것을 뜻한다. 우리의 삶은 에덴동산에서 시작되었지만 어느 시점에서부턴가 에덴동산 밖으로 추방되었다. 우리는 우리의 본향으로 다시 돌아가기를 갈망한다. 아우구스티누스가 말했듯 하느님 안에서 안식하기 전까지는, 사도행전에서 이야기하듯 살고 움직이고 존재하는 그분에게 돌아가 그분과 다시 연결되기 전까지 우리는 평안을 누릴 수 없다.

이처럼 구원은 개인의 변환이다. 하지만 동시에 구원은 이 세상의 변환, 곧 우리가 살아가는 인간 세상이 더 나은 세상으로 변환하는 것이기도 하다. 구원은 개인과 세상의 변환이라는 이중의 변환이다.

두 가지 이야기를 하면서 이 장을 끝맺겠다. 첫 번째 이야기는 40년 전, 내가 대학을 졸업하던 때 들었던 이야기다. 교수님 한 분이 로마인들에게 보내는 편지 5장에 관해 강의를 하시다 복음주의자를 만난 성공회 사제 이야기를 들려주셨다.

복음주의자가 사제에게 물었다. "당신은 구원받았습니까?" 사제가 대답했다. "그건 '구원받다'라는 말이 무엇을 의미하느냐에 다르지요. 당신은 과거 시제로 제가 구원받았느냐고 물어본 것인가요? 아니면 현재 시제나 미래 시제로 물어본 것인가요? '하느님이 당신을 구원하시기 위해 필요한 모든 일을 이미 행하셨나요?'라는 의미로 물어본 것이라면, 제 대답은 '물론 그렇습니다'입니다. '당신은 현재 하느님과 구원받은 관계를 맺고 살고 있나요?'라는 의미로 물어본 것이라면 역시 제 대답은 '그렇습니다'입니다. 하지만 '당신은 이미 당신이 갖추어야 할 모습을 온전히 갖추었나요?'라는 의미로 물어본 것이라면, 제 대답은 '당연히 아닙니다'입니다."

다소 거만하게 들릴지도 모르나 사제의 답변은 성서에 잘 부합한다. 구원에는 세 가지 시제가 있다. 구원은 하느님이 이미 이루셨다. 동시에 구원은 현재 일어날 수 있다. 그리고 동시에 구원은 우리 한 사람 한 사람, 그리고 세상에서 아직 온전히 이루어지지 않았다.

두 번째 이야기는 10여 년 전 내가 주류 성직자들이 참석한 컨퍼런스에서 강연했을 때 일이다. 첫 번째 강연에서 나는 그리스도교가 그리스도교인이 되어야 할 이유로 내세를 강조한다면 왜곡될 수밖에 없다고 말했다. 그렇게 되면 그리스도교는 "언젠가 천국에 가려면 지금 그리스도교인이 되어야 한다"는 메시지를 전하는, 조건과 보상의 종교가 되어버린다. 이러한 종교는 이 세상이 아닌 다음 생에 관심을 기울이며, '속한 자'들과 '배제된 자'를 만들고, '기준을 충족하는 자'와 '기준을 충족하지 못한 자'를 나눈다는 말을 덧붙였다.

이어지는 질의응답 시간에 한 성직자가 물었다. "그리스도교가 우리에게 내세를 이야기하지 않는다면, 우리가 맺을 수 있는 열매란 무엇이란 말입니까?"

그의 질문에 나는 충격을 받았다. 빈정대는 게 아니라 진심으로 충격을 받았다. 그는 40대였다. 아마도 그는 주류 신학교를 나온 지 얼마 되지 않았을 것이다. 어떻게 그가 구원에 대한 보다 성서적인 이해를 접하지 못한 채 신학교 과정을 마칠 수 있었는지 의아했다. 그 성직자는 자신이 사람들에게 전한 메시지가 천국에 관한 게 아니라면 대체 무엇에 관한 것인지 알지 못했다.

나는 그의 질문을 진지하게 받아들였다. 중요한 질문이기 때문이었다. 그리스도교의 주안점이 내세에 있는 게 아니라면, 구원이 근본적으로 내세에 관한 게 아니라면, 우리가 맺을 수 있는 '열매'란 무엇일까?

내 대답은, 이번 장에서 얘기했듯, 우리가 맺을 수 있는 열매는 우리 자신과 세상 모두가 변환하는, 이중적인 변환으로서의 구원이다. 나는 대부분의 사람이 이를 갈망한다고 생각한다. 우리는 우리 삶이 바뀌기를, 우리를 속박하는 모든 것에서 해방되기를, 눈을 뜨기를, 건강해지기를, 살아가는 동안 받은 상처를 치유 받기를 갈구한다. 그리고 우리는 더 나은 세상을 갈망한다. 그러한 세상을 어떻게 만들어 나갈 것인가에 대해서는 의견이 다를 수도 있다. 하지만 우리는 우리 자신과 이 시대를 함께 살아가는 사람들, 우리의 자손들, 그리고 미래의 세상에 살게 될 사람들을 위해 세상이 더 나아지기를 갈망한다.

구원은 이러한 두 가지 변환을 말한다. 구원은 우리의 가장 깊은 곳에서 일어나는 두 가지 갈망에 대한 응답이다. 이를 원하지 않는 이가 있을까? 그리스도교가 제시할 수 있는 최선이란 바로 이것이다. 이는 세계 종교들이 제시할 수 있는 최선이기도 하다.

◇ 당신이 생각하는 '구원'에서 '천국에 가는 것', 혹은 '내세'
가 차지하는 비중은 어느 정도인가?

◇ 성서 속 인류의 조상 이야기, 출애굽 이야기, 예언자들
의 가르침, 복음서 속 예수의 설교, 바울의 편지에 나오
는 구원이라는 말에 내세 개념이 거의 나타나지 않는다
는 저자의 견해가 사실이라면, 당신은 구원을 어떻게 이
해하겠는가?

그리스도교인이 된다는 것은

성서를 권위 있는 경전으로 받아들이는

공동체의 구성원으로 살아가는 것,

그리스도교의 기반이 되는 책과

끊임없이 대화하는 것을 뜻한다.

누군가 성서와의 대화를 멈춘다면 이는

곧 그리스도교인이기를 그만두는 것이다.

성서는 그리스도교인의 삶과 정체성을 구성한다.

04

—

성서

'성서'Bible라는 단어가 일차적으로 가리키는 대상은 명확하다. 성서는 그리스도교의 신성한 책이자 성스러운 경전이다. 하지만 성서를 신성한 책, 성스러운 경전으로 받아들이는 것이 무엇을 의미하는지에 관해서는 의견이 분분하다. 성서의 기원과 권위, 해석 등 성서가 갖는 의미를 두고 벌어지는 갈등은 그리스도교에서 가장 논란거리다.

이 갈등을 살펴보기에 앞서 성서에 대한 기본적인 '사실'부터 짚어보자. 대다수 사람은 다음과 같은 부분은 별다른 이견 없이 사실로 받아들인다.

· 성서는 그리스도교의 성스러운 경전으로 그리스도교의 토대다.

· 그리스도교 성서는 구약성서와 신약성서로 이뤄져 있다. 구약
성서는 그리스도교인들이 유대교 성서를 부르는 이름이다. 신
약성서는 예수 활동 이후에 쓰인 그리스도교 문헌을 모아놓은
모음집이다. 둘 다 그리스도교의 성스러운 경전이지만 상대적
으로 구약성서를 소홀히 여기는 경향이 있다.

· 모든 그리스도교인은 성서가 최소 66권—구약성서 39권, 신약
성서 27권—의 책으로 이루어져 있다는 데 동의한다. 대체로
개신교는 이 66권만을 성서로 인정한다. 하지만 로마 가톨릭
교회나 동방 정교회, 성공회 등 대다수 교파는 이 66권 외에도
외경Apocrypha을 성서로 인정한다. 외경은 예수 이전 두 세기 동
안 기록된 유대교 문헌들로 마카베오 상하, 지혜서, 집회서, 지
혜서, 유딧, 바룩서 등이 여기에 속한다.

· 구약성서는 신약성서보다 분량이 거의 네 배나 많다. 외경은
신약성서의 5분의 4 정도 분량이다.

· 구약성서는 크게 토라, 예언서, 성문서 세 부분으로 나뉜다. 모
세 오경 또는 율법서라고도 불리는 토라는 창세기부터 신명기
까지 성서 맨 앞부분 다섯 권을 말한다. 예언서에는 이사야, 예
레미야, 아모스 등 예언자들의 이야기뿐 아니라 사무엘 상하,
열왕기 상하 등도 포함된다. 성문서는 시편, 잠언, 욥기, 전도
서 등을 말한다.

· 신약성서는 크게 네 가지 종류의 문헌으로 이뤄져 있다. 마태오, 마르코, 루가, 요한 복음서 4권과 바울, 베드로, 야고보, 요한 등이 쓴 서간문 21권, 예루살렘에서 로마까지 초기 그리스도교가 퍼져가는 이야기를 담은 사도행전, 그리고 '종말'을 예언한 계시록Revelation 혹은 묵시록Apocalypse이 있다.

성서를 이루는 문서들을 흔히 '책'으로 보지만 여기에는 오해의 소지가 있다. 현대 세계에서 '책'은 일정한 분량을 갖춘 문헌을 말한다. 그러나 성서를 이루는 문서들은 분량이 매우 짧은 것도 많다. 대개 40쪽 미만이며 한두 쪽밖에 안 되는 문서, 열두 쪽도 안 되는 문서도 있다. 원래 성서를 뜻하는 '바이블'Bible의 헬라어 어원은 '소책자'little books를 뜻한다.

현대의 '책'과 성서에는 다른 점이 또 있다. 오늘날에는 일반적으로 저자가 미지의 독자를 대상으로 책을 쓴다. 그러나 성서를 이루는 문서들은 저자들이 아는 이들을 대상 독자로 하여 썼다. 구약성서는 고대 이스라엘인들이 자신들이 보기 위해 쓴 책이다. 마찬가지로 신약성서를 이루는 문서들은 초기 그리스도교 공동체를 이루는 특정 공동체의 일원이 자신이 속한 공동체를 대상으로 썼다. '책'을 저자가 자신이 알지 못하는 일반 대중을 상대로 쓴 긴 문서라 정의한다면 그 정의는 성서를 이루는 문헌들에는 들어맞지 않는다.

지금까지 이야기한 것에는 논쟁의 여지가 없다. 하지만 이러한 기본 사실 이외에 성서의 기원과 권위, 해석에 관해서는 열띤 논쟁이 벌어진다.

성서를 바라보는 첫 번째 관점에 관해서는 앞 장에서 간략하게 다룬 바 있다. 많은 그리스도교인이 성서를 하느님의 무오한 계시로 간주한다. 그들은 성서를 문자 그대로, 절대적 진리로 해석해야 한다고 여긴다. 이들에게 성서는 신조어를 써서 말하면 TAWOGFAT, 즉 '모든 시대에 통용될 수 있는 하느님의 권위 있는 말씀'the Authoritative Word of God For All Time이다.[1]

성서를 두고 쓰이는 '하느님의 영감을 받은'inspired by God이나 '하느님의 말씀'the Word of God과 같은 표현은 이러한 이해를 강화했다. 또한 예배를 드릴 때 성서 낭독을 하면 대개 회중은 "이것은 주님의 말씀입니다"라고 화답한다. 이러한 표현들을 무비판적으로 들으면 성서가 하느님의 직접적인 계시라는 관념을 갖게 된다. 이러한 이해는 성서가 지닌 절대 권위를 그 기원에서 찾는다. 즉 성서는 하느님에게 그 기원을 두고 있으며, 다른 모든 책과는 달리 '하느님의 영감을 받은' 책이다. 이 신성한 기원이 성서에 권위를 부여한다. 성서에 대한 이러한 이해 때문에 수많은 그리스도교인은 심각한 곤란을 겪는다. 이제부터는 성서의 기원과 권위에 관한 대안적인 이해를 다루어 보겠다.

인간의 산물

성서의 기원에 대한 대안적인 이해방식은 최근 몇 세기 동안 이

---

[1]   Vosper, *With or Without God*, 특히 53쪽.

루어진 역사적 · 신학적 연구에 바탕을 두고 있다. 역사적 · 신학적 연구는 성서가 하느님이 직접 만든 산물이 아니라 인간이 만든 산물임을 분명히 했다. 구약성서는 고대 이스라엘의 산물이고, 신약성서는 초기 그리스도교 공동체의 산물이다. 이를 입증하는 역사적인 증거들은 무수히 많다. 구약성서를 고대 이스라엘이라는 역사적 배경을 두고 주의 깊게 읽으면 이 문헌이 고대 이스라엘인들이 자신들의 이야기를 전달하는 수단이었음을 분명하게 알 수 있다. 신약성서 역시 각 문헌이 쓰인 역사적 배경을 염두에 두고 주의 깊게 읽는다면 이 문헌들이 초대 그리스도교 공동체들이 예수의 이야기를 전달하는 수단이었다는 점, 예수를 따르는 이들이 예수를 통해 발견한 새로운 삶에 관해 이야기하는 수단이었다는 점을 분명하게 알 수 있다.

이를 인정한다고 해서 하느님의 실재를 부정하는 것은 아니며 하느님이 고대 이스라엘과 초기 그리스도교 공동체 구성원들에게 영감을 주었음을 부인하는 것도 아니다. 다만 성서는 하느님의 시각이 아닌, 고대 이스라엘 백성과 초기 그리스도교 공동체 구성원들의 시각을 보여준다는 것을 받아들일 뿐이다. 성서를 통해 우리는 영적 선조들이 경험한 하느님, 하느님에 관한 그들의 이야기, 하느님과 함께하는 삶에 관한 그들의 이해를 엿볼 수 있으며, 어떻게 살아야 할지도 배울 수 있다. 하지만 성서는 기본적으로 저들의 이야기다. 하느님의 무오하고 절대적인 이야기가 아니다.

성서는 영적 선조들의 지혜와 통찰, 확신을 담고 있다. 그들의 한계, 맹점, 잘못된 생각도 담고 있다. 성서 각 문헌이 쓰였을 당시 역사적 배경을 염두에 두고 주의 깊게 읽으면 분명하게 알 수 있다. 하느님이 우리와 대적하는 모든 사내와 여자, 아이들을 죽이라고 명령했을까? 하느님이 노예 제도가 괜찮다고 말했을까? 하느님이 재혼을 금했을까? 하느님이 간음한 이에게 돌을 던지라고 명령했을까? 제 부모를 욕보인 자식들은 죽어야 한다고 명했을까? 성서가 명시한다는 이유로 여자들은 교회에서 조용히 해야 할까? 동성 관계를 혐오해야 할까? 하느님은 폭력적일까? 예수가 다시 온다면, 그리스도교인이 아닌 이들에게는 끔찍한 고통과 죽음을 가져다줄까? 실제로 세상의 파멸을 몰고 올까?

그렇지 않다면 위와 같은 가르침들이 담긴 성서 본문은 영적 선조들의 시각을 알려주는 것이 아닐까? 그러한 본문들은 성서가 하느님의 산물이 아닌 저들의 산물, 인간의 산물임을 드러내는 것이 아닐까?

정경의 형성

성서의 권위가 하느님이라는 기원에 근거하지 않는다면 이 책, 이 문서 모음은 왜 그리스도교인에게 권위를 가질까? 우리의 영적 선조들이 (성서를 이루는) 문서들을 권위를 지닌 책, 성스러운 경전이라고 선포했기 때문이다. 영적 선조들은 저 문서 모음을 정경 canon(헬라어로 '척도, 표준'을 뜻한다)으로 결정했다.

성서를 이루는 문서들은 정경 형성이라는 과정을 통해 신성한 지위를 획득했다. 성서 문서가 기록될 당시 구성원들은 이를 성스러운 경전으로 여기지 않았다. 이를테면 기원후 50년대에 바울이 초기 그리스도교 공동체를 향해 편지를 썼을 때, 편지를 받은 이들은 물론이고 바울 자신도 그 편지를 '성스러운 경전'으로 여기지 않았다. 그는 자신이 쓴 편지들이 성서의 일부가 되리라고는 상상조차 못 했을 것이다. 바울은 특정 상황에 처해 있는 초기 그리스도교 공동체들에게 편지를 썼을 따름이지만, 후대 그리스도교인들은 이 편지들을 성스러운 경전으로 선포했다. 새로운 종교 운동의 경전 중 일부로 삼은 것이다.

어떤 책을 성서에 포함해야 할지 결정하는 과정은 수 세기에 걸쳐 진행되었다. 최종적인 결정을 내린 공식 회의가 언제 열렸는지는 알려지지 않고 그에 관한 기록도 없다. 기록이 유실되었기 때문일 수도 있고, 애초에 그러한 공식 회의 자체가 없었기 때문일 수도 있다. 구약성서를 이루는 문서들이 정경이 된 과정에 대해 학계는 일반적으로 다음과 같이 추론한다.

· 율법서, 즉 토라(모세 오경)를 이루는 다섯 권의 책이 맨 처음 성스러운 경전으로 인정받았다. 이 책들은 창조에서 시작하여 약속의 땅을 눈앞에 둔 고대 이스라엘인들의 이야기로 끝마친다. 대부분 기원전 1200년대에 서술되었으며, 기원전 400년경 성스러운 경전으로 선포되며 정경이 되었다.

· 그다음에는 예언서가 성스러운 경전으로 인정받았다. 이 장 서두에서 언급했듯이 예언서에는 고대 이스라엘 예언자들의 이야기뿐 아니라 여호수아, 판관기(사사기), 사무엘, 열왕기 등의

역사서도 들어있다. 예언서는 기원전 1200년에서 기원전 400년 사이의 시기를 다루며 기원전 200년경에 정경이 되었다.

· 유대교 성서 중 세 번째로 정경이 된 부분은 성문서로 시편, 잠언, 욥기, 전도서, 에스더서 등이 여기에 속한다. 성문서는 기원후 100년경에 정경이 되었다.

얼마 전까지만 해도 학자들은 유대교 성서 정경이 얌니아(야브네) 회의라고 알려진 기원후 90년경 유대교 공식 회의에서 최종 확정되었다고 말했다. 이제는 이 학설을 받아들이지 않지만, 구약성서 중 성문서가 기원후 100년경 마지막으로 정경이 되었다는 학설은 주류 학계에서 널리 인정받고 있다. 신약성서에서 구약성서를 가리킬 때 "율법과 예언서와 성문서"라고 하지 않고 "율법과 예언서"라고 부르는 것이 이를 뒷받침한다.

신약성서 또한 수 세기에 걸친 논의 끝에 정경이 만들어졌다. 구약성서의 경우와 마찬가지로 신약성서 정경에 어떤 책을 포함할지 결정한 공식 회의에 대한 어떤 기록도 남아 있지 않다. 최근 몇몇 저자들이 기원후 325년에 열린 니케아 공의회에서 정경을 결정했다고 주장했지만 그것은 사실이 아니다.

325년 이후에도 그리스도교 안에서 신약성서 정경에 대한 견해는 엇갈렸다. 주교이자 역사가였던 유세비우스Eusebius of Caesarea는 21개의 문서에 대해서만 모든 이가 정경으로 동의했다고 전한다. 당시까지만 해도 야고보의 편지(야고보서), 유다의 편지(유다서), 베드로의 둘째 편지(베드로후서), 요한의 둘째 편지와 셋째 편지(요한2서, 3서), 요한의 묵시록(요한계시록)은 정경으로 확정되지 않았다.

우리가 알고 있는 신약성서 27권의 목록은 주교 아타나시우스 Athanasius of Alexandria가 367년에 보낸 편지에 처음 등장한다. 유세비우스와 아타나시우스 사이의 시간 동안 무슨 일이 일어났는지, 아타나시우스가 쓴 목록을 그 당시 그리스도교인들도 일반적으로 받아들였는지 우리는 알 수 없다. 아타나시우스 이후에 나타난 신약성서 정경 목록 중 27권이 똑같지 않은 예도 있다. 요한의 묵시록은 마지막으로 정경으로 인정받았는데 일부 동방 교회는 700년대, 어쩌면 이후까지도 이 문헌을 정경으로 인정하지 않았다.

중요한 점은 성서가 그 기원 때문에 성스러운 경전인 것이 아니라 그리스도교 신앙의 선조들이 그 문서들을 신성하다고, 권위 있다고 선포했기 때문에 성스러운 경전이라는 점이다. 성서가 특별히 하느님에게 직접 영감을 받은 기록이어서가 아니다. 비유를 들자면, 미국 헌법이 미국인들에게 권위가 있는 것은 그 기원이 특별해서가 아니라 미국인 선조들이 그 법을 헌법으로 승인했기 때문이다. 미국인 선조들은 오늘날 미국인들이 헌법으로 간주하는 법을 권위가 있다고 선포했다. 이후 미국인이 된다는 것은 미국 헌법을 삶을 위한 기반이자 권위로 받아들이는 공동체의 구성원이 됨을 뜻하게 되었다. 물론 이 비유는 성서와 딱 맞아 떨어지지는 않는다. 헌법은 법 문서이나 성서는 율법과 윤리적 가르침뿐 아니라 이야기, 편지, 찬송, 기도 등 다양한 장르의 문서로 이루어져 있다. 성서는 법 문서 이상의 것이며 법을 해석하듯 성서를 해석하는 것은 잘못이다. 그럼에도 이 비유는 성서가 갖는 권위를 이해하는 데 일정 부분 도움을 준다. 미국 헌법이 미국인에게 권위를 갖는 것과 마찬가지로 성서는 그리스도교인에게 권위를 갖는다. 그리스도교인이 된다는 것은 성서를 권위 있는 경전으로 받아들이는 공동체의 구성원으로 살아가는 것, 그리스도교의 기반이 되는 책과 끊임없이 대화하는 것을 뜻한다. 누군가 성서와의 대화를 멈춘다면 이는 곧 그리스도교인이기를 그만두는 것이다. 성서는 그리스도교인의 삶과 정체성을 구성한다.

성서의 기원과 권위를 이와 같이 보는 방식은 2장에서 이야기한 성서의 역사-은유적 해석과 상통한다. 성서를 성서가 기록된 고대의 상황에서 바라볼 때, 또한 성서의 은유적 의미, 즉 문자적, 사실적, 역사적 의미를 넘어서는 의미를 주의 깊게 살필 때 우리는 성서를 가장 잘 이해할 수 있다.

'하느님의 말씀'으로서의 성서

우리에게 익숙한 표현인 '하느님의 말씀', '주님의 말씀'으로서의 성서를 이야기하며 이번 장을 마치려 한다. 이 표현의 의미는 무엇일까? 일부 그리스도교인, 특히 개신교인들은 이 표현을 성서가 전하는 모든 내용, 성서의 모든 구절이 곧 하느님이 전하는 내용이라는 의미로 받아들인다. '하느님의 말씀'을 '하느님이 하신 말씀들'로 간주하는 것이다.

하지만 기나긴 시간 동안 그리스도교는 성서를 '하느님이 하신 말씀들'이 아닌, '하느님에 관한 말씀'이라고 불렀다. 여기서 '말씀'

은 특별하고 은유적인 의미로 쓰인다. '말'이나 '언어'가 지닌 은유적 의미를 생각해보라. 둘 다 소통하고 서로를 드러내는 수단, 둘 사이에 놓인 간극을 잇는 다리다. 성서를 '하느님에 관한 말씀', '하느님의 말씀'이라 부르는 이유는 성서가 하느님과 소통하기 위한 수단이자 매개이기 때문이다. 그러한 면에서 성서는 신성하다. 기원이 신성하거나, 권위가 신성하기 때문이 아니라 그리스도교인의 삶에서 성서가 갖는 목적과 기능이 신성하기에 성서는 신성하다. 성서는 하느님의 영이 우리에게 계속해서 이야기하는 수단이다.

이는 그리스도교인들에게 익숙한 또 다른 표현에서 명징하게 드러난다. 바로 예수가 '하느님의 말씀'이라는 표현이다. 요한 복음서는 예수가 육신이 된 '말씀', 인간의 생명을 입은 '말씀'이라고 말한다. 이때 예수는 당연히 문자 그대로 '말'이 아니며, 소리나 책에 기록된 문자, 단어의 조합도 아니다. 예수는 인간이었다. 책이 '하느님의 말씀'일 수 있듯, 인간도 '하느님의 말씀'일 수 있다.

예수를 통해 드러나고, 밝혀지고, 알려진, 육체를 입은 '하느님의 말씀'은 그리스도교인에게 결정적인 '하느님의 말씀'이다. 이 말씀은 성서보다도 중요하다. 이 하느님의 말씀, 즉 예수는 성서의 기준이다. 우리가 예수에게서 보는 것과 성서에 담긴 내용이 충돌한다면 예수가 그보다 우선한다. 바로 이것이 예수가 육신이 된 말씀이라는 표현에 담긴 뜻이다. 그리스도교인은 예수를 통해 하느님의 성품, 하느님의 열망을 가장 분명하게 알 수 있다.

그렇다면 성서는 '하느님의 말씀', 계시의 수단인가? 그렇다. 성서가 중요한가? 그렇다. 성서가 육신이 된 '말씀', 예수라는 몸을 입은 '말씀'만큼이나 중요한가? 아니다. 물론 성서 없이 우리는 예수를 알 수 없다. 바울의 말처럼 우리는 이 보화를 질그릇 안에 담아 두고 있다. 성서는 우리의 보화를 담고 있는 질그릇이다. 마르틴 루터의 표현을 빌려 말하자면, 성서는 그리스도를 담고 있는 구유다.

생각해 보기

◇ 성서에 대한 역사적 - 신학적 연구에 의하면, 성서는 하느님이 직접 만든 것이 아니라 인간이 만들어 낸 산물이라고 한다. 그렇다면 그리스도교인에게 성서가 '하느님의 영감을 받은 하느님의 말씀'이라는 고백은 어떻게 이해될 수 있는가?

성서를 성서가 기록된 고대의 상황에서 바라볼 때,
또한 성서의 은유적 의미, 즉 문자적, 사실적, 역사적 의미를
넘어서는 의미를 주의 깊게 살필 때
우리는 성서를 가장 잘 이해할 수 있다.

누군가 자신이 하느님을 믿지 않는다고 말하면 나는 묻는다.

"당신이 믿지 않는 하느님에 관해 이야기해주십시오."

그러면 대개 '이 세계 밖에 있는 전능하고

인격적인 존재'로서 하느님을 이야기한다.

최근 베스트셀러를 기록한 무신론 관련 저서의 작가들

역시 마찬가지 방식으로 하느님을 이해한다.

그들이 믿지 않는, 그 존재를 거부하는 '하느님'은

결국 그들 자신이 이해한 '하느님'이다.

그들은 '하느님'에 관해 달리 생각할 수 있다는

점에 대해서는 잘 모르는 듯하다.

05

—

하느님

'하느님'God은 그리스도교의 핵심을 이루는 말이다. 이 장에서는 '하느님'과 유의어인 '영'the Spirit, 혹은 '신성'the Sacred이 가리키는 대상에 주목해보고자 한다. 이러한 말들을 들으면 사람들은 무엇을 떠올릴까? 하느님이 실재한다고 믿는 이나, 실재를 부정하는 이나 하느님에 관해 이야기할 때는 모두 머릿속에 무언가를 상정하기 마련이다. 그리스도교 전통을 살피면 이 말이 가리키는 것에 관한 두 가지 상반된 이해를 발견할 수 있다. 두 이해 방식은 성서 시대부터 시작해 그리스도교 역사가 펼쳐지는 동안 내내 함께해 왔다.[1] 하나는 '하느님'을 세계 너머에 있는 존재, 세계와는 구별되는 또

---

[1] Karen Armstrong, *A History of God* (New York: Knopf, 1994). 『신의 역사 1,2』(동연), *The Case of God* (New York: Knopf, 2009). 『신을 위한 변론』(웅진지식하우스)

다른 존재를 가리키는 것으로 이해하는 방식이다. 이때 '하느님'이라는 말은 아주 특별한 존재, 지고의 존재, 전지전능한 존재를 가리킨다. 이러한 이해에 따르면 하느님은 아주 오래전 세계를 창조했다. 하느님과 세계의 관계는 예술가와 예술, 가구공과 가구, 디자이너와 제품 사이의 관계와 같다. 후자는 전자가 만들어낸 것으로 둘은 서로에게서 분리돼 있다.

다른 하나는 '하느님'은 세계에서 외따로 떨어져 있는 존재가 아닌, 우리를 에워싼 신성으로 이해하는 방식이다. 하느님은 물질과 에너지로 이뤄지고 시공간의 지배를 받는 이 세계 이상의 실재로, 어디에나 존재하며 세계의 시공간과 만물에 스며들어 있다. 하느님은 '다른 곳'(저 위, 저 밖, 저 너머)에 있는 게 아니라 '바로 여기' 있음과 동시에 그 너머에 있다.[2]

존재로서의 하느님

좀 더 자세히 살펴보자. 첫 번째 이해 방식이 가리키는 대상은 현대 영어에서 '하느님', 혹은 '신'이라는 말을 쓸 때 이 말이 가리키는 대상이기도 하다. 많은 그리스도교인뿐 아니라 불가지론자, 무신론자도 하느님을 이렇게 이해한다. 사전에서는 '하느님'을 다음과 같이 정의한다.

---

[2] Paul Tillich, *The Courage to Be* (New Haven: Yale Univ. Press, 1952), pp.182~190, 『존재의 용기』(예영커뮤니케이션), John A.T. Robinson, *Honest to God* (Philadelphia: Westminster, 1963), 특별히 2장과 3장을 보라. 『신에게 솔직히』(대한기독교서회)

· 옥스퍼드 아메리칸 사전: [관사 없음] 그리스도교와 기타 유일신 종교에서 말하는 세계의 창조자이자 지배자, 모든 도덕적 권위의 기원, 절대자.

· 랜덤하우스 웹스터 사전: 세계의 창조자이자 지배자, 절대자, 불멸의 권능자. 남성적 속성을 띠며 세속의 일도 일부 관장함.

· 아메리칸 헤리티지 사전: 세계의 창조자로 유일신 종교에서 숭배하는 완전한 존재. 그러한 존재가 지닌 힘과 영향. 이러한 신의 현현이나 양상. 초자연적 속성과 권능을 지닌 존재로 사람들이 신앙하고 숭배하는 존재, 특히 남성 신.

주목할 만한 점은 세 사전 모두 하느님을 이 세계와 동떨어진 '존재'로 정의한다는 것이다. 이러한 이해 방식을 가장 압축적으로 보여주는 성서 표현은 주기도문의 첫 마디, "하늘에 계신 우리 아버지"다. 이때 하느님은 인격적인 존재로 '여기'에 있지 않고 "하늘"에 있다.

인격적 존재: 이러한 방식으로 하느님을 이해하는 사람들은 보통 하느님이라는 말이 인격적 특성을 지닌 존재를 가리킨다고 여긴다. 하느님은 인간처럼 생각하고, 알고, 바라고, 느끼고, 행동하고, 사랑하고 돌보며, 심판하고 처벌한다.

권세자: 이 인격적 존재는 권세자다. 사전에서 정의하듯 '하느님'이란 단어는 '세계의 지배자'와 '모든 도덕적 권위의 원천'을 가리킨다. 하느님은 무엇이 옳은지 그른지, 우리가 무엇을 믿어야 하며 또 어떻게 살아야 하는지를 알려준다. 그뿐만 아니라 하느님은 권세자로서 우리를 심판할 것이다. 이런 하느님은 때로는 자애로운 부모 같기도 하고 때로는 엄한 부모 같기도 하다. 하느님은 자신의 요구 사항을 단순히 알리는 데 그치지 않고 이를 강제한다. 하느님을 궁극적인 권세자로 이해하는 이들은 자애로운 부모와 엄한 부모라는 상반된 이미지를 어떻게 조화시킬지 계속해서 고민한다.

간섭자: 인격적 존재로서 하느님은 간섭, 혹은 개입을 통해 이 세계에 관여한다. 개입은 세계로부터 동떨어진 존재가 세계 안에서 행위할 수 있는 유일한 방법이다. 여러 성서 본문에서도 이러한 가정을 찾아볼 수 있다. 하느님이 직접 일으킨 놀라운 사건들, 하느님에게 기도하고 간구해 이뤄진 극적인 사건들이 그 예다. 많은 그리스도교인은 성서 시대에 비해 덜 극적인 방식이긴 하나 오늘날에도 신적 개입이 종종 일어난다고 믿는다.

남성: 오랫동안 사람들은 하느님을 남성 언어로 불렀다. 얼마나 자주 하느님을 '아버지', '왕', '주님'이라고 부르는지, 얼마나 자주 하느님을 가리킬 때 남성 대명사를 쓰는지를 생각해보라. 앞서 살펴본 세 사전 중 두 개가 '하느님'이 남성 신을 뜻한다고 말한다. 하느님에 관해 이야기할 때 성별 중립적인 언어를 쓰는 그리스도교

인이 점차 늘고 있지만, 여전히 대다수 사람은 하느님을 '그'라 부른다. 보수적인 그리스도교인 중에는 하느님을 남성 언어로 불러야만 한다고 생각하는 이들도 있다.

실재: 여기서는 하느님의 존재가 논쟁 대상이 된다. 하느님이 존재하느냐, 하지 않느냐라는 문제는 하느님의 존재를 '증명'할 수 있느냐는 물음과 연결되어 있다. 모든 존재 증명은 '그러한 존재가 있느냐, 없느냐'라는 가정에서 출발해 논지를 전개한다. 증명이 얼마나 합리적이든 간에 '신자'는 그러한 존재가 있다고 믿고, 불신자는 그러한 존재란 없다고 믿는다. 이때 신의 존재를 믿고 안 믿고의 차이는 '이 세계 밖에 전능하고 인격적인 존재가 있는가?'라는 물음에 긍정으로 답하느냐, 부정으로 답하느냐의 차이다.

많은 그리스도교인뿐 아니라 대부분의 불가지론자나 무신론자도 이러한 식으로 '하느님'이라는 말을 이해한다. 누군가가 자신이 하느님을 믿지 않는다고 말하면 나는 묻는다. "당신이 믿지 않는 하느님에 관해 이야기해주십시오." 그러면 대개 '이 세계 밖에 있는 전능하고 인격적인 존재'로서 하느님을 이야기한다. 최근 베스트셀러를 기록한 무신론 관련 저서의 작가들 역시 마찬가지 방식으로 하느님을 이해한다. 그들이 믿지 않는, 그 존재를 거부하는 '하느님'은 결국 그들 자신이 이해한 '하느님'이다. 그들은 '하느님'에 관해 달리 생각할 수 있다는 점에 대해서는 잘 모르는 듯하다.

신성의 현존으로서의 하느님

'하느님'이라는 말이 가리키는 대상을 또 다르게 이해하는 방식
은 첫 번째와는 매우 다르다. 이러한 이해에서 '하느님'은 세계와
분리된 존재가 아니라, 세계를, 우리 주위를 둘러싼, 혹은 우리 안
에 실재하는 신성을 가리킨다. 이는 고대부터 지금까지 유대교와
그리스도교, 이슬람교의 공통된 '하느님' 이해다. 다른 주요 종교
들과 세계 여러 토속 종교도 '하느님' 혹은 '신'을 이렇게 이해한다.

사도행전을 보면 이러한 이해를 압축적으로 보여주는 표현이
나온다. 바울은 하느님을 가리켜 "그 안에서 우리가 살고, 움직이
고, 존재하는 분"이라 말한다(17:28). 이 말이 무얼 의미하는지 좀
더 살펴보자. 하느님과 관계한다면 우리는 어디에 있을까? 하느님
'안'에 있다. 우리는 하느님 '안에서 산다'. 우리는 하느님 '안에서
움직'이며, '안에서 존재한다'. 이때 하느님은 '저밖에', 이 세계 너
머 어딘가에, 우리와 세계로부터 분리된 채 멀리 떨어져 있는 존재
가 아니다. 하느님은 그 안에 만물이 존재하는 '일자'—者, 우리와
존재하는 모든 것을 포괄하는 실재다.

이에 대해 시편 139편은 사도행전보다 한층 길게 이야기한다.
시편 저자는 하느님에게 "당신 생각을 벗어나 어디로 가리이까?
당신 앞을 떠나 어디로 도망치리이까"(7절)라고 물은 뒤 만방에 존
재한다고 고백한다.

하늘에 올라가도 거기에 계시고
스올에 가서 자리 깔고 누워도 거기에도 계시며

새벽의 날개 붙잡고 동녘에 가도

바다 끝 서쪽으로 가서 자리를 잡아보아도

거기에서도 당신 손은 나를 인도하시고

그 오른손이 나를 꼭 붙드십니다.(8~11절)

이 구절에는 고대인들이 상상한 세계의 삼 층 구조가 드러난다. 위에는 하늘이 있고, 아래에는 스올(음부)이 있으며, 그 사이에 땅이 존재한다. 시편 저자가 상상하는 곳이 어디든 하느님은 그곳에 있다. 이것이 어떻게 가능할까? '하느님'이란 말이 모든 곳에 편재하는 신성의 현존을 가리킬 때만 가능하다. 이렇게 하느님을 이해하면 누구도 하느님 밖에 존재할 수 없다.

비유를 들자면 물고기가 물속에 있듯 우리는 하느님 안에 있다. 물은 두루 존재하고, 물고기는 그 안에서 살고, 헤엄치며, 존재한다. 물은 물고기로부터 떨어져 있지 않다. 그렇지만 물은 물고기 이상의 것이다. 이처럼 하느님은 세계에서 떨어져 있는 존재가 아니다. 하지만 하느님은 세계를 넘어서는 실재다. 하느님은 우주, 만물을 포함한 이 세계를 아우른다.

이러한 이해방식은 성서가 기록된 이후 그리스도교 전통에서 지속해서 등장했다. 200년경 활동했던 초기 그리스도교 신학자 이레네우스Irenaeus는 말했다.

만물이 하느님에게 속하며 하느님은 무엇에도 속하지 않는다.

이 말이 무엇을 의미하는지 살펴보자. 만물은 하느님 안에 있다("모든 것이 하느님에게 속하며"). 하지만 하느님은 만물 이상의 무엇이다("무엇에도 속하지 않는다"). 그리스도교 역사 내내 주요 신학자들은 이러한 견해를 인정했다. 아우구스티누스와 토마스 아퀴나스, 위대한 그리스도교 신비주의자들을 비롯해 여럿이 이 견해를 받아들였으며 현대에는 20세기가 낳은 가장 중요한 신학자인 개신교의 폴 틸리히Paul Tillich와 로마 가톨릭의 칼 라너Karl Rahner가 이러한 견해를 지지했다.

하느님이 세계에서 분리된 존재가 아니라 우리를 에워싼 신성의 현존이라는 생각을 어떤 그리스도교인들은 낯선 생각으로 여기고 혼란스러워할지도 모른다. 하지만 다시 생각해보자. 교회에 줄곧 다닌 이일지라도 하느님을 "하늘에 계신 우리 아버지"라고 부르는 말만 듣지는 않는다. 교회에서 사람들은 하느님은 '어디에든' 계시다고, 무소부재하시다는 말도 듣는다. 이것이 어떻게 가능할까? 하느님이란 말이 어떤 존재나 어떤 존재보다 좀 더 우월한 존재, 혹은 세계와 분리된 '인격적 존재'가 아니라 만물이 그 안에서 존재하는 실재를 가리킨다면 가능하다.

이러한 하느님 이해는 하느님의 존재에 대한 질문을 완전히 뒤바꿔버린다. 하느님 이해가 바뀌면 세계 너머에 또 다른 존재가 있는지는 더는 중요하지 않다. 대신 실재의 속성, '존재하는 것'what is의 속성, '존재함'is-ness의 속성에 관한 물음이 부각된다. '존재함'이 존재하는지 존재하지 않는지 묻는 것이 아니라, '존재함'이 무엇인지를 묻게 되는 것이다. '존재하는 것'은 단지 물질과 에너지로 이뤄지고 시공간의 지배를 받는 세계 그 자체인가? 아니면 실재, '존재함'은 그 이상의 무엇인가?

하느님을 이런 식으로 이해한다면 결국 실재, '존재하는 것'은 우리를 에워싸면서 동시에 이를 넘어서는, 불가사의하고 장엄한 신성한 실재라고 할 수 있다. 하느님이라는 말은 실제로 있는지 없는지 알 수 없는 존재를 가리키는 게 아니다. 이 말은 불가사의하고 신성하며 경이롭고 장엄한, '그 이상의 무엇'으로 '존재하는 것'을 부르는 이름이다.[3] 여기서 중요한 사항은 이러한 하느님 이해가 물질과 에너지로 이뤄지고 시공간의 지배를 받는 이 세계와 '하느님'을 동일시하지 않는다는 점이다. '하느님'은 단지 우리가 알고 있는 이 세계를 가리키는 시적 표현이 아니다. 물질과 에너지로 이뤄지고 시공간의 지배를 받는 이 세계는 '하느님 안에' 존재한다. '그 이상의 무엇'이 우리를 에워싸고 있다. 이 '무엇'은 통상적이고 과학적인 방법으로 알아낼 수 있는 것들의 총합으로 환원되지 않는다.

이러한 하느님 이해는 많은 것을 변화시킨다. 우선 창조자로서의 하느님을 사고하는 방식이 바뀐다. 첫 번째 이해방식을 따른다면 하느님은 6천 년 전이 되었든 150억 년 전이 되었든 '과거'에 자신과 분리된 세계를 창조했다. 하지만 두 번째 이해방식을 따르면 하느님을 창조자로 받아들인다는 것은 곧 이 세계가 매 순간 자신을 하느님에게 의지하고 있음을 받아들인다는 것을 의미한다. 세

---

3   William James, *The Varieties of Religious Experience* (New York: Collier, 1961, first published in 1902) pp.392~402. 『종교적 경험의 다양성』(한길사)

계는 하느님 안에서 움직이고 존재한다. 하느님이 창조를 멈춘다면 만물은 사라지고 말 것이다. 그리스도교에서 창조는 단순히 과거로 소급되는 이 세계의 기원을 말하지 않는다. 창조는 세계를 포함한 만물이 하느님에게 의지하고 있음을 말한다.

또한 이러한 하느님 이해는 하느님과 세상과의 관계를 사고하는 방식도 바꾼다. 이 관계를 설명하는 데 '개입'이라는 말은 더는 필요하지 않다. 개입이라는 말은 하느님이 세계와 동떨어져 있는 존재라는 전제를 바탕으로 할 때만 성립하기 때문이다. 개입을 통해서만 세상에 관여하는 하느님은 평상시에는 '지금, 여기'에 있지 않다. 하지만 하느님을 '지금 여기'에서 우리를 에워싸고 있는 실재로 이해한다면 개입이라는 말은 설 자리가 없다. 하느님이 세상에 관여한다는 말은 두 번째 이해에서도 유지된다. 대신 하느님은 세계에 개입하시는 게 아니라 '현존'하시며, 만물을 통해, '상호 작용'을 통해 당신의 뜻을 이루어나가신다. 하느님이 부재한 곳이란 없다. 그분은 모든 곳, 만물에 현존한다(하느님의 현존). 성서는 하느님이 목적을 갖고 계신다고 이야기한다(하느님의 의도). 이 신성에 우리가 우리 자신을 열고, 관계 맺으며, 참여할 때 불가능했을 일들이 가능해진다. 하느님이 뜻하신 바와 인간의 행동은 서로 협력, 즉 상호작용할 수 있다(하느님과의 상호작용). 여기서도 개입이라는 말을 애써 쓸 필요는 없다. 정통 그리스도교 신학은 하느님을 이렇게 이해한다. 이러한 이해 방식은 하느님을 세계와 분리된 존재로 이해하는 방식보다 훨씬 정통적이다. 신학 용어를 빌려 말하자면 성서와 그리스도교 전통의 근간을 이루는 목소리들은 '하느님'이라는 말이 가리키는 실재가 '초월적'transcendent이면서도 '내재적'immanent이라고 말했다. 하느님이 초월적이라는 말은 하느님이 이 세계를 넘어선 무엇이라는 뜻이다. 하느님이 내재적이라는 말은 그 무엇은 만물, 그리고 모든 곳에 존재한다는 뜻이다.

'하느님'이 세계와 유리된 인격적 존재를 가리킨다는 사고방식은 하느님의 초월성만을 이야기하는데, 이를 가리켜 '초자연적 유신론'supernatural theism이라 말한다. 여기서 하느님은 세계와 분리된 초자연적 존재다. 하지만 성서에서, 고대 그리스도교인들은 '하느님'이라는 말을 쓸 때 하느님의 초월성뿐 아니라 내재성까지를 말했다. 이러한 하느님 이해 방식을 19세기 초에 등장한 용어로 '범재신론'panentheism이라고 한다. 이 말의 헬라어 어원을 풀이하면 '만물이 하느님 안에 있다'라는 뜻이다. 이것이야말로 '하느님'이라는 말에 담긴 정통적인 의미, 그리고 진정한 의미다.

의인화된 하느님

주의 기도에 나타나듯이 성서와 그리스도교 전통에서는 자주 하느님을 인격적 존재로 묘사한다. 그리스도교인들에게 하느님은 아버지이며 왕이자 목자, 심판자이자 연인, 어머니다. 그렇다면 '하느님'이 특정한 인격적인 존재를 가리키지 않는다는 걸 깨달았다고 해서 이러한 식으로 의인화하는 것을 지양해야 할까? 그렇지 않다. 하느님을 의인화하는 것은 나쁜 일이 아니다. 의인화는 인간이 자신이 자신과 관계하는, 동시에 자신을 넘어선 무언가를 향해 경배하고 헌신하고 있음을 언어로 표현하는 가운데 자연스럽게 나온다. 문제는 하느님을 의인화하는 것을 문자 그대로 받아들이는 것이다. 이렇게 되면 하느님 이해는 초자연적 유신론으로 귀결되고 그러한 이해가 갖는 한계들과 마주하게 된다.

하느님을 의인화하는 언어를 피해 '하느님'을 표현하다 보면 그 '하느님'은 특정 사물, 인격적인 것 이하의 실재, 생명 없는 실재, 혹은 영혼 없는 실재를 가리킨다는 인상을 주기 쉽다. 하느님은 인격적인 것 이하가 아닌, 인격적인 것을 넘어서는 실재다. 때로 사람들은 이 실재를 '영'으로 느끼고 경험하는데, 이때 '영'은 '무엇'이 아닌 '너'의 속성을 띤다. 그러므로 우리가 살고 움직이고 존재하게 하는 실재를 개인, 그 존재 여부를 다룰 수 있는 초자연적 인격으로 축소하지 않는다면 하느님을 의인화하는 언어는 적절하게 쓸 수 있다. 실재, '존재함', '존재하는 것'은 존재한다. 문제는 '존재함'이 존재하는가가 아니라 존재함이란 어떤 것인가이다. 성서와 그리스도교 전통의 언어는 이 실재가 인격적인 것 이하가 아니라 인격적인 것 이상임을 알려준다.

모든 언어를 넘어서는 하느님

한 가지 중요한 사항이 남았다. '하느님'이라는 말이 가리키는 실재는 어떠한 말, 어떠한 언어로도 온전히 표현할 수 없다. 어떤 개념도 '하느님'을 아우르지 못한다. 기원전 6세기 중국의 노자는 "이름 붙일 수 있는 도(신성)는 늘 그러한 도가 아니다"道可道非常道라고 일갈했다. 일단 신성에 이름을 붙이게 되면 우리는 더 이상 그것에 대해 이야기하는 게 아니다. 이 실재는 말로 온전히 표현할 수 없기 때문이다.

　이러한 이해는 유대교와 그리스도교에 깊게 뿌리내리고 있다. 떨기나무에 붙은 타지 않는 불꽃에서 신성을 체험하며 모세가 물었다. "당신의 이름은 무엇입니까" 답이 돌아왔다. "나는 곧 나다." 이 대답은 동어반복이다. 앞말과 뒷말이 같으므로 결국 아무 말도 하지 않는 셈이다. 하지만 그 대답은 하느님은 존재하며 이 신성한 실재는 모든 이름을 넘어선다는 것을 웅변한다. 이러한 맥락에서 유대교는 신상을 금지하며 하느님의 신성한 이름을 부르는 것을 금기시한다. 일자, 신성은 감히 입에 담을 수 없다는, 어떠한 언어로도 형언할 수 없다는 유대교와 그리스도교 신비주의자들의 이야기도 마찬가지다.

　그러므로 하느님에 관한 언어는 겸손함을 담아, 신중하게 사용해야 한다. 하느님에 관한 어떠한 개념도, 하느님이란 말이 가리키는 대상에 대한 어떠한 설명도 온전하지 않다. 그것이 초자연적 유신론이 되었든 범재신론이 되었든 말이다. 그래도 범재신론은 초자연적 유신론보다 낫다. 범재신론은 좀 더 넓은 범위를 아우르며 제약은 덜하다. 이러한 하느님 이해는 초자연적 유신론이 낳은 여러 한계점을 피해갈 수 있으며, 더 많은 사람에게 설득력 있게 다가갈 수 있다.

◇ 저자에 따르면 하느님을 이해하는 두 가지 방식(초자연적
   유신론, 범재신론)이 있다. 그렇다면 당신은 어떠한 방식으
   로 하느님을 이해해 왔는가? 그리고 그러한 이해는 당신
   이 세계를 이해하는 데 어떠한 영향을 끼쳤는가?

문제는 '존재함'이 존재하는가가 아니라
존재함이란 어떤 것인가이다.
성서와 그리스도교 전통의 언어는
이 실재가 인격적인 것 이하가 아니라
인격적인 것 이상임을 알려준다.

두려움에 바탕을 둔 종교,

두려움에 바탕을 둔 개인의 행동,

두려움에 바탕을 둔 정치는

거의 항상 함께 가기 마련이다.

06

하느님의 성품

우리가 사고하는 방식에 영향을 미치는 중요한 요인이 또 하나 있다. 성서에서 하느님이라는 말은 영광스럽게 빛나는, '우리를 넘어선 무언가'를 가리키는 데서 그치지 않는다. 성서는 이 '우리를 넘어선 무언가'가 성품character을 지닌다고 말한다. 이때 '성품'은 한 사람 한 사람이 지닌 '성품'이라 할 때 그 성품을 말한다. 누군가의 성품에 관해 묻는다는 것은 그 사람의 말과 행동을 빚어내는 차원, 그 내면의 모습이 어떠한지를 묻는 것이다. 그러므로 하느님의 성품을 묻는 것은 곧 하느님이 '어떠한' 실재인지를 묻는 것이다.

하느님을 믿건 안 믿건 간에 '하느님'이라는 말을 들으면 어떤 성품, 성격이 떠오르는가? 무관심함? 냉혹함? 위협적인? 자비? 자애로움? 긍휼? 이러한 성품들이 뒤섞여 있는 상태? 아니면 완전히 다른 무언가?

비종교적인 언어로 이 질문을 다시 표현하면 '실재란 어떠하다고 생각하는가?' 혹은 '현실이 어떤 성격을 지니고 있다고 생각하는가?'가 된다. 하느님이 있다고 믿든 그렇지 않든 무언가 '있다는 것'은 어떠한 성격을 지닌다고 생각하는가? 이 질문에 대한 답변을 생각해보는 건 중요하다. 의식하지 못하더라도 실재가 어떠하다고 생각하는지, 혹은 우리를 둘러싼 현실을 어떻게 보는지에 따라 우리 삶의 모습 또한 달리 빚어지기 때문이다.

이번 장에서는 하느님의 '성품'(비종교적 언어로는 실재, 또는 현실의 '속성', '성격')을 바라보는 시각을 세 가지로 나누어 살펴보려 한다.[1] 첫째는 하느님을 무관심한 실재로 보는 관점이며, 둘째는 하느님을 위협적이고 위험한 실재로 보는 관점, 마지막 셋째는 하느님을 생명을 불어넣는 자비로운 실재로 보는 관점이다.

무관심한 하느님

하느님의 성품에 대한 첫 번째 관점은 하느님이 우리에게 무관심하며 기본적으로 이 세계와 우리를 좋게 만들기 위해 관여하지 않는다고 보는 것이다. 이러한 관점에서 실재, 그리고 무언가 '있다는 건' 그저 '있음' 그 이상도, 이하도 아니다. 실재는 인간이 무엇을 필요로 하는지, 인간이 어떠한 삶을 살아야 하는지 관심을 기울이지 않는다. 현대 사회는 보통 실재, 현실을 이렇게 바라본다.

---

[1] H.Richard Niebuhr, *The Responsible Self* (San Francisco: Harper&Row, 1963), pp.98~107.

이러한 관점에서 세계는 비인격적인 힘과 에너지로 이루어져 있을 뿐이다. 여기에는 어떠한 성격도, 목적도 없다. 구태여 목적이 있다고 한다면 그것은 더욱 복잡한 방식으로 생명이 뻗어 나가는 것이다.

이렇게 실재를, 현실을 본다 해도 몇몇은 이 세계가 자아내는 놀라움과 장엄함에 찬탄을 보낼 수 있다. 그렇다 할지라도 원칙적으로 이들에게 실재는 그저 '존재할' 따름이다. 현실은 그냥 현실이며 실재는 어떤 성품을 갖고 있지 않다. 아니, 좀 더 정확하게 말하면 우리와 우리가 가치 있다고 여기는 모든 것에 무관심한 것이야말로 실재의 속성 혹은 성품이다.

이러한 이해는 현대 사회에서 지배적이지만 고대 사회에서도 이러한 이해가 없었던 것은 아니다. 머나먼 과거에도 이러한 방식으로 실재를 보는 시각은 있었다. 특히 커다란 고통을 겪으며 신음할 때 사람들은 하느님 혹은 신이 자신들에게 관심을 기울이지 않는다고 생각했다. 누군가는 이러한 무관심이 '세상의 이치'라고도 했지만 그러한 관점이 지배적이지는 않았다.

이러한 관점은 17~18세기 그리스도교 사상가들 사이에서 다시 등장했다. 이들은 '이신론자'Deists 혹은 '합리주의자'rationalist라고 불렸으며 계몽주의라는 당대의 지적 흐름과 그리스도교를 합치려 했다. 그들은 하느님이 존재한다고 확신했지만 동시에 이 세계는 자연법칙이라는, 발견 가능한 질서를 따라 돌아가고 있다고 보았다. 하느님은 '저 옛날', '태초에' 저 자연법칙을 포함해 이 세계를 창조했다. 이후 하느님은 아무것도 할 필요가 없었다. 그들은 암묵적으로든 공공연하게 드러나는 방식으로든 '태초' 이후 하느님이 더는 이 세계에 관여하지 않는다고 여겼다.

오늘날 대다수 그리스도교인은 자신이 이신론자라고 생각하지는 않는다. 정확히 말하면 이신론자라는 말 자체를 잘 모른다. 하지만 이신론자들의 이해방식은 현대 그리스도교에 남아 있다. 과거 이신론자들이 그랬듯 창조자 하느님과 자연법칙에 따라 돌아가는 세계를 조화시키려 노력하는 지적 활동에서 우리는 이러한 모습을 발견할 수 있다. 태초에 하느님은 자신과 분리된 세계를 창조했다. 그 후로 이 세계는 스스로 작동한다. 하느님은 우리, 그리고 우리가 속한 이 세계로부터 멀리 떨어져 있는 창조자다. 그는 여기에 있지 않으며 이 세계가 돌아가는 과정에 관여하지도 않는다. 이러한 사고방식은 '실질적 무신론'practical atheism이라고도 불린다. 하느님이 세계가 돌아가는 과정에, 우리의 삶에 관여하지 않는다고 여기는 생활양식 혹은 존재양식이기 때문이다.

그러나 대다수 그리스도교인은 하느님의 성품에 대해 생각할 때 이러한 관점보다는 두 번째나 세 번째 관점, 즉 하느님이 위협적이며 우리를 벌하는 존재라고 보거나, 생명을 주는 자비로운 성품을 지닌 존재라고 보는 관점을 취한다. 이러한 관점의 차이는 그리스도교인의 삶에 대한 각기 다른 시각을 낳는다. 두 관점이 섞일 때도 있지만 이 둘을 결합하는 건 쉬운 일이 아니다. 근본적으로 두 관점은 상극이기 때문이다. 두 관점은 각기 다른 형태의 그리스도교를 낳는다.

징벌적이고 위협적인 하느님

그리스도교 언어는 곧잘 하느님을 자애로운 존재로 그리지만 많은 그리스도교인이 하느님의 성품을 떠올릴 때 자애로움과 자비로움을 떠올리지 않는다는 건 아이러니한 일이다. 그들은 하느님이 신앙과 행실에 있어 온갖 요구를 강요하는 존재라고 본다. 그들에게 하느님은 다른 무엇보다 진노의 하느님이며 그 진노는 무시무시하다. 이 하느님은 우리를 사랑하지만 벌을 내리기도 한다.

나도 어렸을 때 그렇게 생각했다. 교회에 가면 사람들은 찬송가 '예수 사랑하심은'을 불렀다. 그들은 '하느님은 사랑'이라고 말했다. 내가 처음 암송한 성서 구절도 "하느님은 이 세상을 극진히 사랑하셔서"로 시작했다. 하지만 나는 그 못지않게 하느님이 율법을 제정하셨으며 이에 따라 엄한 부모나 정의로운 왕처럼 심판을 내린다는 이야기, 잘못을 저지르면 이생에서든 사후에서든 벌을 받는다는 이야기를 들었다.

벌하는 하느님이라는 이미지는 1장에서 다루었던 천국과 지옥 해석틀의 핵심 요소다. 수 세기에 걸쳐 이 이미지는 그리스도교 주위를 유령처럼 맴돌고 있다. 죽은 뒤 천국이나 지옥에 갈 거라고 믿었던 시절에 지옥에 대한 위협이 사람들에게 어떠한 영향을 미쳤을지 상상해보라. 분명 수많은 이가 자신이 하느님 뜻에 맞게 살고 있는지, 행여나 지옥 불에 떨어지게 되는 건 아닌지 염려했을 것이다. 오늘날에도 적지 않은 그리스도교인이 그러한 염려를 한다. 많은 교회는 벌을 받지 않기 위해서 심판하시는 하느님이 요구하는 바를 따라야 한다는 메시지를 노골적으로 때로는 암암리에

전한다. 그들은 묻는다. '당신은 죽은 뒤 어디서 영원한 삶을 살고 싶은가?'

우리는 모두 벌을 받아 마땅하지만, 다행스럽게도 형벌을 받지 않고 여기서 벗어날 수 있는 길, 인류를 집어삼킬 지옥의 불길에서 구원받을 수 있는 길이 있다. 하느님은 피난처를 마련해 두었는데 그곳에 들어가려면 예수가 우리를 대신해 죽음으로써 하느님의 진노를 달랬다는 것을 믿어야 한다. 예수를 믿는 자는 형벌을 면할 것이다.

하지만 그처럼 형벌에서 벗어날 가능성이 있다 해도 하느님이 우리를 벌하시는 분이라는 이미지는 바뀌지 않는다. 하느님은 요구 사항이 있으며 그것을 강요한다. 법을 제정한 이로서 사람들이 자신의 율법을 따르지 않을 때 부모로서 자식이 실망스러운 일을 저질렀을 때, 왕으로서 백성이 자신을 분노케 할 때, 연인으로서 자신을 버릴 때 그는 자신을 '제대로 따르지 않은' 이들을 모두 벌할 것이다.

실재를 위협적이고 두려운 존재로 보는 관점, 현실이 자신을 위협한다고 보는 관점은 비종교적인 형태로도 나타난다. 이것이 정신 질환으로 발현된 형태가 편집증paranoia이다. 편집증 환자는 실재가 매우 위험하다고, 현실은 위험스럽기 그지없다고 확신한다. 삶이 온갖 위협에 둘러싸여 있다는 생각은 두려움을 바탕에 둔 우리네 삶에서 흔히 찾아볼 수 있다. 우리는 신변의 안전을 염려한다. 자신의 외모가 망가지지 않을까 염려하고, 자신의 안위에 이상이 생기지 않을까 염려하고, 갑작스럽게 병에 걸리지 않을까 염려

한다. 우리는 재정을 염려한다. 우리는 현재 소유하고 있는 재산에 문제가 생기지 않을지, 갑작스럽게 재산을 날려버리는 일이 생기지 않을지 염려한다. 우리는 나라의 안보를 염려한다. 이 나라가 과연 위협적으로 여겨지는 적에게서 우리 자신과 현재 생활양식을 지켜낼 수 있을지 불안해한다.

오늘날 광고가 얼마나 자주 이러한 두려움에 호소하는지 생각해보라. 또한 정치 선전이 얼마나 빈번하게 이러한 두려움을 조장하는지 생각해 보라. 실재를, 현실을 위험한 것으로 인식하면 어떻게든 자기를 보호하는 데만 관심을 기울이는 삶을 살게 된다. 이러한 가운데 사람들은 묻는다. '나는 그리고 우리는 우리 자신을 보호하기 위해 무엇을 해야 하는가?' 이러한 면에서 우리는 집단으로 편집증에 걸린 상태에서 살아가고 있다고도 볼 수 있다. 우리는 우리 문화가 두려워하라고 가르친 것을 두려워하며 종교인들의 경우 자신이 속한 종교에서 두려워하라고 가르친 것들을 두려워한다.[2] 두려움에 바탕을 둔 종교, 두려움에 바탕을 둔 개인의 행동, 두려움에 바탕을 둔 정치는 거의 항상 함께 가기 마련이다.

우리를 벌하고 위협하는 하느님 상像은 신구약성서에서 모두 발견된다. 그리스도교인들은 흔히 구약성서(유대교)에 나타난 하느님은 진노하고 벌하며 심판하는 분인 반면 신약성서(그리스도교)의 하느님은 자비롭고 자애로우며 용서하는 분이라 생각한다. 하지만 이러한 고정 관념은 잘못된 것이다. 우리를 벌하고 위협하는 하느

---

2 Sam Keen, *The Passionate Life* (San Francisco: Harper & Row, 1983), pp.112~114.

님 상을 이야기하는 본문은 구약성서와 신약성서에 모두 나온다. 그렇게 보면 수 세기에 걸쳐 그리스도교에서 하느님을 벌을 내리시는 분으로 그려왔다는 것이 그리 놀라운 일은 아니다.

이러한 틀에서 우리는 어떻게 살아야 하는가? 그리스도교인의 삶은 어떠해야 하는가? 하느님을 우리를 위협하고 벌을 주는 심판관으로 본다면 이에 부응하는 삶은 심판관이 요구하는 것이 무엇이든 이를 따르는 삶이 될 것이다. 달리 말하면 요구와 보상에 기초한 삶이라고도 할 수 있다. 이 삶은 실패에 대한 두려움으로 가득할 수밖에 없다. 그러나 성서에는 이와는 전혀 다른 하느님의 성품을 이야기하는 부분도 있다. 이러한 부분에 초점을 맞춘다면 우리는 하느님과 함께하는 삶, 그리스도교인의 삶이 지향하는 모습에 대해 다른 그림을 그릴 수 있다.

자비롭고 자애로우며 우리를 긍휼로 대하는 하느님

하느님의 성품—실재, '무언가 있다는 것'의 성격—을 바라보는 세 번째 관점은 앞의 두 관점과 판이하다. 이 관점에서 '하느님'은 우리에게 무관심한 존재도 아니고, 우리를 위협하고 벌하는 존재도 아니다. 세 번째 관점에서 보는 하느님은 자비롭고 자애로우며 우리를 긍휼로 대하는 실재다. 하느님—실재, 우리를 감싸는 현실—은 우리를 포함한 이 세계에 생명을 불어넣고 생명이 일어나도록 북돋는다. 그리고 이를 위하여 우리가, 이 세상이 변혁되기를 바라고, 그러한 변혁에 관여한다.

'자비로운' 그리고 '자애로운', 긍휼, 혹은 '불쌍히 여기는 마음'

이라는 말은 사실상 같은 말로 성서에서 구약과 신약을 가리지 않고 자주 등장한다. '자비로움'은 '은총'이라는 말과 함께 우리의 삶이 선물이라는 점을 강조한다. 우리는 우리 자신을 창조하지 않았다. 누구도 스스로 나지 않았다. 우리 존재와 우리가 가진 모든 것은 선물이다.

'자애로움'과 긍휼이라는 말은 하느님이 우리와 모든 피조물의 안녕을 바라고 있음을 뜻한다. 요한 복음서 3장 16절이 증언하듯 하느님은 이 세상을 사랑하신다. 창세기 1장에 나오는 창조 이야기에서 하느님은 매일 창조를 마치고 자신이 창조한 것들을 보시고는 '좋다'고 말씀하셨고 마지막 엿새째에는 모든 것이 '참 좋다'고 하셨다. 11장에서 좀 더 자세히 살펴보겠지만, 긍휼의 하느님, 하느님의 자애로움은 신구약성서 공통의 핵심 주제다.

하느님의 성품을 자비롭고 자애롭다고 보는 관점, 하느님을 우리를 긍휼로 대하는 분으로 보는 관점은 하느님과 함께하는 삶이 단순히 구원을 받기 위해 하느님의 요구 사항을 따르는 게 아니라는 점을 강조한다. 하느님과 함께하는 삶은 하느님과 더 깊은 관계를 맺는 것이다. 하느님과 함께하는 삶은 신앙과 행실과 관련해 특정 요구 사항을 따르는 것이 아니다. 하느님께서는 우리가 태어날 때부터 우리와 관계를 맺으셨다. 우리가 이를 알든 모르든, 믿든 믿지 않든 간에 말이다.

이러한 바탕 가운데 우리는 종교적 삶, 그리스도교인의 삶이라는 하느님과의 의식적이고도 일정한 지향성을 지닌 관계로 들어간다. 하느님과 맺은 관계를 인식한다는 점에서 이 관계는 의식적이다. 또한 이를 통해 우리가 하느님이라는 실재와 더 깊은 관계로 나아가기를 바란다는 점에서 이 관계는 지향성을 갖고 있다. 하느님은 두려워하거나 달래야 하는 존재가 아니다. 하느님은 끌어안고 사랑해야 하는 존재다.

하느님의 성품을 바라보는 이 세 번째 관점은 전혀 다른 삶을 살아갈 가능성을 가져다준다. 이러한 관점에 바탕을 둔 삶은 두려움에 기초하지 않는다. 하느님에게서 오든, 세상으로부터 오든, 그 위협에서 우리 자신을 보호하지 않아도 된다. 세 번째 관점을 통해 우리는 하느님을 우리 삶 중심에 두고 그분을 더욱 깊게 신뢰하는 법을 익히게 된다.

이로써 우리는 무슨 일이 일어나든 두려움에서 벗어나는 삶으로 나아간다. 하느님의 성품을 자비로움, 자애로움으로 본다고 해서, 하느님을 긍휼로 대하는 분으로 본다고 해서 나쁜 일이 일어나지 않는다는 뜻이 아니다. 하느님은 나쁜 일이 일어나는 것을 막기 위해 '개입'하지는 않으신다. 하지만 예측 불가능하고 불확실한 삶한가운데서 성서는 거듭 확신에 찬 어조로 말한다. "두려워 마라." "근심하지 마라." 그리스도교인의 삶은 하느님을 더 깊게 신뢰하는 삶이다. 30년 전쟁의 황폐함이 유럽을 휩쓸던 17세기 쓰였던 찬송가 가사를 빌리면 "첨탑이 무너져 내리는 순간에도" 자애로운 분, 우리를 불쌍히 여기는 그분을 신뢰하는 삶이다.

하느님의 갈망

하느님의 '갈망'과 '성품'은 긴밀한 연관을 맺고 있다. 이때 갈망은 "당신이 인생에서 가장 갈망하는 것은 무엇인가요? 당신이 가장 소중히 여기는 것, 가장 열정을 쏟아붓는 것은 무엇인가요?"라고 물을 때 그 갈망을 뜻한다. 갈망은 성품에서 흘러나온다.

그렇다면 하느님은 무엇을 갈망하는가? 무엇에 관심을 두고 계시는가? 어릴 적, 사춘기까지 나는 하느님께서 개인의 행실을 가장 중요시하신다고 굳게 믿었다. 이때 올바른 행실은 곧 십계명을 준수하는 것을 뜻했다. 십계명을 외웠을 때가 언제인지 기억이 가물가물하다. 여섯 살 때였나? 여덟 살 때였나? 어찌 되었든 십계명을 준수한다는 것은 계명을 실제로 지키는 것뿐 아니라 내적인 정결함을 지키는 것이기도 했다. 살인하지 말라, 살인하지 말뿐더러 분노하지 말라. 간음하지 말라(어린아이였던 내게 해당하는 문제는 아니었다). 간음하지 말 뿐 아니라 욕정을 품지도 말라. 당시 나는 하느님께서 내가 외면으로나, 내면으로나 당신의 법에 순종하기를 바라신다고 생각했다. 과연 그렇게 개인의 행실이 중요할까? 물론 그렇다. 하지만 성서에서 증언하는 하느님은 그 이상을 바라시고 그 이상의 것에 관심하고 계신다.

3장에서 다룬 구원의 의미를 되새겨보라. 하느님께서는 그 모든 것이 이루어지기를 갈망하신다. 하느님께서는 우리가 이집트의 속박에서 해방되기를, 바빌로니아의 포로 생활에 종지부를 찍고 돌아오기를, 정의롭고 평화로운 세상에서 모두가 어울려 살기를, 위험에서 벗어나기를, 눈이 뜨기를, 치유되고 온전해지기를, 옛 삶에서 벗어나 새로운 삶을 살아가기를, 근심과 두려움에서 벗어나기를 바라신다. 하느님께서는 우리, 그리고 모든 피조물의 안녕을 갈망하신다.

많은 사람이 하느님을 무관심한 분, 우리를 벌하는 분, 자비로운 분 중 하나를 택하는 관점을 취하지만, 이러한 성품들을 결합하려 애쓰는 이들도 있다. 가장 많이 택하는 접근은 자비로운 하느님과 벌하는 하느님을 한데 묶으려 하는 것이다. 요한 복음서 3장 16절을 사람들이 어떻게 이해하는지 생각해보라. 이 구절은 우선 자비롭고 자애로운 하느님을 이야기한다.

하느님은 이 세상을 극진히 사랑하셔서

내가 아는 한 이 말에 동의하지 않은 그리스도교인은 없다. 하지만 어떤 그리스도교인은 하느님이 이 세상을 극진히 사랑하시기에 우리를 구원하기 위해 예수를 보내셨으며 예수를 믿지 않으면 지옥에서 영원히 불타리라고 생각한다.

자비로운 하느님과 우리를 벌하는 하느님을 결합하려는 시도는 예외 없이 하느님이 조건 없이 베푸시는 은총에 조건을 다는 식으로 귀결된다. 여기에는 언제나 '만약에'라는 단서가 붙는다. 하느님은 우리를 사랑하시기에 우리를 구원하실 것이다. '만약' 우리가 '~ 한다면' 말이다. 조건의 내용은 다양하다. 예수를 믿으면, 성서가 무오한 하느님의 계시라고 믿으면, 진심으로 회개하면, 하느님의 뜻에 따라 행동하면, 누가 보더라도 괜찮은 사람이라면 … 하지만 하느님의 은총과 사랑에 조건을 단다면 결국 우리를 벌하는 하느님이 자애로운 하느님에게 승리를 거두게 마련이다.

그리스도교 역사에서 하느님의 성품과 갈망에 대한 이 두 가지 상반된 이해는 끊임없이 충돌했다. 하느님은 자비롭고 자애로우며 우리를 긍휼히 여기시는 분인가? 아니면 우리를 벌하는 폭력적인 분인가? 하느님은 피조물 전체의 안녕을 바라시는가? 아니면 악인을 처벌하기를 바라시는가? 이러한 갈등은 개인적이면서도 정치적이다. 개인적인 측면에서 하느님은 우리가 잘못 행동할 때 폭력을 무릅쓰면서라도 바르게 살도록 위협을 가하시는 분인가? 정치적인 측면에서 하느님은 우리의 적에게 폭력을 사용하시는가?

그렇다면 당신이 믿는 하느님은 어떠한 성품을 갖고 계시는가? 무엇을 바라신다고 생각하는가? 그리스도교인들에게 그 답은 예수를 어떻게 보는가에 달려 있다. 예수는 하느님의 성품, 하느님의 갈망, 하느님께서 바라시는 바를 결정적으로 드러내기 때문이다. 이는 다음 장에서 살펴보겠다.

생각해 보기

◇ 당신의 삶에서 드러나는 당신의 성품은 저자가 말하는 세 가지 하느님의 성품 중 무엇에 가까운가? 그렇다면 당신은 하느님의 성품을 어떻게 이해하고 있을까?

◇ 타인, 또는 타자와 관계를 맺을 때 하느님의 성품을 이해하는 방식은 어떠한 영향을 미친다고 생각하는가?

유대교는 하느님의 결정적 계시가 책, 즉 토라에 있다고 본다.

모세는 계시를 전달한 사람이지 그 자신이 계시는 아니다.

무슬림 역시 하느님의 결정적인 계시를 책, 즉 꾸란에서 발견한다.

이슬람교에서도 무함마드는 계시를 전달한 사람이지 계시 자체는 아니다.

하지만 그리스도교에서 하느님의 결정적 계시는

신성한 책이 아니라 '인간'이다.

07

예수

그리스도교의 핵심 주장은 예수가 하느님의 결정적인 계시라는 것이다. 예수는 자신의 삶을 통해 하느님을 드러냈다. '하느님의 아들', '메시아', '주님', '세상의 빛', '길이요 진리요 생명' 등 예수를 가리키는 익숙한 그리스도교 언어는 모두 이 의미를 담고 있다. 예수는 인간의 몸을 입은 '하느님의 말씀'이다. 그는 하느님이 어떠한 분인지, 하느님이 어떠한 성품을 지니셨고 우리에게 무엇을 바라시는지를 보여주는 계시이자 현현이다.

하느님의 결정적 계시가 '인간'에게 나타났다고 보는 그리스도교의 시각은 다른 종교와 구별된다. 그리스도교의 형제 종교인 유대교와 이슬람교를 예로 들어보자. 유대교는 하느님의 결정적 계시가 책, 즉 토라Torah에 있다고 본다. 모세는 계시를 전달한 사람이지 그 자신이 계시는 아니다. 무슬림 역시 하느님의 결정적인 계시를 책, 즉 꾸란Qu'ran에서 발견한다. 이슬람교에서도 무함마드는 계시를 전달한 사람이지 계시 자체는 아니다. 하지만 그리스도교에서 하느님의 결정적 계시는 신성한 책이 아니라 '인간'이다. 이러한 차별점이 있다고 해서 그리스도교가 앞의 두 종교보다 우월하다는 뜻은 아니다. 다만 그러한 점에서 그리스도교는 유대교 및 이슬람교와 다르다.

예수가 그리스도교에서 차지하는 비중은 결정적이다. 그러나 오늘날 적잖은 이가 예수라는 이름을 불편하게 여긴다. 어떤 이들에게 그 이름은 우리의 죄, 잘못, 무가치함만을 강조하고 지옥에 떨어지게 될 거라 위협하는, 두려움에 기초한 그리스도교의 한 축이다. 이 때문에 그들은 예수라는 이름을 들었을 때 부정적인 것만 연상한다. 두려움에 기초한 그리스도교는 너무나도 단순하게 우리가 너무나 악해서 예수가 우리를 위해 죽어야만 했다고 말한다. 몇몇 그리스도교인은 말했다. "예수님과 함께할 수 있을지 모르겠어요. 그분은 너무나 많은 짐을 짊어지고 계시잖아요."

어떤 이들은 예수를 가리키는 그리스도교 언어 때문에 혼란을 겪는다. 그리스도교 고백에 따르면 예수는 참 인간이자 참 하느님이다. 이 말은 무슨 뜻인가? 또한 그는 처녀에게 태어났다고 한다. 정말인가? 그렇지 않다면 이 말은 무엇을 뜻하는가? 예수가 우리의 죄 때문에, 우리를 대신해 죽었다면 하느님께서 그의 죽음을 요구했다는 말인가? 하느님은 예수가 죽기를 바라셨다는 말인가? 예수는 문자 그대로 죽은 자 가운데 살아났는가? 그렇지 않다면 그 말은 무엇을 뜻하는가?

부활 이전과 이후

'예수'라는 말을 구해내기 위해서는 먼저 그 말이 (서로 연관되긴
하지만) 꽤 다른 두 대상을 가리킨다는 점을 깨달아야 한다. 즉 우
리는 부활 이전의 예수the pre-Easter Jesus와 부활 이후의 예수the post-
Easter Jesus를 구분해야 한다. 부활 이전의 예수—어떤 이들은 이 예
수를 '역사적 예수'historical Jesus라고 부른다—라는 말은 죽음을 맞이
하기 전 예수를 말한다. 부활 이후의 예수—어떤 이들은 이 예수를
'신앙의 그리스도'Christ of faith라고도 부르지만 나는 이 표현을 쓰지
않는다—는 그가 죽음을 맞이한 후 무엇이 되었는지를 가리킨다.
이 둘이 서로 어떻게 다른지를 이해하는 것이 중요하다.

부활 이전의 예수는 기원전 4년경에 태어나 기원후 30년경에
십자가형을 당한 갈릴래아의 유대인, 즉 역사적 인물인 예수를 가
리킨다. 부활 이전의 예수는 우리처럼 피와 살로 이뤄져 있으며 키
가 있고 몸무게가 나가던, 먹고 마셔야만 하고 언젠가는 죽을 수밖
에 없는 인간이다. 그는 태어났고 죽음을 맞이했다.

이러한 예수는 이제 존재하지 않는다. 그는 죽었고 사라졌다.
이렇게 말한다고 해서 부활을 부정하는 건 아니다. 부활은 피와 살
로 이뤄져 있으며 키가 있고 몸무게가 나가던, 먹고 마셔야만 하는
예수가 어딘가에 살아있음을 뜻하지 않는다. 부활은 예수가 죽음
이전의 상태를 회복하는 것이 아니다. 부활 이후의 예수는 예수가
죽음을 맞이한 이후 그리스도교인의 경험과 성찰, 전승에서 무엇

이 되었는지를 가리키는 말이다.

우리가 부활이라고 부르는 것은 초창기 예수를 따르던 제자들의 경험에 바탕을 두고 있다. 부활의 의미에 대해서는 9장에서 보다 상세히 다룰 것이다. 일단 지금은 예수를 따르던 제자들이 예수가 죽음을 맞이한 이후 그를 완전히 새로운 방식으로 경험했다는 점만을 강조하고자 한다. 그들은 부활 이전의 예수를 한 명의 인간으로 경험했다. 그는 분명 비범하고 돋보이는 인물이었지만 다른 사람들과 마찬가지로 시간과 공간의 제약을 받았으며, 먹고 잤고, 특정한 키와 몸무게를 지닌 인물이었다. 그는 체포당해 죽을 수 있는 존재였다.

예수가 죽음을 맞이한 후 제자들은 그를 매우 다르게 경험했다. 바울은 다마스쿠스로 가던 길에서 환상 속에 예수를 경험했다. 몇몇 사람들이 이와 비슷한 경험을 했다. 심지어 바울이 그 목록을 작성해 둘 정도였다(1고린 15:5~8). 복음서도 사람들이 이와 같은 시각적인 경험을 했다고 기록한다(루가 24:13~35, 요한 20:24~29). 어떤 그리스도교인들은 이를 문자 그대로 받아들여 피와 살로 이루어져 있는 예수가 죽은 자 가운데서 살아났다고 이해한다. 그렇지만 부활 이후의 예수가 더는 시공간의 제약을 받는, 육체를 입은 존재가 아니라는 건 분명하다. 부활 이후의 예수는 장소를 가리지 않고 출현한다. 벽을 통과하기도 하고, 부지불식간에 왔다가 갑자기 사라지기도 한다. 이러한 경험들을 보면 사람들이 경험한 예수가 단순히 과거의 모습을 갖고 있지 않다는 것, 죽어서 사라지는 형태를 갖고 있지 않다는 것이 분명하다. 그러나 사람들은 예수를 자신들과 함께하는, 살아있는 실재라고 확신했다. 이것이 부활의 가장 중요한 의미다.

부활 이후의 예수에 대한 경험은 또 다른 확신을 낳았다. 사람들은 예수가 자신과 함께할 뿐 아니라, 신성한 실재라고 확신했다. 예수가 죽음을 맞이한 이후에 예수를 경험하고선 그를 따르던 이들은 외쳤다.

나의 주님, 나의 하느님

이 말은 요한 복음서 20장 28절에서 예수의 제자 토마가 한 말이다. 예수를 자신과 함께하는 실재로 경험했던 바울은 예수가 누구인지에 대해 가장 인상적이고도 간결한 말을 남겼다.

예수는 주님이시다.

마태오 복음서 마지막 부분에서 부활한 예수는 제자들에게 자신이 언제까지나 함께할 거라고 약속한다.

기억하라. 내가 세상 끝날까지 항상 너희와 함께 있겠다. (28:20)

이 말은 임마누엘이라는 예수의 또 다른 이름—하느님께서 우리와 함께 계시다(1:23)—과 공명한다. 하느님처럼 부활 이후의 예수는 언제나, 어디에서나 존재한다. 부활 이후의 예수가 언제나, 어디에서나 존재하려면 그는 하느님과 함께하는 존재, 하느님과 같은 신적 존재여야 한다.

부활 이후의 예수라는 말은 예수가 역사적으로 생존했던 시기 이후에 그를 따르던 이들이 발전시킨 전승 속에서 사람들이 이야기한 예수를 가리킨다. 예수에 관한 초기 그리스도교 전승은 네 편의 복음서를 비롯해 신약성서 전체에 걸쳐 있다. 네 편의 복음서는 기원후 70년경 이후 기록되었으며 각기 다른 초기 그리스도교 공동체에서 예수에 관한 전승이 어떤 식으로 발전되었는지를 알려준다. 가장 먼저 기록된 복음서는 마르코 복음서(마가복음)로 예수가 죽음을 맞이하고 40여 년이 흐른 뒤인 기원후 70년경 기록되었다. 맨 나중에 쓰인 복음서인 요한 복음서는 90년경에 기록된 것으로 추정된다.

전승이 발전된 과정의 산물인 복음서는 '기억'memory과 '증언'testimony을 한데 묶어 놓았다. 복음서 이야기는 예수의 언행에 대한 초기 그리스도교인들의 기억을 담고 있다. 그렇기에 분별력을 가지고 읽다 보면 우리는 부활 이전의 예수에 관한 실마리를 얻을 수 있다. 또한 복음서는 일정한 증언을 담고 있다. 그렇기에 우리는 복음서를 읽으며 부활 이후 복음서가 기록될 당시까지 예수를 따르던 이들이 경험과 성찰을 통해 얻은 예수의 의미를 발견할 수 있다.

신약성서의 나머지 부분 역시 전승이 발전되는 과정의 산물이다. 가장 오래된 문서는 바울이 50년대에 쓴 일곱 편지로, 네 편의 복음서보다도 먼저 기록되었다. 이 편지들은 예수의 역사적 삶 이후 20~30년이 지난 시점에서 바울이 바라본 예수와 그 의미를 알려준다. 신약성서 중 마지막으로 기록된 문서들은 2세기 초중반에 쓰였다. 이 기록들은 모두 그 기록이 만들어질 때까지 예수에 관한 전승이 어떠한 식으로 발전되었는지를 반영한다.

전승이 발전되는 동안 예수를 따르던 이들은 '메시아', '하느님의 아들', '주님', '세상의 구원자', '하느님의 말씀', '세상의 빛', '생명의 양식', '대제사장' 등과 같은 칭호를 예수에게 부여했다. 주류 성서학계의 정설에 따르면 이러한 칭호들은 부활 이후에 등장했으며 생전의 예수에게로 소급되지는 않는다. 이 칭호들은 경험과 성찰, 삶을 통해 예수의 의미를 깨달은 제자들의 증언이며 4세기에 예수를 "참 하느님에게서 나신 참 하느님"이자 "성부와 동일 본질"이라 고백한 니케아 신경과 마찬가지로 부활 이후의 예수에게 해당한다.

이처럼 부활 이전의 예수와 부활 이후의 예수를 구분하는 것은 매우 중요하다. 하느님께서 우리의 믿음을 바로 세우라 요구하시기 때문이 아니다—그리스도교인들은 올바른 믿음에 지나치게 많은 가치를 부여한다. 그보다는 우리에게 그 문제가 중요하기 때문이다. 둘을 구분하지 못하면 우리는 혼란에 빠진다. 반면 둘을 제대로 구분하면 우리는 커다란 도움을 얻을 수 있다.

부활 이전과 이후의 예수를 구분하지 않으면 모든 것이 뒤섞인다. 둘을 구분하지 않을 때 사람들은 부활 이후의 예수에 관한 모든 이야기를 부활 이전의 예수에 투사한다. 그 결과 예수는 인간이었을 때조차 신이었으며, "참 하느님에게서 나신 참 하느님", "성부와 동일 본질"이었던 존재가 된다. 이러한 관점에서는 예수가 역사적인 인간이었을 때도 삼위일체의 '둘째 위격'이었다. 그는 인간이었으나 신적인 권능을 갖고 있었기에 물 위를 걷고, 빵 몇 조각과 생선 몇 마리로 군중을 먹이고, 물을 포도주로 만들고, 죽은 라자로를 일으켜 세울 수 있었다. 이러한 관점을 따르는 이들은 인간의 육신을 입었으나 실상은 하느님이었기에 예수가 권위를 갖고 말할 수 있었으며 이 때문에 그를 진지하게 받아들여야 한다고 말한다.

하지만 이러한 생각은 부활 이전의 예수를 인간 이상의 존재, 사실상 인간이 아닌 존재로 만들어버린다. 그 결과 예수는 인간처럼 '보였으나' 실제로는 하느님이었다는, 아주 오래된 이단적 주장에 빠지게 된다. 이러한 주장은 '가현설'docetism이라고 불린다(이 말은 '보이다'라는 뜻을 지닌 헬라어에서 유래했다). 비그리스도교인뿐 아니라 적잖은 그리스도교인이 이를 그리스도교의 정설이라고 생각하지만, 그렇지 않다.

신성은 부활 이후의 예수에게 속한 것이지, 부활 이전의 예수에 속한 것은 아니다. 부활 이전의 예수를 하느님이라고 생각하는 것은 사실상 예수의 의미를 축소하는 것이다. 예수가 하느님이었고 하느님의 권능을 가졌다고 한다면 예수가 행한 일들은 그다지 놀라울 게 없다. 그랬다면 예수는 그보다 훨씬 더 많은 일을 할 수 있었을 것이다. 부활 이전의 예수에 대한 그리스도교의 고전적인 증언은 예수가 하느님이었다는 게 아니라 그가 하느님의 결정적인 계시였다는 것이다. 그리스도교인들이 예수를 부르는 고귀한 칭호들은 모두 이를 가리킨다. 예수를 통해 우리는 인간의 삶에서 드러난 하느님을 본다.

인간의 삶에서 드러날 수 없는 하느님의 속성도 있다. 전통적인 하느님의 속성을 생각해보자. 하느님은 모든 것을 하실 수 있고, 모든 것을 알고 계시며, 어디에나 존재하신다. 하느님이 정말 이러한 속성을 갖고 계시냐는 물음은 일단 제쳐놓고, 인간이 저 속성들을 하나라도 드러낼 수 있는지를 생각해보라. 두말할 것 없이 인간은 모든 것을 할 수 없으며 그래서 인간이다. 인간은 모든 것을 알 수 없으며 그래서 인간이다. 부활 이전의 예수가 모든 것을 안다고 했을 때—그는 그가 활동하고 있었을 때 중국에서 무슨 일어나고 있었는지 알고 있었을까? 그는 상대성 이론을 알고 있었을까?—그것은 어떤 의미가 있을까? 인간은 무소부재할 수 없다. 특정 시간에, 한 곳에만 존재할 수 있을 따름이다.

인간의 삶에서, 인간의 몸을 입은 하느님에게서 우리가 볼 수 있는 것은 그분의 성품과 갈망이다. 그렇다면 하느님의 성품을 드러내는, 그분이 무엇을 바라시는지를 보여주는 부활 이전의 예수는 우리에게 무엇을 알려주는가? 지난 2백여 년간 학계는 부활 이전의 예수, 이른바 역사적 예수에 대한 탐구를 진행했다. 탐구는 매우 복잡한 방식으로 진행되었으며 도출해낸 결과도 상당히 폭넓다. 하지만 대다수 학자가 공통으로 '사실'이라고 말하는 부분들이 있다.

· 예수는 이스라엘 북부 갈릴래아 지방의 시골 마을인 나자렛에

서 자란 유대인이었다. 당시 이스라엘은 로마 제국의 식민지였으며 나자렛도 로마 제국의 영토였다.

· 그 외에는 예수가 성인이 되기 이전까지의 삶에 관해 알 수 있는 게 없다. 그는 20대에 나자렛을 떠나 한동안 세례자 요한의 제자로 활동했는데 세례자 요한은 다가올 하느님의 심판을 선포하던 광야의 예언자였다.

· 헤로데 왕이 세례자 요한을 가둔 뒤 예수는 독자적인 대중 활동을 시작했다. 예수는 가르치고, 치유하고, 귀신을 축출했으며 자신을 따르는 사람들을 모았다.

· 예수는 주로 시골 농민을 상대로 가르침을 전했다. 이는 복음서에 나타난 지리 정보를 통해 알 수 있다. 권력과 부를 거머쥔 엘리트 세력은 대개 도시에 살았다. 복음서에 따르면 예수는 예루살렘 말고는 도시에 가지 않았다. 그는 대부분 소작농이나 육체노동자였던 농민 계층이 살던 작은 마을과 촌락에서 활동했다.

· 예수는 비유와 금언의 형식으로 가르침을 전했다. 예수는 이야기꾼이자 짧고 인상적인 금언을 만들어내는 작가였다.

· 예수는 소외된 사람들, 복음서에서 '세리와 죄인들'이라고 부르

는 사람들과 어울렸으며 그로 인해 비난을 받았다.

· 예수는 차별 없는 식탁 교제로 비난을 받았다. 누군가와 함께 식사한다는 것은 곧 그 사람을 포용한다는 것을 뜻하던 사회에 서 예수는 농민뿐 아니라 버림받은 자들, 사실상 불가촉천민이 었던 자들과도 함께 식사했다.

· 예수가 전한 메시지의 중심에는 '하느님 나라'가 있었다. 가장 오래된 복음서인 마르코 복음서에서 예수가 가장 먼저 한 말은 하느님 나라가 다가왔다는 것이었다. 하느님 나라는 마태오와 루가 복음서에서도 핵심을 이룬다. 하느님 나라는 내세를 뜻하 지 않는다. 주의 기도가 강조하듯 하느님 나라는 이 땅에서 이 루어지는 삶과 관련되어 있다. "아버지의 나라가 '이 땅에' 오게 하소서"(24장 참조). 하느님 나라는 인간 왕과 황제가 아닌, 하느 님께서 통치하실 때 이 땅에서 일어나는 삶을 말한다. 하느님 나라는 정의롭고(모두가 부족하지 않고) 평화로운(더는 전쟁이 없는) 세상이다.

· 예수는 착취와 폭압에 비폭력으로 저항하라고 가르쳤다. 그는 "형편을 있는 대로 받아들이고 천국을 기다리라"라고 가르치 지 않았다. 그는 자신의 가르침을 들은 사람들이 자신의 형편 을 바꿔 갈 수 있도록 북돋웠다.

· 과월절(유월절) 기간에 예수는 유대 민족 전통의 심장부인 예루
살렘에서 자신의 메시지를 전했다. 당시 예루살렘은 로마에 권
력과 지위를 의탁한 대사제와 귀족들이 지배하고 있었다. 예수
는 이들을 도발했다. 그는 나귀를 타고 예루살렘에 입성했는데
이는 하느님의 나라가 전쟁이 없는 나라라는 점을 상징하는 것
이었다. 예수는 성전을 강도—로마에 협력하며 민중을 착취하
는 자들—의 소굴로 만들었다고 성전 당국을 비난했다. 예수는
일련의 언쟁에서 성전 당국과 그 대표자들에게 도전했으며 예
루살렘과 성전이 머지않아 무너질 것이라고 예언했다. 루가 복
음서에 따르면 예루살렘이 '평화의 길'을 알지 못했기 때문이다
(19:42).

· 그러므로 예수가 체포되어 십자가형을 받은 일은 그리 놀랄 일
은 아니다. 십자가형은 로마 제국의 권위에 도전한 이들을 처
형하는 방식이었다.

이외에도 부활 이전의 예수에 관해 할 이야기는 많다. (내가 쓴
책들을 포함해) 수많은 책이 부활 이전의 예수를 다룬다. 하지만 이
요약들에 언급된 내용만 살피더라도 우리는 질문할 수 있다. 예수
의 제자들이 처음부터 인정했듯 그가 하느님의 성품과 갈망을 결
정적으로 보여준다면 그의 삶은 하느님에 관해 무엇을 이야기해주
는가?

소외된 자들, "가장 보잘것없는 사람"에 대한 예수의 측은지심

을 통해 우리는 하느님께서 우리를 향한 긍휼 어린 마음을 엿본다. 그분은 우리, 그리고 모든 피조물의 안녕을 바라신다. 하느님의 나라에 대한 예수의 갈망을 통해 우리는 변화된 세상, 누구도 두려움에 떨지 않아도 되는, 정의롭고 평화로운 세상을 향한 하느님의 갈망을 엿본다(미가 4:1~4 참조). 예수가 보여주는 하느님의 성품과 갈망은 세상과 갈등을 일으키는 측면이 있다. 예수는 우리 모두의 안녕을 저해하는 것을 비난한다.

예수의 칭호

부활 이후의 예수를 부르는 주요 칭호들을 다시금 살피며 이번 장을 마치겠다. 모든 칭호는 유대교라는 맥락에서 그 의미를 가지며 '메시아'를 제외한 나머지 칭호들은 로마 제국이라는 배경을 염두에 둔다면 각 칭호에 담긴 좀 더 생생한 의미를 알 수 있다.

메시아: 흔히 영어로 '그리스도'Christ라고 옮기는 이 칭호는 지극히 유대교적인 칭호로 로마 제국에서는 사용하지 않던 말이었다. 유대교 맥락에서 이 말은 하느님께서 특별한 사명을 위해 '기름을 부은' 사람을 말한다. 구약성서에서 이 말은 이스라엘의 왕을 가리킬 때 쓰이기도 했다. 1세기 무렵에는 여러 유대교 교파에서 더욱 제한된 의미로 사용했는데, 그들은 압제로부터 유대인들을 구해내고 이 땅에 새 시대를 열어줄 사명을 위해 하느님에게 기름 부음 받은 약속된 사람을 가리킬 때 이 말을 사용했다. 당시 메시아에 대한 유대인들의 기대는 사람마다 달랐다. 메시아가 전사일 거라 기대

한 이들도 있었고, 왕이나 사제, 혹은 왕이면서도 사제일 거라 예상한 이들도 있었다. 물론 어떤 이들은 중재자 없이도 하느님께서 직접 활동하셔서 새로운 시대를 열 것으로 생각했다. 예수를 따르던 이들이 그랬듯 예수를 '메시아'라고 불렀다는 사실은 그들이 예수를 구원자로, 하느님에게 기름 부음 받은 자로 여겼음을 뜻한다.

하느님의 아들: 유대교 맥락에서 '하느님의 아들'이란 말의 의미는 구약성서에서 그 말을 어떻게 쓰고 있는지에 따라 규정된다. 구약성서에서 이 말은 이스라엘 전체를 가리키기도 하고(호세 11:1), 왕을 뜻하기도 하며(시편 2:7), 천상의 존재를 뜻하기도 한다(욥 1:6, 2:1). 예수 시대에 이르렀을 때 이 말은 신비가나 치유자 같은, 유대인 '성자'들을 가리키는 말로 쓰였다. 하느님의 아들이라는 말에 관한 모든 용례에서 공통적인 점은 하느님과 특별히 친밀한 관계를 맺은 누군가를 가리킬 때 이 말이 쓰인다는 점이다.

　로마 제국이라는 맥락에서—예수와 제자들 모두 로마 제국의 영토에서 살았다는 점을 상기하라—아우구스투스Augustus(기원전 31년부터 기원후 14년까지 재임한 로마 황제) 이후 '하느님의 아들'은 황제를 가리키는 말이었으며 로마 화폐와 온 제국에 걸쳐 있는 비문에 새겨져 있었다. 더욱이 황제를 신격화하는 로마의 제국 신학에 따르면, 아우구스투스(옥타비아누스)는 그의 어머니 아티아Attia와 아폴로 신 사이에서 태어난 신적인 존재였다. 따라서 제자들이 예수를 '하느님의 아들'이라고 불렀을 때 그들은 (유대교적 의미에서) 예수가 하느님과 친밀한 관계를 맺고 있다고 말하는 것일 뿐만 아니라 황제가 '하느님의 아들'이라고 주장하는 제국 신학에 정면으로 도전하는 것이었다.

주님: "예수는 주님이시다"라는 말은 예수에 관한 진술 중 초기 그리스도교인들 사이에서 가장 널리 퍼진 말이었다. 바울이 보낸 편지의 핵심이라고도 할 수 있는 이 표현은 다른 신약성서 문헌들에도 나타난다. 유대교 맥락에서 이 말은 하느님을 부를 때 쓰는 용어였다. 또한 이 말은 충성과 헌신을 요구한다. 그러니 "예수는 주님이시다"라고 고백했을 때 이는 예수가 우리가 마땅히 헌신해야 할 하느님의 계시라고 말하는 셈이다. 또한 로마 제국의 맥락에서 '주님'은 ('하느님의 아들'과 마찬가지로) 황제를 가리키는 말이었다. 따라서 예수를 주님으로 고백하는 행위는 곧 황제는 주님이 아니라고 인정하는 것을 뜻했다.

구원자: 3장에서 살펴봤듯이 유대교에서 '구원자'는 속박에서 해방됨(출애굽 이야기), 귀양살이에서의 귀환, 위험에서의 구출 등 여러 가지와 관련이 있다. 로마 제국의 맥락에서는 '구원자' 역시 황제를 가리키는 칭호였다. 기원전 31년 악티움 해전에서 안토니우스와 클레오파트라를 물리침으로써 수십 년간 계속된 내전을 종식한 아우구스투스 황제는 이 땅에 평화를 가져다주었다며 '구원자'로 칭송받았다. 초기 그리스도교인들은 예수를 '구원자'라고 말하면서 이 말이 갖는 두 가지 의미를 대비시켰다. 로마 제국 신학에서 황제인 '구원자'는 군사적 힘과 승리를 통해 평화를 이룩하는 자를

뜻했다. 반면 '구원자' 예수는 정의와 비폭력을 통해 이 땅에 평화를 이룩하는 자를 의미했다. 부활 이전의 예수가 성전 권력과 로마 제국 권력이 결탁한 통치 체제에 도전했던 것과 마찬가지로, 전승이 발전되는 과정에서 부활 이후의 예수는 세상을 지배하는 권력에 도전했다. 부활 이전의 예수가 하느님이라는 것을 부정한다고 해서 결코 예수의 의미가 손상되지는 않는다. 오히려 이는 예수를 높이는 길이다. 그는 경이로운 인물이었으며 이 땅에 살았던 가장 경이로운 인물 두 명 중 한 사람이다. 이렇게 말하면 사람들은 "나머지 한 사람은 누구입니까?"라고 묻곤 한다. 그러면 나는 답한다. "그게 누구든 상관은 없습니다." 내 말의 요점은 부활 이전의 예수가 인간의 가능성을 보여준다는 점에 있다.

예수는 '하느님'이어서, 우리는 갖고 있지 않은 초인적인 힘을 가졌기 때문에 특별한 게 아니다. 그는 경이로운 '인간'이기 때문에 특별하다. 아씨시의 프란치스코St. Francis처럼 예수의 삶은 수많은 이에게 경외감을 불러일으킨다. 프란치스코는 그리스도교 성인 중에서도 가장 비범하고 예수를 닮은 인물로 평가받곤 한다. 프란치스코는 인간이 무엇까지를 할 수 있는지, 그 가능성을 보여주었나? 그렇다. 그러한 사람은 얼마나 자주 나타나는가? 거의 나타나지 않는다. 예수 같은 인물도 인류사에 거의 나타나지 않는다. 그만큼 부활 이전의 예수는 비범한 인간이었다. 그를 따르던 사람들이 그를 통해 하느님의 결정적 계시를 볼 정도로 말이다.

생각해 보기

◇ 그리스도교의 성육신 교리에 따르면 하느님은 인간의 몸
으로 이 세상에 내려왔다. 한편 저자는 예수를 통하여 하
느님이 결정적으로 계시되었다고 말한다. 저자의 견해를
고전적 교리의 현대적 해석으로 볼 수 있을까?

역사 속에서 예수는 그냥 죽지 않았다. 그는 살해당했다.

그것도 범죄자나 암살자에게 살해당한 것이 아니라

공권력 곧 제국 권력과 거기에 부역하는

종교 권력의 결탁에 의해 처형되었다.

더구나 그냥 처형도 아니고 십자가형을 당했다.

08

—

예수의 죽음

예수의 죽음은 그리스도교의 근간을 이룬다. 그리스도교만큼 중심인물의 죽음이 큰 비중을 차지하는 종교는 없다. 유대교와 이슬람교, 불교에서도 창시자의 죽음을 다룬 이야기를 전하지만 신자들이 그 이야기를 자신이 속한 종교를 이해하는 초석으로 삼지는 않는다. 이와 달리 예수의 죽음은 그리스도교가 시작될 때부터 중대한 비중을 차지했다. 복음서보다 앞서 기록된 바울의 편지는 그리스도교의 핵심 메시지가 "십자가에 달리신 그리스도"라고 선언한다(1고린 1:23). 네 편의 복음서에서 예수의 최후와 죽음, 부활은 절정에 해당한다. 복음서 기자들은 이를 알리는데 상당한 분량을 할애했다. 오늘날에도 그리스도교인들은 예수의 죽음을 중시한다. 예수의 죽음은 신약성서 전체의 중심 내용일 뿐 아니라 예배,

특히 성찬례에서 두드러지게 강조되는 부분이다. 그렇다면 예수의 죽음은 어떤 것일까? 그는 왜 죽었을까? 그의 죽음은 무엇을 의미했을까? 또한 무엇을 의미할까?

속죄로서의 죽음

그리스도교에서 예수의 죽음을 이해하는 방식 중 가장 널리 퍼진 이해는 예수가 우리를 대신해 우리의 죗값을 치렀다는 것이다. 이를 신학 용어로 '대속'substitutionary sacrifice 또는 '속죄'substitutionary atonement라고 한다. 때로는 만족satisfaction이라고 부르기도 한다. 이에 따르면 예수는 우리가 받아 마땅한 형벌을 대신 당함으로써 하느님의 진노를 가라앉혔다. 어린 시절 나는 이러한 이해방식에 젖어 있었다. 한 찬송가는 이렇게 묻는다. "거기 너 있었는가 그 때에, 주가 그 십자가에 달릴 때." 유년 시절의 끝자락에 나는 대답하곤 했다. "네, 저는 거기 있었습니다. 저의(그리고 우리의) 죄가 예수를 십자가에 못 박았습니다." 12세기 위대한 성가인 '오 거룩하신 주님 그 상하신 머리' 또한 "내 지은 죄로 인해 주 형벌 받았네"라고 노래한다. 이 노래를 부를 때면 나는 아직도 목이 멘다. 17세기 개신교 성가 '귀하신 예수 정죄당하심은'에서는 "뉘 잘못인가, 누가 범죄했나?"라고 물은 뒤 스스로 답한다. "오, 나의 반역 … 이 몹쓸 내가 주를 배반하고 못 박았구나."

이러한 이해는 너무나 만연해 있기에 많은 이가 이러한 이해를 그리스도교의 정통적이고 전통적인 이해라 여긴다. 이러한 이해를 받아들이고 옹호하는 사람들뿐 아니라 이를 거부하고 비판하는 사람들도 마찬가지다. 하지만 이러한 이해방식은 전통적인 것도 아니고, 성서에 나오지도 않으며, 그리스도교 역사가 1천 년이 흐를 때까지는 존재하지도 않았다.

예수가 우리를 위해 죽었다는 것, 예수의 죽음을 '희생'으로 표현하는 것은 신약성서까지 올라가지만, 예수의 죽음이 우리를 '대신해서' 이루어졌다고 본 것은 1097년부터다. 당시 캔터베리의 안셀무스Anselm of Canterbury는 『왜 하느님은 인간이 되었나』Cur Deus Homo?라는 저서에서 물었다. 왜 하느님은 인간이 되었나? 왜 예수로 성육신했나? 여기에 안셀무스는 인과응보의 하느님이 우리 죄에 대한 형벌을 인간 편에서 치러야 했기 때문이라고 답한다. 그에 따르면 우리는 모두 죄인이기에 우리의 죗값을 온전히 치를 수 없다. 죗값을 온전히 치르는 일은 오로지 완전한 인간만 할 수 있다. 그러나 인간이 신이 아닌 이상 인간은 완전해질 수 없기에 하느님께서 우리의 죗값을 치르기 위해 인간 예수가 되셨다.

초대 그리스도교가 예수의 죽음을 이러한 방식으로 이해하지 않았다는 이유만으로 이러한 이해가 부적절하다고 말할 수는 없다. 성서가 기록된 이후에 이뤄진 신학적 발전은 우리의 이해를 도울 수 있으며 중요한 가치를 지닐 수 있다. 성서 시대가 끝났다고 계시가 멈춘 것은 아니다. 하느님의 영은 끊임없이 활동한다. 하지만 이러한 방식으로 예수의 죽음을 이해하는 것은 그리스도교인들은 종종 간과하는 심각한 문제를 안고 있다.

첫째, 이러한 이해방식은 예수가 우리 죄 때문에 죽어야만 했고, 예수의 죽음이 우리를 '구원'하기 위해 하느님께서 세우신 계획의 일부였다고 암시함으로써, 그 죽음이 갖는 역사적 의미를 지우고 모호하게 만든다. 역사 속에서 예수는 그냥 죽지 않았다. 그는 살해당했다. 그것도 범죄자나 암살자에게 살해당한 것이 아니라 공권력—제국 권력과 거기에 부역하는 종교 권력의 결탁—에 의해 처형되었다. 더구나 그냥 처형도 아니고 십자가형을 당했다. 당시 십자가형은 저항하는 노예건 저항 운동의 지도자(혹은 구성원)건, 폭력을 동원해 저항하건 비폭력으로 저항하건 간에 제국의 권위에 조직적으로 도전한 죄수를 응징하기 위해 로마가 사용한 처형 방식이었다. 이는 권력자들이 예수에 관해 들려오는 이야기를 싫어했음을 뜻한다. 그들은 사람들이 예수를 따르고 있음을 알아차렸고 그가 자신들에게 도전하고 있다고 보았다. 이 때문에 그들은 예수를 죽였다. 그것도 공개적인 방식으로 처형했다. 단순히 예수를 제거하고자 했다면 으슥한 골목에서 살해하거나 독방에 가둬서 죽일 수도 있었다. 하지만 그들은 예수에게 십자가형—처형 현장을 군중에게 오랜 시간 노출함으로써 군중의 저항 행위를 억제하는 효과를 내도록 치밀하게 고안된 처형 방식—을 내렸다. 십자가형이 전하는 메시지는 명확하다. "우리에게 도전하면 너희도 이렇게 된다." 예수의 죽음을 우리 죄를 용서하기 위해 하느님께서 세운 계획의 일부로 본다면 이 모든 역사적 의미는 사라진다. 그가 당대 권력자들에게 살해되었다는 사실은 얼버무려진다. 예수를 죽인 이들은 권력자들이다. 하지만 예수가 우리 죄를 대신 치르기 위해 죽을 수 있도록 그들이 그렇게 한 것은 아니었다.

둘째, 대신 바치는 제물, 즉 대속은 하느님의 성품에 의문을 제기한다. 대속은 하느님을 우리를 벌하는 존재로 그린다. 대속이라는 틀에서 하느님을 어떻게 이야기하는지 생각해보라. 하느님은 우리가 위반한 법을 제정한 입법자다. 하느님은 법을 확립하기 위해 우리를 처벌해야 하는데, 우리를 처벌하지 않기 위해서는 그에 버금가는 희생이 있어야 한다. 이러한 논리 아래 예수의 죽음은 하느님께서 세우신 계획의 일부가 된다. 이 말할 수 없이 훌륭하고 선한 이를 처형하는 것이 하느님의 뜻이 되어 버리는 것이다. 때로 사람들은 이를 사랑의 하느님을 설명하기 위한 근거로 삼기도 한다. 하느님께서 우리를 너무나 사랑하신 나머지 기꺼이 자신의 독생자를 내주어 십자가에 달려 죽게 했다는 것이다. 하지만 어떻게 포장하든 우리를 벌하는 하느님이라는 성품은 남아 있다. 이 하느님은 누구든 반드시 벌을 받아야 한다고 말하며 우리의 피든 예수의 피든 피를 보기를 원한다.

셋째, 이러한 이해방식은 그리스도교의 의미를 왜곡한다. 예수의 죽음을 대속이라는 틀로 이해하는 것은 그리스도교가 죄와 용서, 예수가 우리를 위해 죽었다는 것을 믿는 것 그리고 내세의 축복에 관한 종교라는 세간의 통념을 강화한다. 이러한 이해는 1장에서 묘사한 천국과 지옥 해석틀의 본바탕이다. 하지만 그것이 그리스도교에서 가장 중요한 게 아니라면? 사실은 그리스도교와 구원이 변환, 즉 우리 자신과 세상의 변환에 관한 것이라면? 예수의 죽음을 대속의 틀로 이해하는 방식은 이러한 점을 은폐하며 예수를 믿고 용서받아 천국에 가는 게 그리스도교의 전부인 것으로 만들어버린다.

예수의 죽음이 지니는 의미

복음서를 비롯해 신약성서는 예수의 죽음이 지니는 의미를 기록해 놓았다. 그 의미는 모두 부활 이후의 것이다. 예수가 죽기 전부터 예수와 제자들이 그의 죽음이 무엇을 의미하는지 알고자 했다고 가정할 만한 근거는 어디에도 없다. 예수의 죽음이 갖는 의미를 정리해보면 다음과 같다.

· 예수는 십자가형을 당했다. 바울의 편지와 복음서 모두 이를 강조한다. 고린토인들에게 보낸 첫째 편지(고린도전서)에서 바울은 복음이란 결국 "예수 그리스도, 특히 십자가에 달리신 그리스도"(2:1~2, 또한 1:23 참조)를 선포하는 것이라고 이야기한다. 필립비인들에게 보낸 편지(빌립보서)에 나오는 장중한 구절에서도 그는 "십자가에 달려서 죽기까지"(2:5~11)라며 예수가 처형당했음을 구체적으로 밝힌다. 1세기 상황에서 예수가 '십자가형'을 당했음을 강조한다는 것은 그리스도교가 선포하는 복음이 반反제국적인 복음임을 뜻한다. 마르코와 마태오, 루가 복음서도 마찬가지다. 마르코 복음서에서 예수는 예루살렘에서 다가올 자기 죽음에 관해 세 번 이야기한다(마르 8:31~33, 9:30~32, 10:32~34). 이때 그는 우리 죄를 대신 갚기 위해 자신이 죽을 거라 예견하지 않았다. 그는 권력자들이 자신을 죽일 거라고 예측했다.

· 죽음과 부활은 그리스도와 함께 죽고 되살아나는 것이다. 이러

한 이해를 통해 예수의 죽음과 부활은 개개인의 변환, 궁극적
으로는 모두의 변환을 상징하는 은유가 된다. 바울의 자전적인
고백에서 우리는 이러한 이해를 엿볼 수 있다.

> 나는 그리스도와 함께 십자가에 달려 죽었습니다. 이제는
> 내가 사는 것이 아니라 그리스도가 내 안에서 사시는 것입
> 니다. (갈라 2:19~20)

옛 바울은 죽고, 새로운 바울이 태어났다. 로마인들에게 보낸
편지(로마서)에서 바울은 세례의 의미란 그리스도와 함께 죽었
다가 되살아나는 것이라고 말한다(6:1~4). 마르코와 마태오, 루
가 복음서를 보면 예루살렘으로 향하는 길에서 예수는 자기
를 따르려는 사람은 누구든지 자기 십자가를 지고 따라야 한다
고, 죽음과 부활에 이르는 길을 걸어가야 한다고 요청하고, 호
소하고, 명령한다(마태 16:24).* 요한 복음서는 같은 이야기를 다
른 이미지를 사용해 전한다. 요한에 따르면 예수를 따르는 것
은 새로 태어나는 것, 성령으로 새로 나는 것이다(요한 3:3).** 새
로 태어나는 것이란 옛 정체성과 존재 방식이 죽고, 새로운 정
체성과 존재 방식으로 태어나는 것을 말한다. 예수의 죽음과

---

* 그리고 제자들에게 이렇게 말씀하셨다. "나를 따르려는 사람은 누구든지 자
기를 버리고 제 십자가를 지고 따라야 한다."

** 예수께서는 "정말 잘 들어두어라. 누구든지 새로 나지 아니하면 아무도 하
느님의 나라를 볼 수 없다." 하고 말씀하셨다.

부활은 개인이 변환을 이루는 길을 열어젖혔다. 이는 사순절의 핵심 의미이기도 하다. 예수를 따르고자 하는 이들은 갈릴래아에서 예루살렘으로, 죽음과 부활이 이뤄지는 곳, 변환이 이뤄지는 곳으로 그와 함께 나가야 한다.

· 예수의 죽음은 하느님의 사랑에 대한 계시다. 이러한 이해에는 중요한 전제가 깔려 있는데, 그 전제 없이는 말이 되지 않는다. 그 전제란 바울과 초기 그리스도교인들이 예수를 하느님의 결정적인 계시로 보았다는 점이다. 예수에게서 우리는 하느님이 어떠한 존재인지를 본다. 하느님 나라를 갈망하고, 자신의 목숨을 걸고 권력에 도전하는 예수의 모습에서 우리는 우리를 향한 하느님의 사랑이 얼마나 깊은지 알 수 있다. 예수의 죽음을 이렇게 이해할 때 그 하느님은 우리 죗값을 치르기 위해 예수를 보낸, 우리를 벌하는 하느님이 아니다. 예수를 통해 우리에게 드러난 하느님은 이 세계가 변환하기를 바라시는 하느님이다.

희생

다시 희생이라는 주제를 살펴보자. '대속'을 말할 때 이 말이 뜻하는 '대신하다', 혹은 '대체하다'라는 관념은 성서에 나타난 희생의 목적과 의미를 심각하게 곡해한다. 희생은 결코 무언가를 '대체'하지 않는다. 이를테면 희생은 죽어 마땅한 이들이 제물을 바치면 하느님이 기꺼이 그 제물을 대체물로 받아주는 것이 아니다.

가장 기본적인 의미에서 '희생'은 무언가를 하느님에게 바침으로써 그것을 성스럽게 만드는 것을 뜻한다. 희생을 뜻하는 영어단어 sacrifice의 라틴어 어원이 sacrum(성스러운)과 facere(만들다)라는 점을 보면 알 수 있다.* 하느님에게 바치는 짐승 제물은 그 과정에서 성스러운 존재가 된다. 보통 유대교에서 사람들은 희생 제물로 바친 짐승을 먹는데 이는 하느님과 나누는 식사, 하느님과의 교제를 상징한다. 희생 제물을 바친 이들과 하느님은 같은 음식을 먹는다. 희생에서 하느님께서 인간에게 주시는 선물과 식사 나눔은 대개 함께 이뤄진다.

성서 시대에 희생에는 여러 가지 뜻이 있으나 그중 어느 것도 대체를 뜻하는 것은 없다. 사제들은 하느님을 '공양'하는 차원에서 매일 희생 제물을 바쳤다. 이는 어디까지나 감사의 뜻이었지 무언가를 요구하는 것이 아니었다. 무언가를 구하고자 바치는 제물은 기원을 위한 희생 제물이었는데 가뭄, 기아, 전염병, 전쟁이나 개인적인 불행 등을 겪으며 어려움에 처한 이들이 이러한 희생 제물을 바쳤다.

정화를 위한 희생 제물도 있었는데 이는 불결하다고 생각되는 것을 제거하기 위함이었다. 예컨대 한동안 사람들은 아이를 출산한 여인을 불결하다고 여겼는데 희생 제물을 바침으로써 그 불결함을 정화할 수 있다고 생각했다. 하지만 그것 또한 죗값을 치르기 위한 희생 제물은 아니었다. 그들은 출산을 죄라고 생각하지는 않

---

* 영어에서 sacrifice는 '희생'과 '제물'을 모두 의미한다.

았다. 정화의 희생 제물은 불결함을 없애기 위한 것이지 죄를 씻기 위한 게 아니었다. 죄나 악행에 대한 희생 제물도 있었다. 죄를 저지른 자는 죄를 보상하고 하느님과의 단절된 관계를 회복하기 위해 하느님에게 희생 제물, 곧 선물을 바쳤다. 그러나 여기에도 '대체'라는 관념은 존재하지 않았다.

'희생양'scapegoat은 유대교의 속죄일 종교의례와 관련된 두 번째 염소를 말하는데, 그리스도교인들은 곧잘 이 '희생양'이 우리 죄에 대한 희생 제물로 바친 예수의 죽음을 설명해주는 모델이라고 생각한다.* 하지만 유대인들은 희생양을 제물로 바치지 않았다. 그들은 일종의 상징으로 자신들의 죄를 염소에게 씌우고 그 염소를 광야로 몰아냈다(레위 16:20~22). 염소는 '죄를 짊어진 존재'였다. 하지만 그 염소는 죽이지 않았고 제물로 바치지도 않았다. 죄를 짊어진 염소를 하느님에게 선물이랍시고 바쳤다면 신성 모독의 혐의를 받았을 것이다.

예수의 죽음이 위에서 제시한 희생에 해당하는가? 나중에 다룰 선물과 식사라는 주제 말고는 그런 것 같지 않다. 그렇다면 예수의 죽음이 보다 넓은 의미에서의, 고대에서뿐만 아니라 현대의 세속 언어에서도 통용되는 의미에서의 희생이었는가? 그렇다. 희생이라는 말이 어떻게 쓰이는지 생각해보자. 우리는 누군가 어떤 목적을 이루기 위해, 혹은 다른 누군가를 위해 자신의 삶을 '희생'한다

---

* 유대교의 속죄일(욤 키푸르) 종교의례에서 두 마리의 염소 중 한 마리는 성전에서 희생제물로 바치고, 다른 한 마리는 사람들의 죄를 지워 광야로 내보냈다.

고 말한다. 때로 우리는 조국을 위해 자신의 목숨을 희생한 군인에 대해 말한다. 소방관이 화염 속에서 사람을 구하다 목숨을 잃었을 때도 우리는 그의 희생정신을 기린다. 꼭 목숨을 잃는 일이 아니더라도 우리는 다른 이, 가족이나 이 세상을 좀 더 좋게 바꾸기 위해 자신의 삶을 희생하는 이들에 관해서 이야기한다. 희생과 사랑은 함께 가는 법이다. 자신의 삶을 희생하는 사람은 커다란 사랑을 지닌 사람이다. 지난 20세기에 나타난 세 명의 그리스도교 순교자들은 이러한 희생과 타인을 위한 죽음이 결합한 본보기라 할 수 있다. 재능 있고 총명했던 독일의 루터교 목사이자 신학자 디트리히 본회퍼Dietrich Bonhoeffer는 1944년 7월 히틀러 암살 계획에 가담한 혐의로 처형당했다. 죽기 전에도 그는 희생하는 삶을 살았다. 그는 독일 민중과 학대당하는 이들을 향한 사랑 때문에 죽음을 택했다. 마틴 루터 킹Martin Luther King Jr.은 자신이 속한 인종을 향한 사랑과 미국의 꿈이 이루어지기를 바라는 갈망 때문에 자신의 삶을 희생했다. 산살바도르의 대주교 오스카 로메로Óscar Romero는 엘살바도르 민중을 억압하는 권력자들을 비판했다는 이유로 1980년에 암살되었다. 로메로는 타인을 향한 사랑 때문에 자신의 삶을 희생했는가? 그렇다. 이들의 죽음이 무언가를 대신하여 죽은 것인가? 아니다. 마찬가지로 예수는 자신의 삶을 희생했다고, 타인을 향한 사랑 때문에 기꺼이 죽음을 택했다고 말할 수 있다. 우리를 용서하기 위해 하느님께서 그의 죽음을 희생 제물로 요구하셨기 때문이 아니다. 하느님이 디트리히 본회퍼, 마틴 루터 킹, 오스카 로메로의 죽음을 요구했다고 말한다면 비웃음을 살 것이다. 그들은 다른 세상, 더 나은 세상에 대한 갈망 때문에 죽임당했다. 예수도 마찬가지 이유로 자신의 삶을 희생했다. 그는 자신의 삶을 하느님에게 선물로 바쳤다. 하느님이 요구해서가 아니라 그가 하느님의 나라, 새로운 세상을 향한 하느님의 갈망으로 충만했기 때문이다.

생각해 보기

◇ 예수의 죽음을 인간이 지은 죄의 대속, 대체로 보는 견해는 1097년 캔터베리의 안셀무스 이후 등장했다. 초기 그리스도교인의 시대에 예수의 죽음을 대속으로 여기지 않았음에도 불구하고 오늘날을 살아가는 우리에게 대속이 유의미할 수 있다면 이는 어떠한 방식일까?

◇ 저자는 오늘날 그리스도교가 대속과 속죄에 지나치게 천착한 나머지 예수의 십자가와 죽음이 지닌 역사적 의미를 놓치고 말았다고 지적하며, 예수 죽음의 역사성과 희생의 의미를 재조명함으로써 그 죽음이 지닌 뜻을 더 풍성히 새길 수 있다고 역설한다. 이러한 견해를 어떻게 생각하는가?

하느님 나라를 갈망하고, 자신의 목숨을 걸고
권력에 도전하는 예수의 모습에서
우리는 우리를 향한 하느님의 사랑이
얼마나 깊은지 알 수 있다.
예수의 죽음을 이렇게 이해할 때
그 하느님은 우리 죗값을 치르기 위해
예수를 보낸, 우리를 벌하는 하느님이 아니다.
예수를 통해 우리에게 드러난 하느님은
이 세계가 변환하기를 바라시는 하느님이다.

부활에 관한 문제는

아주 오래전 어느 날

극적인 기적이 일어났느냐 하는 문제보다

훨씬 더 큰 무엇을 다루는 문제다.

09

—

부활

부활절은 그리스도교에서 가장 중요한 축일(절기)이다. 이날은 성탄절보다도 훨씬 오래된, 그리스도교에서 가장 오래된 축일이다. 언제부터 부활절을 매년 축일로 지켰는지는 알 수 없다. 1세기 그리스도교 문헌들은 부활절을 매년 축일로 기념하는 것에 관해 별다른 언급을 하지 않는다. 부활절 날짜는 수 세기에 걸쳐 많이 바뀌었으며 7세기에 이르러서야 통일되었다. 그러나 1세기까지 그리스도교에서 매년 부활절을 지키지 않았다 할지라도 '하느님께서 예수를 일으키셨다'는 선포는 초기부터 그리스도교의 중심 메시지였다. 일요일을 '주일'로 지킨다는 사실은 그 중요성을 잘 보여준다.

많은, 아마도 대다수 미국 그리스도교인은 부활절에 하느님이 예수의 시신을 기적적으로 변화시켜 무덤이 텅 비게 한 '물리적' 사건이 일어났다고 생각한다. '빈 무덤'과 부활절은 한 쌍이다. 나는 이를 부활에 대한 문자-사실적 이해라고 부른다. 그 주된 강조점이 부활이 문자 그대로 일어난, 역사적 사실이라는 데 있기 때문이다.

미국의 개신교 신자 중 적어도 절반이 부활에 관한 이러한 이해를 고집하는 교회에 다닌다. 그러한 이해는 성서를 오류가 없는, 문자 그대로의 하느님의 말씀이라고 여기는 그들의 신앙과 일맥상통한다. 이러한 이해에 따르면 성서에 무덤이 비었다고 적혀 있으므로 실제 예수의 무덤은 빈 무덤으로 남아있다. 누군가가 예수의 시신을 훔쳐가서가 아니라 하느님이 예수를 일으켜 세웠기 때문이다. 이들이 보기에 부활의 사실성은 예수가 진짜 하느님의 아들임을 증명한다. 부활은 예수 자신뿐 아니라 예수를 믿는 모든 이가 죽음을 물리친 사건이다. 그리하여 부활은 내세의 가능성과 연결된다.

문자주의를 고집하지 않는 교회들 역시 다수가 이런 방식으로 부활을 이해하거나 그렇게 이해해야 한다고 생각한다. 교회에서 이러한 이해방식을 내세우지 않더라도 우리는 대개 그렇게 부활을 이해하며 자랐다. 일요일마다 예배를 드릴 때 사람들은 "그는 죽임을 당하시고 장사 지내었다가 사흘 만에 다시 살아나셨다"고 이야기한다. 우리가 부활절을 기념하는 방식도 그러한 인상을 자아낸다. 부활절 일요일 예배를 드릴 때 복음서 본문에는 언제나 빈 무덤 이야기가 나오는데, 사람들은 거기서 부활절이 시작되었다는 암시를 받는다. 또한 교회에서는 "그리스도 주께서 오늘 부활하셨네"라고 노래한다. 어릴 적 다니던 교회에서는 "그가 무덤에서 일어나셨네"라고 노래하기도 했다. 부활절 내내 우리는 예수가 제자들에게 물리적인 형태로 나타났다는 설교를 듣는다. 예수가 죽음을 맞이한 이후 제자들은 예수의 모습을 목격했는데 이때 예수는 육체를 지닌 모습으로 나타나기도 했다. 부활한 예수는 토마에게 자신의 상처를 만져보라고 하고(요한 20:27), 생선 한 토막을 먹으며 (루가 24:42~43), 갈릴래아 바닷가에서 제자들에게 아침상을 차려주기도 한다(요한 21:1~14). 문자를 있는 그대로 받아들이는 현대의 문화 배경 아래 이러한 이야기들과 빈 무덤 이야기를 들으면, 자연스레 사람들은 부활이라는 것이 하느님이 예수의 시신을 변화시켜 다시 살아나게 한 물리적인, 적어도 반쯤은 물리적인 사건이라는 인상을 받게 된다.

이런 식으로 부활은 누구든 그때 그 자리에 있었더라면 똑같은 경험을 했으리라는 의미에서 '공적인' 사건으로 간주된다. 사람들은 빌라도가 무덤을 확인했더라도 무덤이 비어있는 걸 발견했을 것이라고, 예수가 제자들에게 나타나 토마에게 자신의 상처를 보여주던 그 자리에 우리가 비디오카메라를 가지고 있었더라면 그 장면을 생생하게 녹화할 수 있었으리라 생각한다.

문자주의를 고집하지 않는 교회들도 회의적인 태도 말고는 부활절에 대한 다른 이해방식을 접해보지 못했기에 대부분 문자-사실적 이해가 부활을 이해하는 유일한 방식이라고 생각한다. 일부는 그러한 이해방식에 의혹을 품기도 하고, 그래도 괜찮은 건지 염려하기도 하지만 말이다. 무덤이 진짜로 비었다는 걸 믿지 않고서도 그리스도교인이 될 수 있을까?

이러한 부활 이해가 오늘날 그리스도교나 세속 문화에 얼마나 만연해 있는지는 다음 사례를 보면 알 수 있다. 몇 년 전 예루살렘에 있는 1세기 것으로 추정되는 무덤에서 유골이 담긴 토기(납골함)가 발굴되어 언론의 대대적인 주목을 받았다. 그 납골함에는 '예수의 형제 야고보'라고 새겨져 있었다. 대다수 그리스도교인에게 납골함의 발견은 흥미로운 일이었지만 놀라운 일은 아니었다. 그 납골함이 진짜라면—진위에 대해서는 격렬한 논쟁이 일어나고 있다—신약성서 이외에 예수가 역사적으로 실존한 인물이며 그에게 야고보라는 형제가 있었다는 사실을 입증하는 최초의 증거물이 되는셈이다. 대다수 그리스도교인에게 이 고고학적 발견은 예수가 정말로 실재했다는 것을 증명해주는 것으로, 그들이 이미 믿고 있던바를 확증해주는 것일 따름이다. 예수의 존재 자체에 의문을 제기하던 회의주의자들에게는 이것이 예수가 실제로 존재했다는, 예수가 가공의 인물이 아니라는 강력한 증거가 된다.

하지만 이 일이 그토록 언론의 흥미를 끌었던 이유는 발굴에 참여했던 사람들이 같은 무덤에 예수의 유골이 담긴 납골함도 있었을 거라는 가능성을 제시했기 때문이었다. 그 말이 사실이라면 무엇을 의미하는 걸까? 예수의 유골이 발굴된다면 부활은 결코 일어나지 않았던 것이 되는 걸까? 그럼 그리스도교는 끝장일까?

나는 예수의 유골을 발견할 수 있으리라고 생각하지 않는다. 하지만 위 질문은 '우리는 부활을 무엇이라고 생각하는가'라는 문제와 직접 연관되는 흥미롭고 중요한 질문이다. 부활은 본질적으로 빈 무덤―예수의 시신에 발생한 무언가 비상한 일에 관한 것일까? 예수의 유골이 발견된다면 그리스도교는 설득력을 잃어버리게 되는 걸까?

부활한 예수

앞서 말했듯이 몇몇 부활 이야기에서 예수는 물리적인 형태로 등장한다. 하지만 또 다른 이야기들은 예수가 물질을 초월한 형태로 나타났다고 전한다. 예수는 문이 닫힌 집에 있던 제자들에게 나타난다(벽을 통과하는 방식으로? 요한 20:19). 제자 둘에게 낯선 사람으로 나타날 때도 있다. 제자들은 몇 시간 동안 그가 예수란 걸 알아채지 못하다 마침내 그가 예수임을 알게 된다. 그 순간 그는 홀연히 사라진다(루가 24:13~35). 막달라 여인 마리아 역시 예수를 알아보지 못한다(요한 20:14). 복음서 외의 문헌에서는 예수가 죽은 지 몇 년이 지난 후에, 사도행전 1장이 묘사한 대로 승천하고 한참 후에 바울에게 부활한 예수가 환상으로 나타났다고 기록한다. 바울이 쓴 서신들과 사도행전에 따르면 이 외에도 예수는 여러 차례 환상으로 나타났다. 이 이야기들은 부활절과 예수의 부활을 이야기할 때 과거에 일어난 한 차례의 스펙터클한 실제 사건 이상의 그 무언가를 말한다. 예수의 부활은 예수의 시신이 변화한 것 그 이상이다.

부활의 의미를 다르게 바라보는 방식은 예수의 시신에 어떤 극적인 일이 일어났는지에 관심을 두지 않는다. 이는 초점만 흐리는 문제다. 몇 년 전 여러 사람과 부활을 다룬 책을 펴낸 적이 있는데,

거기서 내가 맡은 장의 제목은 '별 상관없는 빈 무덤'이었다.[1]

부활에 대한 대안적인 접근방식은 '무슨 일이 일어났는지'에 주목하기보다는 신약성서에 나타난 예수 부활의 '의미'에 초점을 맞춘다. 하느님이 예수를 죽은 자 가운데서 일으키셨다고 말하는 것이 1세기 예수를 따르던 이들에게는 어떤 '의미'로 다가갔을까? 무덤이 실제로 비었다고 믿든 의심하든 간에 초창기 예수를 따르던 이들에게 부활은 어떠한 의미였을까? 답은 명확하다. 복음서에서 그리고 나머지 신약성서에서 예수의 부활은 크게 두 가지 의미를 띤다. 하나는 "예수는 살아 있다"는 것이고 다른 하나는 "예수는 주님"이라는 것이다.

7장에서 이야기했듯 부활의 첫 번째 의미는 예수가 단순히 과거 인물이 아니라 현재에도 계속해서 체험되는, 영속적인 실재라는 점이다. 예수를 체험하는 사건은 1세기에만 일어나지 않았다. 그 후에도 수 세기에 걸쳐 많은 그리스도교인이 예수를 체험했다. 극적인 환상이나 신비로운 경험을 통해 체험한 이들도 있고 그보다 정적인 방식으로 체험한 이들도 있다. 예수의 유골을 발견하게 된다면 이들이 경험한 것은 모두 착각이었다고 말해야 할까?

부활의 두 번째 의미는 예수가 영속하는 존재로서 체험될 뿐만 아니라 '주님'이자 '하느님과 함께하는 자'인 신성한 실재로 체험된다는 점이다. 바로 이 점에서 부활 이후의 예수에 관한 경험이 죽은 자에 관한 다른 어떤 경험과도 구별된다. 조사에 따르면 배우자

---

[1]   Paul Copan, ed., *Will the Real Jesus Please Stand Up?* (Grand Rapids: Baker, 1998), pp.117~28. 『진짜 예수는 일어나 주시겠습니까』(누멘)

를 잃은 사람의 절반가량이 죽은 배우자를 생생하게 경험하는 일을 적어도 한 번쯤은 겪게 된다고 한다. 그러한 경험을 하는 사람은 죽은 배우자가 아직 살아 있는 건 아닐까 하는 의문을 품기도 한다. 하지만 그렇다고 해서 죽은 배우자가 주님이자 하느님이라고 결론 내리지는 않을 것이다.

되살아난 예수를 그를 따르던 이들이 체험했을 때 여기에는 "예수는 살아 있다"에서 "예수는 주님이다"로 넘어가도록 하는 무언가가 있었다. "예수는 주님이다"는 이스라엘의 하느님, 하늘과 땅의 창조주가 예수의 명예를 회복하고 자신의 우편에 앉혔음을 뜻한다. "예수는 주님이다"라는 말은 예수를 처형한 제국의 지배자를 포함해 이 세상 모든 왕과 주인이 이 세상을 주관하는 가장 권위 있는 세력이 아니라는 뜻이다. "예수가 주님이다"라는 말을 긍정하는 것은 다른 모든 주인, 문화적 지배자를 포함하는 모든 지배세력을 조직적으로 타도하는 것이다.

그러므로 부활에 관한 문제는 아주 오래전 어느 날 극적인 기적이 일어났느냐 하는 문제보다 훨씬 더 큰 무엇을 다루는 문제다. 마찬가지로 부활은 예수에게나 우리에게나 죽음에서 살아나는 것보다 더 큰 무엇을 뜻한다. 부활은 우리에게 누가 우리의 주님인지를 묻는다. 예수에게서 드러난 하느님이 주님인가? 아니면 다른 사람 혹은 다른 것이 주님인가?

이런 까닭에 빈 무덤이 사실인지 아닌지 따지는 문제는 그다지 유효하지 않다. 빈 무덤에만 주목하면 부활의 의미는 과거에 일어난 극적인 사건으로 축소된다. 그러면 예수의 부활은 회의론과 마주한다. 그러한 일이 정말로 일어났을까? 그것도 오직 예수에게만? 그에 대해 의심을 품는다면 진정한 그리스도교인이 될 수 없는 것일까?

부활을 이해하는 대안적인 방식은 부활 이야기를 비유, 예수에 관한 비유로 여긴다. 달리 말하면, 부활 이야기를 은유적으로 받아들인다. 비유와 은유는 의미에 관한 것이다. 빈 무덤 이야기는 죽음이 예수를 붙잡아둘 수 없었음을, 예수가 시작한 일을 멈출 수 없음을 뜻한다. 권력자들은 예수를 죽이고 무덤에 봉인했다. 하지만 그게 끝이 아니었다. 사람들은 계속해서 예수를 알아갔으며 그를 주님으로 받아들였다. 향료를 가지고 무덤을 찾은 여인들에게 천사가 말했다.

너희는 어찌하여 살아 계신 분을 죽은 자 가운데서 찾고 있느냐?
그분은 여기 계시지 않고 다시 살아나셨다. (루가 24:5~6)

이를 달리 표현하면 "죽은 자의 땅에서는 예수를 찾지 못할 것이다"가 될 것이다.

같은 맥락에서 예수의 출현을 다룬 이야기들은 더 많은 것을 이야기해준다. 루가 복음서 24장을 보면 엠마오로 가는 제자 둘 곁에 예수가 나타난다. 그들은 예수를 낯선 동행자로 여기다 '빵을 떼어 나누는' 모습에서 비로소 그를 알아본다. 요한 복음서 20장에서 예수는 부활한 예수를 직접 경험하기를 동경하고 갈망하던 토마에게 나타나고, 그러한 경험 없이도 믿는 이들을 축복한다. 요한 복음서 21장에서 부활한 예수는 명령한다.

내 양을 잘 돌보아라. (17절)

나를 따르라. (19절)

무덤이 비었던 게 아니라면 이 이야기들의 비유적 의미는 사라지는 걸까? 예수의 유골을 발견한다면 부활은 진실이 아닌 게 되는 걸까? 부활은 예수의 시신에 일어난 일보다 더 큰 무엇을 말하는 게 아닐까? 신약성서는 그렇다고 답한다. 권력자들은 예수를 죽였다. 하지만 그것이 끝이 아니었다. 예수는 살아있으며 우리의 주님이다.

생각해 보기

◇ 저자는 기존 그리스도교의 부활 이해가 어떠한 점에서 잘못되었다고 말하는가?

◇ 저자가 강조하는 부활의 '의미'란 무엇일까? 또한 이는 우리에게 어떠한 의미를 지니는가?

예수를 믿는다는 것은

예수에 관한 일련의 진술을 진실이라고 믿는 게 아니라

'예수를 사랑한다' 는 뜻이다. 이는 고대 그리스도교에서도 마찬가지였다.

신경의 라틴어 어원인 credo는 '내 마음을 준다' 는 뜻이다. ...

당신은 누구에게 당신의 마음을 내어주는가라는 말은

곧 누구에게 당신 자신을 내어주는가라는 뜻이다.

'나를 믿어요?' 라는 말은 '나를 사랑하나요?' 라는 말과 같은 말이었다.

당신은 누구에게 당신을 맡기는가?

당신은 누구를 사랑하는가?

10

믿음과 신앙

'믿음'belief, 그리고 '신앙'faith은 그리스도교에서 널리 쓰이는 말이다. 대다수 그리스도교인이 고백하는 신경信經은 "나는 믿습니다" 또는 "우리는 믿습니다"라는 말로 시작한다(22장 참조). 특히 개신교는 '신앙'을 중시한다. 16세기 종교개혁은 하느님과 우리와의 관계는 본래 믿음에 관한 것이라고, 우리는 '행함'이 아니라 '믿음'으로 구원받는다고 강조했으며 이후 개신교인들은 믿는 것, 신앙을 갖는 것을 그리스도인됨의 근본으로 여겼다. 하지만 오늘날 '믿음'이라는 말의 뜻은 과거 그리스도교에서 쓰던 의미와 사뭇 다르다. 대학이나 대학교, 신학교, 교회 등에서 강의를 할 때 사람들에게 '믿음'이라는 말을 들으면 무엇이 연상되느냐고 물으면 사람들은 대개 다음과 같이 답한다.

"우리가 알 수 있는 것이 있는 반면 오직 믿을 수밖에 없는 것도 있지요."

"저는 무언가 확실하지 않을 때 믿는다는 말을 써요. 캔자스 주의 주도가 어디냐는 질문을 받았는데 위치타인지 토피카인지 확실하지 않다면 '토피카라고 믿지만 확실하진 않아요'라고 답하겠죠."

"제가 누군가에게 '당신을 믿어요'라고 말한다면 그건 그 사람이 진실을 말한다는 걸 믿는다는 뜻이에요."

"우리는 미래에 관해 이야기할 때 그 말을 쓰곤 해요. '내일 날씨는 좋을 거라고 믿어'라든가 '우리는 이 일을 견뎌낼 거라고 믿어'처럼요."

첫 번째 답변에 따르면 아는 것과 믿는 것은 서로 다르다. 사람들은 앎이 한계에 봉착했을 때 믿음을 택한다. 두 번째 답변에서 믿는다는 것은 불확실하고 가설적인 것과 관련된다. 세 번째 답변에 따르면 믿는다는 것은 누군가 나에게 진실을 이야기할 때 내가 그에게 보이는 행동이다. 마지막 답변에서 믿는다는 것은 확실히 알지는 못하지만 그럴 가능성이 크다고 생각한다는 뜻이다. 다시, 사람들에게 종교라는 맥락에서 '믿음'이라는 말이 어떻게 쓰인다고 생각하는지 물어보면 이런 답변들이 돌아온다.

"믿는다는 것은 성서에 나오는 이야기가 그다지 신뢰할 만하지 못할 때 하는 행동이지요. 예컨대 천지창조가 6일 만에 완성되었다는 이야기, 동정녀가 아이를 낳았다는 이야기, 사람이 물 위를 걷는 이야기처럼요. 믿음이 아니었다면 무시했을 것들을 믿음 때문에 진지하게 여기게 되지요."

"믿는다는 것은 하느님이 존재한다고 믿는 거예요. 그럴 만한 이유가 확실치 않더라도 말이죠."

"사람들은 신경을 고백할 때 믿는다는 말을 써요. 제 생각에 그 말은 곧 신경이 말하는 바를 믿는다는 뜻인 것 같아요."

"그리스도교인들이 성서를 믿느냐고 물어볼 때는 성서에서 이야기하는 것들이 사실이라고 여기는지 물어보는 것 같아요."

종교적인 의미든 비종교적인 의미든 사람들이 '믿음'이라는 말을 어떻게 쓰는지는 사전에 잘 나타나 있다.

· 옥스퍼드 아메리칸 사전: 무언가를 진실로 받아들이다. 무언가가 진실이라고 느끼다. 누군가의 진술을 진실로 여기다. '그는 그녀를 믿지 않았다.' 신앙, 특히 특정 종교에 신앙을 갖다. 교회 주변부에는 진정으로 믿지 않은 이들이 있다. 하나의 의견으로 여기거나 가정하다. '우리가 전에 만난 적이 있다고 믿어

요.' '전문가들이 믿었던 것만큼 상황이 나쁘지는 않았다.'

두 번째 예문에서 '신앙을 갖다'와 '진정으로 믿다'가 사실상 같은 뜻이라는 점에 주목하라. 마지막 두 예문에서 믿음은 불확실성을 가리킨다. 전문가들은 부정확하게 믿었다.

- 아메리칸 헤리티지 사전: 진실 혹은 진짜라고 받아들이다, 진실함을 가지고 신용하다. '난 널 믿어.' 기대하다 혹은 가정하다, 의견이 있다. 확고한 신앙, 특히 특정 종교에 신앙을 갖다.

여기서도 '믿다'와 '확고한 신앙'이 동일시된다는 점은 주목할 만하다.

- 랜덤하우스 웹스터 사전: 특정한 사건의 진실성, 특정 존재, 무언가가 지닌 가치에 대해 확신하다. 종교적인 신앙을 갖다. 무언가의 진실성을 확신하고 신앙을 갖다. '난 그 이야기 못 믿겠어.' 누군가의 주장을 신뢰하다. 하나의 의견으로 여기다. 가정하다. '그들이 마을을 떠났다고 믿어요.'

'종교적 신앙을 갖다'의 예로 첫 번째 예문이 부정문의 형태를 택한다는 점에 주목하라. 두 번째 예문은 '그들이 마을을 떠났다고 생각해요'라는 뜻인데, 이는 '그들이 마을을 떠났다고 알고 있어요'와는 의미가 다르다.

'믿다'라는 말을 통상적으로 쓸 때는 두 가지 중요한 공통점이 있다. 첫째, 믿는다는 것은 확실성의 정도는 다르지만 무엇인가를 믿는다는 것, 어떤 진술을 믿는다는 것으로 정의된다. 실제로 믿는다는 것은 어느 정도 불확실성을 전제한다. 불확실성이 없다면 '믿다'가 아니라 '안다'라고 해야 할 것이다. 둘째, 종교라는 맥락에서 '믿다'는 '신앙을 갖다'와 동일시된다.

근대 이전의 믿음

믿음의 근대적 의미는 17세기 이전에 쓰인 믿음의 의미와는 상당히 다르다.[1] 1600년경 이전까지만 해도 영어에서 '믿다'라는 동사는 어떤 진술이 아니라 사람만을 대상으로 쓰는 말이었다. 확실성의 정도는 다르지만 그 진술이 진실이라고 믿는다는 의미가 아니었으며 '누군가를 신뢰한다'고 말한다는 뜻에 가까웠다. 이 차이점에 주목할 필요가 있다. 누군가를 '신뢰한다'는 것은 단순히 누군가를 믿는다는 것과는 다르다. 후자는 그 사람이 '말한 것'이 진실이라고 믿는 것을 뜻한다. 반면 '나는 당신을 신뢰한다'는 말은 그 '사람'을 신뢰한다는 뜻, 그 사람에 대한 확신이 있다는 뜻이다. 그리스도교 맥락에서 이 말은 하느님과 예수를 신뢰하고, 하느님과 예수에 대해 확신을 갖는다는 뜻이다.

17세기 이전에 '믿음'이라는 말은 더 많은 뜻을 포함했다. 영어

---

[1] Wilfred Cantwell Smith, *Belief and History* (Charlottesville: Univ. Press of Virginia, 1977) 그리고 *Faith and Belief: The Difference Between Them* (Oxford: Oneworld, 1998, 1979년에 처음 출간됨)

believe는 '소중히 여기다'라는 뜻을 지닌 고대 영어인 'be loef'에서 파생된 말이다. 이 말은 형태상 '사랑하다'는 뜻을 지닌 belove와 매우 유사하다. '믿다'라는 말에는 누군가를 신뢰한다는 뜻뿐 아니라 그 사람을 소중히 여긴다는, 그 사람을 사랑한다는 뜻도 들어 있었다. 즉 '믿다'와 '사랑하다'는 동의어였다.

그렇기에 17세기까지 하느님과 예수를 '믿는다'는 말은 곧 하느님과 예수를 '사랑한다'는 뜻이었다. 이것이 어떤 차이를 낳는지 생각해보라. 하느님을 믿는다는 것은 하느님에 관한 일련의 진술을 진실로 받아들이는 것이 아니라 '하느님을 사랑한다'는 뜻이다. 예수를 믿는다는 것은 예수에 관한 일련의 진술을 진실이라고 믿는 게 아니라 '예수를 사랑한다'는 뜻이다. 이는 고대 그리스도교에서도 마찬가지였다. 신경creed의 라틴어 어원인 credo는 '내 마음을 준다'는 뜻이다. 이때 '마음'heart은 단순한 기분이나 감정을 뜻하지 않는다. 마음은 우리 내면 가장 깊은 차원에 자리한 자기 자신, 생각과 의지, 감정 밑바탕에 있는 자아에 대한 은유이다. 당신은 누구에게 당신의 마음을 내어주는가라는 말은 곧 누구에게 당신 자신을 내어주는가라는 뜻이다. '나를 믿나요?'라는 말은 '나를 사랑하나요?'라는 말과 같은 말이었다. 당신은 누구에게 당신을 맡기는가? 당신은 누구를 사랑하는가?

'무언가를 믿는 것'과 '누군가를 사랑하는 것'의 차이는 신경이 등장하기 훨씬 전부터 존재했다. 그 차이는 성서에도 나타난다. 신약성서에 있는 야고보의 편지에서 저자는 말한다.

당신은 한 분이신 하느님을 믿고 있습니까? 그것은 좋은 일입니다. 그러나 마귀들도 그렇게 믿고 무서워 떱니다. (2:19)

마귀들도 하느님이 한 분이라고 '믿는다'. 하지만 마귀들은 하느님을 '사랑하지' 않는다.

복음서에서도 마찬가지다. 예수가 가장 위대한 계명the great commandment을 이야기했을 때 그는 그 진술들을 진실로 믿어야 한다고 하지 않았다. 대신 그는 말한다.

네 마음을 다하고 목숨을 다하고 생각을 다하고 힘을 다하여 주님이신 너의 하느님을 사랑하여라. (마르 12:30, 마태 22:37, 루가 10:27)

구약성서까지 거슬러 올라가는 이 말은 신명기 6장 5절을 인용한 것이다.* 그리스도교에서, 그리고 그 기원이 되는 유대교에서 '믿는다'는 것은 '하느님을 사랑한다'는 뜻이었다. 그러므로 오늘날 통용되는 믿음은 고대 그리스도교와 성서에서 말하는 믿음에서 크게 벗어난 것이다. 이를 요약하면 둘은 다음의 차이를 갖는다.

믿음believe: 하느님, 예수, 성서에 관한 일련의 진술을 진실이라고 믿는 것.

---

* 마음을 다 기울이고 정성을 다 바치고 힘을 다 쏟아 너의 하느님 야훼를 사랑하여라. (신명 6:5)

사랑beloce: 하느님을 사랑하는 것beloving God. 그리스도인에게 이는 특별히 예수를 통해 알려진 하느님을 사랑하는 것을 의미한다.

미국 대다수 개신교 신자들과 일부 로마 가톨릭 신자들은 전자가 우리를 구원한다고 여긴다. 과연 일련의 진술을 진실이라고 믿는 것이 우리를 구원하는가? 우리를 변환케 하는가? 우리를 변환시킴으로써 우리를 구원하는 것은 예수를 통해 계시된 하느님을 '사랑하는' 것이 아닐까? 일련의 진술을 진실이라고 믿는다고 해서 사람이 변환되지는 않는다. 하지만 예수에게서 드러난 하느님을 사랑할 때 우리는 변환된다. 여기에는 강력한 힘이 있다.

신앙

'신앙'이란 말 역시 '믿음', 혹은 '믿다'와 비슷한 운명을 겪었다. 오늘날 신앙의 뜻은 과거 이 말이 뜻하던 바와는 상당히 다르다. 다음은 사전들이 '신앙'을 정의한 내용이다.

· 옥스퍼드 아메리칸 사전: 신 또는 종교의 교리에 대한 굳건한 믿음

· 아메리칸 헤리티지 사전: 논리적 증명이나 물적 증거를 근거로 않는 믿음, 그리스도교에서 신에 대한 확고한 믿음으로 정의되는 신학적 미덕

· 랜덤하우스 웹스터 사전: 증거에 기초하지 않는 믿음. 하느님 또는 종교 교리, 교의에 대한 믿음

· 옥스퍼드 아메리칸 사전: 종교적 믿음의 체계, '그리스도교 신앙'

· 아메리칸 헤리티지 사전: 종교 교리의 본체, '이슬람교 신앙'

· 랜덤하우스 웹스터 사전: 종교적 믿음의 체계. '유대교 신앙'

앞의 세 가지 정의에서 드러나듯 대개 '신앙'은 믿음과 동일시된다. 뒤의 세 정의에서 '신앙'은 종교의 동의어다. "신앙이 뭐예요"라는 물음은 "종교가 뭐예요"라는 물음과 같다. 하지만 이러한 현대적인 정의들은 근대 이전의 그리스도교에서 신앙이 갖던 의미와는 전혀 들어맞지 않는다. 신앙의 옛 의미는 라틴어 fidelitas와 fiducia, 그리고 그에 상응하는 헬라어 단어에 잘 드러나 있다. 라틴어 fidelitas는 '신의'fidelity와 '신실함'faithfulness을 뜻한다. 인간관계에서 '신실함'이라는 말이 무엇을 뜻하는지 생각해보라. 때때로 성적인 행위에만 국한해 사용할 때도 있지만, 특정 관계에 신실하다는 말은 단순히 외도하지 않는다는 뜻이 아니라 그 관계에 집중하고, 헌신하며, 충실하다는 뜻을 갖는다. 하느님과의 관계에서도 마찬가지다. 신의와 신실함으로서의 신앙은 단순히 다른 신을 섬기지 않는 것을 뜻하지 않는다. 신앙은 하느님—그리스도교에서는 특별히 예수를 통해 계시된 하느님—에게 집중하고 헌신하며 충실하다는

것을 뜻한다.

라틴어 fiducia는 '신뢰'trust를 뜻한다. 하느님에 대한 신앙은 헌신 그 이상이다. 하느님에 대한 신앙은 하느님에 대한 깊은 신뢰와 연관되어 있다. 이때 신앙의 반대는 불신앙이 아니라 불신mistrust, 불신에서 나오는 불안anxiety이다. 복음서에 나오는 예수의 이야기는 이를 보여주는 완벽한 예다. 그는 하느님께서 공중의 새를 먹이는 것과 들판의 백합을 돌보시는 것을 생각해보라고 하면서 청중에게 묻는다.

> 너희는 어찌하여 걱정하느냐 … 믿음이 적은 자들아!

그러고는 다음과 같이 말을 맺는다.

> 그러므로 걱정하지 마라. (마태 6:25~34, 루가 12:22~32)

'적은 믿음'과 걱정, 불안은 서로 함께한다. 신뢰fiducia로서의 깊은 신앙은 우리를 불안에서 벗어나게 해준다.

신의와 신뢰로서의 신앙과 일련의 진술이 진실이라고 믿는 신앙이 얼마나 다른지 생각해보라. 후자는 오히려 불안을 키울 수 있다. 우리를 천국으로 보낼지 지옥으로 보낼지 결정하는 최후의 심판이 있다고 믿는다면 어떻게 불안하지 않을 수 있겠는가? 내 믿음은 충분히 강했나? 내 행실은 충분히 올바른가? 하지만 신의와 신뢰로서의 신앙은 그런 불안을 없애버리고 우리를 해방해 현재의 삶에서 변환을 이루도록 해준다.

하느님에 대한 신실함으로서의 신앙, 하느님에 대한 신뢰로서의 신앙은 하느님을 더욱더 삶의 중심에 둘 때 맺는 결실이다. 신실함은 우리가 하느님과의 관계에 집중할 수 있게 해준다. 그러한 집중을 통해 우리는 더욱더 하느님을 우리 삶의 중심에 두게 된다. 신뢰는 그 열매다. 우리가 하느님을 우리 삶의 중심에 더 가까이 둘수록 신뢰라는 열매는 더 무럭무럭 자란다.

신뢰로서의 신앙은 하느님의 부력浮力을 믿고 의지하는 것이다. 19세기 철학과 종교 사상에서 가장 중요한 인물인 쇠얀 키에르케고어Søren Kierkegaard는 신앙이란 100km 깊이의 바다 위에 떠 있는 것과 같다고 말한 적이 있다. 물론 그렇게 깊은 바다는 없지만 그가 말하려는 바는 명확하다. 헤아릴 수 없을 정도로 깊은 물 위에 떠 있을 때 두려워하고 발버둥 친다면 바다 밑으로 가라앉아버릴 것이다. 하지만 물이 우리를 가라앉게 하지 않을 거라 믿고 의지한다면 우리는 바다 위에 떠 있을 수 있다. 이러한 이미지는 물 위를 걷고(마태 14:25), 풍랑을 잠잠케 하며(8:23~27), 베드로에게 바다 위를 걸어오도록 한(14:28~29) 예수 이야기에서도 찾아볼 수 있다. 베드로는 물 위를 밟고 걸어가지만 몇 발짝 못 가 두려움에 사로잡혀 물 밑에 빠진다. 그가 예수를 향해 살려 달라고 외치자 예수는 그에게 손을 내밀며 말한다.

믿음이 적은 사람아, 왜 의심하였느냐. (14:31)

그리스도교의 신앙과 믿음

이 장을 쓰는 동안 스코틀랜드에 사는 전직 개신교 목사로부터 편지를 받았다. "저는 근본주의자가 아닙니다. 사실, 그리스도교의 핵심 교리와 교의를 더는 믿지 못하게 되어 목회를 그만두었습니다"라고 자신을 소개한 그는 편지에서 말했다.

『그리스도교의 심장』the Heart of Christianity을 비롯해 선생님의 저서들을 수차례 읽었습니다. 그런데 선생님께서 '신앙'은 믿음과는 다르다고, 신앙은 머리보다는 가슴의 문제에 가깝다고 하신 말씀이 좀 헷갈립니다. 그게 맞는 말일까요? 역사적으로 봤을 때 올바른 이야기일까요? 믿음은 정말 중요하지 않습니까? 아주 오랫동안 그리스도교인들은 올바른 것을 믿는 것이 중요하다고 생각해오지 않았던가요? 바른 믿음을 갖지 않았다는 이유로 수 세기에 걸쳐 사람들은 박해를 받지 않았던가요? 믿음이야말로 구원에 이르는 길이라고 말하는 것이 정통 그리스도교 아닌가요?

나는 이 장에서 이야기한 것과 같이, 그리스도교 신앙은 본래 예수에게서 드러난 하느님에 대한 신실함, 예수를 통해 알려진 하느님에 대한 신뢰를 뜻한다고 답했다. 그리고 덧붙였다.

'믿음'이 중요하지 않다는 게 아닙니다. 믿음은 매우 중요합니다. 분명 신앙을 가로막는 '나쁜' 믿음이 있습니다. 나쁜 믿음은 너무나 자주 불관용과 잔인한 행위, 불의, 폭력, 박해와 야만적인 행위의 원천이 되었습니다.

이와 같은 맥락에서 '좋은' 믿음은 중요하다. 좋은 믿음은 그리스도교인이 되는 것을 가로막는 불필요한 지적 장애물들을 제거하는 데 도움이 될 수 있다. 더 중요한 점은, 좋은 믿음이 우리가 보다 자애롭고 정의로우며 평화로운 사람이 될 수 있게 해준다는 점이다.

믿음은 중요하다. 하지만 '올바른 것을 믿는 것'만이 전부라고 생각해서는 안 된다. 신앙은 그보다 훨씬 더 깊은 마음의 움직임, 우리 내면 심층에 자리한 자아가 움직이는 것이다. 그리스도교 신앙은 예수를 통해 알 수 있는 하느님에게 충성을 바치는 것, 그 하느님을 신뢰하는 것이다.

생각해 보기

◇ 평상시 '믿는다'는 말을 들으면 어떤 느낌이 드는가? '믿는다'는 말을 '사랑한다', 혹은 '신뢰한다'라고 이해하면 어떤 점이 바뀌는가?

◇ 저자는 신앙이란 지적 동의를 넘어 하느님을 신뢰하고 사랑하는 것이라 말한다. 자신의 믿음, 혹은 신앙이 사건이나 진술이 사실임을 믿는 데 그치지는 않았는지 생각해 보자.

'자비'가 오늘날 어떻게 쓰이고 있는지를 염두에 둔다면

하느님의 성품을 이야기하는, 우리가 어떠한 인간이 되어야 하고

어떻게 살아야 하는지 이야기하는 여러 성서 본문에는

'긍휼'이라는 말이 훨씬 적절하다.

11

—

자비

'자비'mercy와 '자비로움'merciful은 그리스도교인에게 친숙한 말이다. 그리스도교인은 죄를 고백하며 하느님의 자비를 간청한다. "주여 자비를 베푸소서, 그리스도여 자비를 베푸소서, 주여 자비를 베푸소서"라고 삼중으로 호소하는 키리에Kyrie에서처럼 말이다. '자비'와 '자비로움'은 영어 성서에 곧잘 등장하는 말이기도 하다.

문제는 오늘날 통용되는 '자비'와 '자비로움'의 의미다. 오늘날 교회 안에서나 밖에서나 이러한 말들을 쓸 때는 두 당사자 간의 권력 불균형을 상정한다. 이 구도에서는 범죄자나 피해자와 대비되는, 힘을 가진 이가 있다. 이때 힘을 가진 사람은 범죄자를 처벌할지 말지, 형량을 감해줄지 말지 결정할 수 있다. 주지사는 사형 선고를 종신형으로 감해줌으로써 자비를 보여준다. 부모는 자신의 말을 따르지 않은 아이를 벌하지 않음으로써 자비를 보여준다. 군인은 자신이 잡은 포로를 해치지 않음으로써 자비를 보여준다. 오늘날 사전들은 모두 '자비'를 이러한 의미로 기술한다.

· 옥스퍼드 아메리칸 사전: 벌하거나 해칠 수 있는 권력이 있는 자가 누군가에게 베푸는 용서. '그 소년은 자비를 간청했다.'

· 랜덤하우스 웹스터 사전: 범죄자, 적 또는 자신이 지배하고 있는 누군가에게 베푸는 친절

· 아메리칸 헤리티지 사전: 관대함, 관용

이는 천국과 지옥 해석틀에서 '자비'가 갖는 의미이기도 하다. 천국과 지옥 그리스도교는 하느님과 우리 관계의 중심 문제로 죄를 강조한다. 천국과 지옥 그리스도교에 따르면 우리는 하느님에게 순종하지 않음으로써 하느님을 분노케 했기에 벌을 받아 마땅하다. 그래서 우리는 하느님에게 자비를 호소한다. 이러한 의미의 '자비'는 우리를 벌하는 하느님 이미지와 한 쌍을 이룬다. 이때 하느님은 실망한 부모이자 엄격하고 노기등등한 재판관이며, 우리는 처벌받아 마땅한 자들이다. 자비는 용서와 연결되며 하느님의 자비와 하느님의 분노는 서로 대립한다. 이러한 해석틀에서 자비는 좋은 소식이다. 하느님의 분노보다 하느님의 자비를 좋아하지 않을 자가 어디 있겠는가? 하지만 '자비'를 처벌의 반대말로 이해하

는 것은 성서와 고대 그리스도교에서 그 말이 의미하던 바를 축소하는 것이다.

물론 성서에서도 죄와 용서를 다루는 맥락에서 '자비'라는 말을 쓰기도 한다. 그런 맥락에서는 '자비'라는 말이 제대로 번역된 것이다. 하지만 오늘날 통용되는 '자비'의 의미를 생각해보면 '자비'라고 번역하는 것이 적절치 못한 경우가 더 많다. 그보다는 '긍휼'compassion이란 말이 과거의 의미를 더욱 잘 살려낸다.

'자비'와 '긍휼'을 이해하는 문제는 매우 중요하다. 우리가 하느님의 성품을 어떻게 보는지, 어떻게 살아야 하는지와 연관이 있기 때문이다. 하느님이 자비롭듯(우리를 용서하시듯) 우리도 자비로워야 하는가? 아니면 하느님이 우리를 긍휼히 여기듯, 우리도 누군가를 긍휼히 여겨야 하는가?

긍휼

긍휼을 뜻하는 영어 단어 compassion은 '함께 느끼다' 곧 '타인의 감정을 느끼다'라는 뜻을 지닌 라틴어에서 유래했다. '느끼다'라는 말 때문에 긍휼을 일종의 감정으로 여길지도 모르겠다. 하지만 긍휼은 감정 이상의 것이다. 긍휼은 느낌에 따르는 행동을 수반한다. 다른 누군가를 불쌍히 여기면서, 누군가와 더불어 애통함을 느끼면서 아무것도 하지 않는다면 그건 긍휼이라 할 수 없다.

'긍휼'로 번역되는 히브리 단어는 풍요로운 말이다. '긍휼'의 히브리어는 '자궁'을 뜻하는 명사의 복수형이다. 그렇기에 긍휼히 여긴다는 말에는 자궁처럼, 생명과 영양을 주며 품고 감싼다는 뜻이 있다. 누군가를 긍휼히 여긴다는 말은 어머니가 배 속의 아기를 생각하는 것처럼—아기를 사랑하고, 아기의 안녕을 바라며, 이를 누군가 위협할 때는 사나워지듯—다른 이를 생각하는 것이다. 성서에서 볼 수 있듯 하느님께서 긍휼히 여기신다는 말에는 이러한 뜻이 담겨있다.

오늘날 통용되는 '자비'와는 달리 '긍휼'은 범죄 상황을 암시하지 않는다. 2010년에 일어난 아이티 대지진을 두고 일어난 두 가지 반응의 차이점을 생각해보라. "우리는 아이티 사람들에게 자비를 베풀어야 한다." "우리는 아이티 사람들을 긍휼히 여겨야 한다." 어떤 말이 적절한가? 아이티 사람들이 무언가 잘못했기에 우리의 자비와 용서가 필요한 것인가? 아니면 그들이 곤경에 처했기 때문에 우리의 관심과 행동이 필요한 것인가?

'자비'가 오늘날 어떻게 쓰이고 있는지를 염두에 둔다면 하느님의 성품을 이야기하는, 우리가 어떠한 인간이 되어야 하고 어떻게 살아야 하는지 이야기하는 여러 성서 본문에는 '긍휼'이라는 말이 훨씬 적절하다. 출애굽기에서 이스라엘 백성이 이집트에 노예로 있을 때 그들은 노예 생활을 견디다 못해 신음하며 울부짖는다. 그들의 울부짖음은 하느님에게까지 가닿았다. 하느님은 그들의 신음을 듣고 그들에게 주의를 기울였다(2:23~25). 이를 표현하는 적절한 말은 자비가 아니라 긍휼이다. 이스라엘 백성은 죄를 지어서 노예 생활을 해야 했던 게 아니다. 그들에게 필요한 건 용서가 아니었다. 속박과 해방을 다룬 출애굽기 어디서도 그들의 노예 생활이 그들이 지은 죄의 결과라 암시하는 대목을 찾을 수 없다. 그들에게 필요한 건 '자비'가 아니었다. 그들에게 필요한 건 자신들의 신음을 듣고 하느님이 그들을 '긍휼'히 여겨주시는 것이었다.

구약성서에서 두 번째로 비중이 큰 예언서에서도 긍휼은 주요한 주제다. 20세기 그리스도교인들에게 가장 커다란 영향력을 미친 유대교 학자 아브라함 헤셸Abraham Heschel은 예언자들이 하느님의 파토스—고통받는 이들에 대한 하느님의 애틋한 마음과 다른 세상을 향한 하느님의 갈망—를 느꼈다고 했다. 그가 보기에 예언자들은 하느님의 파토스에 '공감'했고, '공명'했다.[1] 하느님의 파토스는 예언자들에게 있어 영감의 원천이었다. 공감과 공명을 뜻하는 영어 단어 sympathy와 empathy의 헬라어 어원은 긍휼을 뜻하는 compassion의 라틴어 어원과 마찬가지로 타인의 감정을 느끼고 그 감정에 따라 행동한다는 뜻을 지닌다. 하느님은 우리를 긍휼히 여기시는 분이다. 그러므로 하느님을 사랑하는 이들도 이웃을 긍휼히 여겨야 한다.

신약성서에도 '자비'가 많이 등장하는데, 이 역시 '긍휼'로 바꾸면 의미가 더욱 분명해지는 구절이 많다. 주로 죄를 짓는 것과 상관없는 본문들이 그렇다.

루가 복음서 첫 장에 등장하는 마리아의 노래에서 하느님의 '자비'(1:50)는 억압에서의 해방, 적에게서의 보호, 평화로운 세상과 관련돼 있다. 이 구절에는 유대인들이 죄가 많아 폭력과 억압에 시달리고 있다는 암시가 없으므로 '긍휼'이 더 적합한 표현이다.

---

[1]   Abraham Heschel, *The Prophets* (New York: Harper & Row, 1962). 『예언자들』(삼인)

마르코 복음서 10장 46절에서 52절을 보면 앞을 보지 못하는 걸인이 예수에게 자신을 치유해달라고 간청한다. 많은 성서 번역 본은 이때 걸인이 "저에게 자비를 베풀어주십시오"라고 외쳤다고 번역해 놓았다. 하지만 정황상 그는 죄를 범해 예수에게 용서를 구 하는 것이 아니었다. 그는 앞을 볼 수 없었고 눈을 뜨길 원했다. 그 가 바라던 것과 예수에게서 받은 것을 표현하기에는 '긍휼'이 더 적합하다.

선한 사마리아 사람의 비유(루가 10:29~37)를 보면, 예수는 이야 기를 마친 뒤 사제와 레위 사람, 사마리아 사람 셋 중에서 누가 옳 은 일을 했느냐고 묻는다. 대부분의 성서 영역본은 그에 대한 대 답을 "그 사람에게 자비를 보여준 사람입니다"라고 번역해놓았다. 하지만 강도들에게 무참히 당한 그 사람은 아무것도 잘못한 게 없 었다. 따라서 사마리아인이 행한 일을 묘사하는 데는 '자비'보다 '긍휼'이 알맞다.

하느님은 자비로우며 따라서 우리도 자비로워야 하는가? 아니 면 하느님은 우리를 긍휼히 여기며 따라서 우리도 누군가에게 긍 휼을 베풀어야 하는가? 예수가 이야기했다는 다음의 익숙한 두 경 구를 이해하는 데 이것이 어떠한 차이를 만드는지 잘 생각해보라. 하나는 마태오 복음서 중 산상설교에 나오는 말이고, 다른 하나는 루가 복음서의 평지 설교에 나오는 말이다.

자비를 베푸는 사람은 행복하다.
그들은 자비를 입을 것이다. (마태 5:7)

너희의 아버지께서 자비로우신 것같이

너희도 자비로운 사람이 되어라. (루가 6:36)

오늘날 통용되는 '자비'의 의미를 떠올려보면 위 구절들은 하느님이 우리를 용서해주듯이 우리도 우리에게 죄지은 자를 용서해줘야 한다는 뜻이 된다. 중요한 메시지다. 용서가 더욱 많아진다면 세상은 더 나은 곳이 될 것이다. 그런데 우리가 다른 누군가를 용서해줄 만한 일이 얼마나 자주 있나? 내 경우만 봐도 누군가 나에게 죄를 지었다 할 만한 일이 생긴 지가 너무 오래되어서 그간 딱히 누군가를 용서할 만한 일이 없었다. 범죄, 그중에서도 흉악하고 끔찍한 범죄를 당한 사람들의 삶에서 용서가 큰 문제라는 건 잘 알고 있다. 하지만 내 경우에는 누군가 내게 잘못을 저질러서 내가 그를 용서해야 할 필요가 있었던 경험 자체가 매우 드물었다. 당신이 자비로워질 필요를 느끼는 경우가 얼마나 되는가? 내 말의 요점은 '자비'라는 말의 쓰임새가 위 구절들의 의미를 축소한다는 것이다. '자비'라는 말 때문에 위의 경구들은 이따금만 적용할 수 있는 말이 되어버린다. 하지만 '자비'를 '긍휼'로 바꾸었을 때 위 구절들의 의미가 어떻게 변하는지 생각해보라.

이웃을 긍휼히 여기는 사람은 행복하다.

그들도 긍휼히 여김 받을 것이다.

너희의 아버지께서 너희를 긍휼히 여기는 것 같이

너희도 이웃을 긍휼히 여기는 사람이 되어라.

이제 위 구절들은 우리에게 잘못을 저지른 자를 용서하는 것에 관한 말이 아니다. 그 의미는 더욱 광범위해진다. 자비는 반응하는 미덕이다. 누군가 우리에게 잘못을 저지른 상황에서만 우리가 자비로울 기회가 생긴다. 반면 긍휼은 인생에서 그보다 훨씬 넓은 영역에 걸쳐 있다. 인생 전반에 걸쳐 우리는 이웃을 긍휼히 여길 수 있다.

특히 주목해야 할 건 두 번째 구절이다. 이 구절은 신학(하느님은 어떠한 분이신가)과 윤리(우리는 어떻게 살아야 하는가)를 압축해 보여준다. 하느님은 긍휼하신 분이다. 그분이 우리를 측은히 여기며 우리를 살피시듯 우리도 이웃을 측은히 여기고 살펴야 한다. 긍휼은 자비보다 훨씬 커다란 것이다.

우리 동네에는 노숙자 한 명이 있다. 나는 거의 매일 그 노숙자를 보는데, 그는 신문을 판매한다. 나는 그 앞에 잠시 멈춰 신문을 한 부 사는데, 이미 신문이 있을 때도 그렇게 한다(그런 때는 신문을 받지 않는다). 나는 그에게 자비로운 걸까? 그에게 자비를 베푸는 것일까? 그렇지 않다. 그는 나에게 아무런 잘못도 저지르지 않았다. 그렇다면 나는 그를 (소소하고 보잘것없는 방식이지만) 긍휼히 여기는 것일까? 나는 그렇다고 생각한다.

"자비를 베푸소서"라고 삼중으로 호소하는 키리에로 다시 돌아가 보자. 우리가 죄를 지었다는 의식이 강할 때는 통상적으로 쓰이는 '자비'가 한결 깊은 의미를 얻을 수 있다. 하지만 자비 대신 '긍휼'을 사용하면 키리에의 의미가 보다 넓어진다. "주여 우리를 긍휼히 여기소서. 그리스도여 우리를 긍휼히 여기소서. 주여 우리를 긍휼히 여기소서." 이렇게 키리에를 읊거나 노래할 때마다 우리는 우리를 살리시는 하느님이 필요함을 되새기고 긍휼이 하나님의 성품임을 되새기게 될 것이다. 하느님은 우리가 자비를 청해야 하는 위협적인 재판관이 아니라, 태중에 있는 아이의 안녕을 바라며 자양분을 주는 어머니처럼 우리와 모든 피조물의 안녕을 바라며 자양분을 주시는, 살림의 하느님이다. 그러한 하느님께서 우리를 긍휼히 여겨주시기를 바람으로써 우리는 우리 자신이 어떻게 살아야 할지를 되새긴다.

생각해 보기

◇ 저자는 '자비'와 '긍휼'을 대비하면서 이와 함께 하느님을 바라보는 방식의 차이를 염두에 두고 있다. 구체적으로 어떻게 이를 연결할 수 있을까?

성서에서 말하는 정의는 징벌적 정의가 아니라
'분배 정의', 즉 생활에 필요한 물자를 공정하게 분배하는 것이다.
분배 정의를 향한 하느님의 갈망은 하느님이 세상을 창조하였으며
세상은 하느님의 것이라는 신학에 기초를 둔다.

12

의로움

'의로움'righteousness이라는 말은 구약성서와 신약성서에 무수히 많이 등장한다. 때로 '의로움'은 하느님의 성품과 갈망을 가리킬 때 쓰인다. 하느님은 의로운 분이시며 이 세상이 의로워지길 바라신다. 한편 '의로움'은 인간의 덕을 가리킬 때 쓰이기도 한다. 의로운 사람은 번성할 것이고 악인은 멸망할 것이다.

문제는 오늘날 '의로움'을 뜻하는 영어 righteousness가 대개 부정적인 함의를 갖는다는 점이다. 이 말을 들었을 때 무엇이 떠오르느냐고 그리스도교인들에게 물었더니 '고결한 척하는', '판단하는', '비난하는', '위선적인', '까다로운', '원칙에 얽매인', '훈계하기 좋아하는', '거만한', '젠체하는', '오만한' 등의 답변이 돌아왔다. 이런 반응을 접하고 보니 어떤 사람은 너무 의로워서 별로라던 윌 로저스

Will Rogers의 말이 떠올랐다. 하지만 성서에서 '의로움'이라는 표현은 긍정적인 의미로 쓰인다. 이 말은 '옳은 일을 하는 것'과 관련이 있다. 하느님이 의롭다고 말할 때 이 뜻은 하느님이 옳은 일을 하심을 뜻한다. 더 나아가 하느님은 우리도 옳은 일을 하기를 바라신다. 의로운 사람이란 옳은 일을 하는 사람이다.

'의로움'은 개인을 가리킬 때 쓰기도 한다. 이때 '의로움'은 개인의 미덕과 행실을 뜻한다. 예컨대 노아는 '의로운 사람'이라 불렸는데(창세 6:9, 7:1), 그 덕분에 노아와 그의 가족은 대홍수에서 살아남을 수 있었다. 아브라함은 소돔을 쓸어버리려는 하느님과 협상을 한다. 아브라함이 거기서 오십 명의 의인, 즉 '옳은 일'을 행하는 오십 명을 찾아내면 하느님은 소돔을 용서해주기로 한다(18:24).

이러한 '의로움'의 의미는 성서 도처에서 발견할 수 있다. 시편과 잠언에서는 '의인'과 '악인'—옳은 일을 행하는 자와 그렇지 못한 자—을 대비한다. 특히 잠언에서 의인은 보상을 약속받는다. 잠언에 따르면 의인의 집안에는 재물이 쌓일 것이다(15:6). (욥기와 전도서는 여기에 들어맞지 않는다. 의인은 고통당하는데 악인은 부귀영화를 누리기도 한다. '옳은 일'을 행하는 것이 편안하고 안락한 삶을 보장해 주지는 않는다.) 위와 같은 맥락에서 '의로움'은 옳은 일을 행하는 개인이나 집단의 특징이다.

정의로서의 의로움

보통 '의로움'으로 번역되는 말에는 주요한 의미가 또 하나 있다. 이 의미는 단순히 개인적인 차원의 것이 아니라 사회적이고 정치적인 차원의 것이다. 이 말은 사회가 구성되는 방식과 관련되어 있으며 정치, 경제 구조, 권력과 부가 분배되는 방식, 그것이 미치는 영향, 가족이라는 미시적 층위부터 제국이라는 거시적 층위까지 모두 아우른다.

이러한 맥락에서 '의로움'은 '정의'justice로 번역하는 게 낫다. 성서에서 '의로움'과 '정의'는 동의어로 쓰일 정도로 긴밀한 연관이 있다. 이스라엘에 군주제가 들어서고 특권층이 등장한 지 두 세기가 지난 후인 기원전 8세기에 예언자 아모스가 전하는 이야기를 떠올려보라. 아모스가 활동하던 시기에는 이스라엘 선조들이 이집트에서 겪었던 지배 체제가 이스라엘 내부에서 작동하고 있었다. 부와 권력을 거머쥔 자들이 자신들에게 유리하게 사회 체제를 만들었고 그 결과 부자와 가난한 자, 권력을 가진 자와 못 가진 자 사이의 격차가 심각하게 벌어졌다. 인구 대다수를 차지하는 가난하고 힘없는 자들은 사실상 노예나 다름없었다. 부와 권력을 가진 자들에게 하느님의 이름으로 이야기를 전하면서 아모스는 그들이 드리는 제사와 하느님이 진정으로 원하는 바를 대비한다.

너희의 순례절이 싫어
나는 얼굴을 돌린다.
축제 때마다 바치는
분향제 냄새가 역겹구나.
너희가 바치는 번제물과 곡식제물이
나는 조금도 달갑지 않다.

친교제물로 바치는 살진 제물은

보기도 싫다. 거들떠보기도 싫다.

그 시끄러운 노랫소리를 집어치워라.

거문고 가락도 귀찮다.

다만 정의가 강물처럼 흐르게 하여라.

의로움이 개울같이 넘쳐흐르게 하여라. (5:21~24)

마지막 두 줄에 주목하라. 하느님은 정의와 의로움이 이루어지기를 바란다. 마지막 두 줄은 '동의적 평행법'synonymous parallelism, 둘째 줄이 첫째 줄이 말한 바를 살짝 다른 말로 되풀이하는 수사법을 보여준다. 이러한 수사법은 성서에서 자주 발견된다. "정의가 강물처럼 흐르게 하여라"와 "의로움이 개울같이 넘쳐흐르게 하여라"는 뜻이 같다. 정의와 의로움은 서로 다르지 않은, 같은 말이다. 정의는 의로움이고, 의로움은 정의다.

또 다른 예는 이사야서 5장에서 찾아볼 수 있다. 여기에는 이사야의 '포도밭 노래'가 나오는데 이 노래는 아모스가 공격한 지배 체제를 시적이고 은유적인 방식으로 고발한다. 이사야는 주인이 온갖 수고를 아끼지 않았으나 과실을 맺지 못한 포도밭에 대해 판단해보라고 청중에게 요청한다. 노래는 다음과 같이 마무리된다.

만군의 야훼의 포도밭은 이스라엘 가문이요,

주께서 사랑하시는 나무는 유다 백성이다.

정의를 기대하셨는데

유혈이 웬 말이며

의로움을 기대하셨는데

울부짖음이 웬 말인가! (5:7)

아모스에서와 마찬가지로 '정의'와 '의로움'이 동의어로 쓰인 데 주목하라. 지배 체제를 고발하는 이 노래의 마지막에 등장하는 '울 부짖음'은 억압받는 자들의 울부짖음이다.

정의의 의미

성서의 많은 부분에서 '의로움'과 '정의'가 동의어로 쓰인다는 점을 깨닫는 것만으로는 성서에서 전하는 의로움과 정의를 되살려 내기에 충분치 못하다. '의로움'과 마찬가지로 오늘날 미국에서 '정 의'는 성서에서 말하는 '정의'와 상당한 차이가 있기 때문이다.

오늘날 많은 미국인이 '정의'라는 말을 들으면 주로 형사사법제 도criminal justice system를 떠올린다. 미국 법무부Department of Justice의 의 무는 국가의 법을 집행하는 것이며, 법무부 장관은 국가의 법을 집 행하는 최고위 관료다. 범죄의 희생자들은 "우리는 정의를 원한 다"고 외친다. 이러한 종류의 정의를 '징벌적 정의'punitive justice라고 한다. 징벌적 정의는 법과 질서를 유지하기 위해 법을 위반한 자들 을 기소하고 처벌한다. 이러한 정의가 필요하다는 점은 두말할 필 요가 없다. 사람들이 무리를 이루어 함께 살려면 법과 공정한 법 집행이 필요하다. 형사사법제도 없이 돌아가는 사회는 상상하기 힘들다.

그러나 성서에서 말하는 '정의'는 이러한 징벌적 정의 이상의 무언가를 뜻하며 어떤 면에서는 징벌적 정의와는 상당히 다르다. 성서가 하느님이 의로움과 정의가 이루어지기를 바라신다고 이야기할 때, 이는 죄지은 이들에 대한 처벌이 이루어지기를 바라는 것이 아니다. 물론 성서에는 심판과 책망으로 죄지은 자들을 위협하는 구절도 있다. 하지만 대체로 '정의'와 '의로움'은 대개 '세상'—인간이 만든 사회의 질서—이 어떠해야 하는지를 말한다. 부자와 권력자가 자신의 이익을 위해 조직해낸 세상은 정의롭지 못하기에 십상이다. 하느님은 이와는 다른 종류의 세상을 꿈꾸고 바라신다.

성서가 말하는 정의는 징벌적 정의가 아니라 '분배 정의'distributive justice, 즉 생활에 필요한 물자를 공정하게 분배하는 것이다. 분배 정의를 향한 하느님의 갈망은 하느님이 세상을 창조하였으며 세상은 하느님의 것이라는 신학에 기초를 둔다. 이는 창세기에 나오는 창조 설화의 중심 의미다. 시편 24편은 이 주제를 간명하게 표현한다.

> 땅과 그 안에 가득 찬 것이 모두 다 주님의 것,
>
> 온 누리와 그 안에 살고 있는 모든 것도 주님의 것이다. (24:1)

이 세상과 그 안에 살고 있는 모든 것은 우리의 것이 아니라 하느님의 것이다. 성서에서 말하는 분배 정의는 하느님께서 창조하신 세상을 공정하게 누리는 것으로 경제 정의라고도 할 수 있다. 이 맥락에서 '공정하다'는 말은 무엇을 뜻할까? 성서는 우리에게 세부적인 경제 정책을 제시하지 않는다. 대신 성서에는 역사상 가장 급진적인 경제법이 담겨 있다. 예컨대 7년마다 찾아오는 안식년에는 모든 빚을 탕감해주고 노예들을 모두 풀어준다. 50년마다 찾아오는 희년에는 경작지를 원래의 주인 가족에게 아무런 대가 없이 모두 돌려준다. 이런 법들은 빈곤한 하층 계층이 굳어지는 일을 막기 위해 고안된 것이다. 모든 사람은 생활을 영위하는 데 기본적으로 필요한 것들을 부족함 없이 충당할 수 있어야 한다. 고대 사회에서는 식량과 거처, 안전 등이 여기에 해당했다.

분배 정의는 자선Charity이 아님을 강조해야겠다. 자선은 어려운 사람을 돕는 것이다. 자선은 좋은 것이고 앞으로도 자선은 필요할 것이다. 그러나 분배 정의는 왕이나 황제에게 자선을 더 베풀라고 요구하지 않는다. 그보다 분배 정의는 체제가 구성된 방식에 의문을 던진다. 체제는 어떻게 구성되었으며 그로 인해 누가 유익을 얻는가? 일부에게만 지나치게 이익이 돌아가는 건 아닌가?

이러한 '정의'의 의미는 성서 도처에서 발견할 수 있다. 출애굽 시절 이스라엘 백성은 이집트의 부유한 권력자들에게 착취당하고 억압당했다. 이스라엘의 군주제 아래 예언자들은 이스라엘에 이집트를 세운, 부와 권력을 거머쥔 엘리트 세력을 비판했다. 바빌로니아 포로기에 예언자들은 바빌로니아, 세상을 지배하는 제국의 권력을 고발했다.

불의를 비판하는 목소리는 신약성서에서도 이어진다. 예수와 바울, 그 외 초기 그리스도교의 여러 중요 인물이 로마 제국의 불의와 폭력에 반대하며 로마 제국에 대항했다. 그들 중 다수가 로마 당국에 처형당했는데, 이는 그들이 자선을 옹호하고 개인적인 의로움과 천국에 가는 법을 가르쳤기 때문이 아니다. 순교는 그러한 이유로 일어나지 않았다. 그러한 메시지만 던졌다면 로마 당국이 왜 신경을 썼겠는가? 그들이 처형당한 것은 권력자들이 초기 그리스도교인들이 당시 사회에 던진 메시지, 그들이 바라던 세상이 '세상 순리'—부유하고 권세 있는 자들이 사회의 자원을 독점하기 위해 세상을 조직한 방식—를 위협한다고 판단했기 때문이다.

'정의' 대 '의로움'

이처럼 '의로움'이 '정의'를 의미한다는 것을 깨닫는 것은 중요하다. 마태오 복음서에 나오는 산상설교 구절을 잘 살펴보라. 신개정표준역 성서를 비롯해 대부분의 현대 영어 번역본에서는 '의로움'이라는 단어를 썼다. 각 구절에서 처음 것이 신개정표준역이고, 그다음 것은 '의로움' 대신 '정의'를 넣은 구절이다.

> 의에 주리고 목마른 사람은 복이 있다. 그들이 배부를 것이다.
> **정의에 주리고 목마른 사람은 행복하다. 그들이 배부를 것이다.**
>
> (5:6)

> 의를 위하여 박해를 받은 사람은 복이 있다.
> **정의를 위하여 박해를 받는 사람은 복이 있다.** (5:10)

엄격한 개인 도덕률을 따라 행동한다고 해서 박해받지는 않는다. 하지만 정의를 실현하기 위해서 행동을 하다 박해받는 일은 흔하다. 또 다른 예가 있다.

> 너희의 의가 율법학자들과 바리사이파 사람들의 의보다 낫지 않으면, 너희는 하늘나라에 들어가지 못할 것이다.
> **너희의 정의가 율법학자들과 바리사이파 사람들의 정의보다 낫지 않으면, 너희는 하늘나라에 들어가지 못할 것이다.** (5:20)

우리는 엄격하고 까다롭기로 유명한 율법학자들과 바리사이파 사람들보다 더 의로워야만 할까? 과연 그것이 위 구절이 의미하는 바일까? 위 구절은 엄격한 윤리라는 측면에서 율법학자들과 바리사이파 사람들을 능가해야 한다고 말하는 것이 아니다. 위 구절은 정의가 승리하는 모습을 이루기 위해 모든 노력을 기울여야 함을 말한다.

> 너희는 먼저 하나님의 나라와 하나님의 의를 구하여라.
> **너희는 먼저 하느님의 나라와 하느님의 정의를 구하여라.** (6:33)

'하느님의 나라'와 '의로움'이 어떻게 연결되는지 주목해 보자. 하느님의 나라와 하느님의 의로움을 구하는 것이 '고결한 척함'을 말하는 걸까? 위 구절에 '정의'를 집어넣으면 다른 말로 들린다. 하느님의 나라는 인간의 불의와 대비를 이루는, 하느님의 정의를 추구한다.

'의로움'과 '정의'를 어떻게 받아들이느냐에 따라 복음, 즉 예수에 관한 좋은 소식이 무엇을 뜻하는지도 달라진다. 로마의 그리스도교인들에게 바울이 보낸 편지—바울이 개인적으로 알지 못하는 사람들에게 보낸 유일한 편지—의 첫 번째 장에서 바울은 복음의 진수에 관해 말한다.

> 복음은 … 믿는 사람이면 누구에게나 구원을 가져다주시는 하느님의 능력입니다. 하느님의 의로움이 복음 속에 나타납니다. 이 일은 오로지 믿음에 근거하여 일어납니다. 성서에도 '의로운 자는 믿음으로 살 것이다' 하지 않았습니까? (로마 1:16~17)

여기서도 '의로움'은 '정의'로 번역하는 편이 낫다. 여기서 '정의'가 징벌적 정의, 즉 하느님이 사람들을 벌하는 것을 뜻할까? 그렇다면 그것이 어떻게 좋은 소식일 수 있을까? '정의'가 분배 정의를 의미할 때만 복음은 좋은 소식이 될 수 있다. 다시 말해, 하느님은 모든 이에게 공평하게 은총을 베푼다. 바울은 이를 "먼저 유다 사람들에게, 그리고 이방인들에게까지"라고 표현했다. 하느님의 분배정의, 곧 하느님이 베푸는 은총은 모든 이를 위한 것이다. 예수는 하느님이 악한 사람에게나 선한 사람에게나 똑같이 햇빛을 주고, 의로운 사람에게나 불의한 사람에게나 똑같이 비를 내린다고 이야기한다(마태 5:45).

정의로서의 의로움은 우리가 추구해야 할 바를 이야기해줄 뿐 아니라 하느님의 성품, 하느님께서 바라는 바를 드러내 준다. 하느님은 우리를 벌하는 분일까? 그분은 죄지은 자를 처벌하기를 바라실까? 아니면 그분은 자비롭고 우리를 긍휼히 여기시는 분이시며 이 세상이 공정해지기를 바라실까? 믿음으로 사는 사람이란 의로운—도덕적으로 올바른—사람일까? 아니면 정의로운 사람일까?

생각해 보기

◇ 예언자들이 비판한 성서 시대의 부정의한 현실(빈부 격차, 토지 분배, 노동 문제 등)은 오늘날에도 다르지 않으며 어떠한 면에서는 더 심각해지고 있다. 이러한 현실에서 저자가 제안한 바와 같이 '의로움'을 '정의'로 이해할 때 그리스도교인인 우리는 어떠한 태도를 지녀야 하는가?

죄란 우리가 무엇을 잘못했는지,

우리에게 어떠한 잘못이 일어나고 있는지를 가리키는 중요한 말이다.

그러나 이 말은 이를 가리키는 그리스도교의 지배적인 은유가 되었으며

그 지위를 독차지하고 있다. 그 자리에서 죄를 끌어내려야 한다.

13

—

죄

'죄'Sin는 천국과 지옥 그리스도교에서 매우 중요한 단어다. 1장에서 살펴보았듯 천국과 지옥 해석틀에서 죄는 하느님과 함께하는 삶의 핵심 문제다. 이 틀에 따르면 우리는 죄를 지어 용서가 필요한데, 예수의 죽음은 우리가 용서받을 수 있는 토대를 마련해준다. 죄를 핵심 문제로, 용서를 우리에게 가장 필요한 것으로 강조하는 것은 아주 오래전에 시작되었다. 이는 콘스탄티누스 황제가 그리스도교를 받아들인 4세기 이래 그리스도교가 주류 문화에 편입되는 과정에서 나타난 산물이다. 결과적으로 죄는 인간 상황을 묘사하는 가장 중요한 은유가 되었다. 이러한 문제를 해결하기 위해 우리에게 가장 필요한 것은 용서다.

이 장에서는 우리를 고통스럽게 하는 것에 대한 성서의 다양하고 강력한 은유들이 죄라는 지배적인 은유, '거대한 은유'macro-metaphor로 환원될 때 어떤 일이 벌어지는지 비판적으로 살펴보고자 한다. 비판적인 검토를 하기 전에 죄란 분명 중요하다는 점을 강조해야겠다. 죄는 성서에서 인간 상황을 가리키는 주요한 은유다. 그러나 여러 은유 중 하나지 전부는 아니다. 그러므로 여기서 던지는 질문은 '죄는 중요한가?'가 아니다. 죄는 중요하다. 우리가 죄를 어떻게 이해하느냐는 문제도 그만큼 중요하다. 여기서 묻고 싶은 것은 다음과 같다. 죄는 하느님과 함께하는 삶을 이해하는 데 필요한, 지배적인 은유인가? 그렇다면 죄는 하느님과 함께하는 우리의 삶에 어떠한 영향을 미치는가? 우리는 '죄'가 무엇을 뜻한다고 생각하는가? '죄'란 무엇이고 '죄들'이란 무엇인가?

죄의 지위 끌어내리기

죄란 우리가 무엇을 잘못했는지, 우리에게 어떠한 잘못이 일어나고 있는지를 가리키는 중요한 말이다. 그러나 이 말은 이를 가리키는 그리스도교의 지배적인 은유가 되었으며 그 지위를 독차지하고 있다. 그 자리에서 죄를 끌어내려야 한다. 앞서 이야기했듯 죄는 인간 상황을 묘사하는 성서의 유일한 은유가 아니라 여러 은유 중 하나다. 더군다나 죄는 그 은유 중에서 가장 중에서 가장 우선하는 것도 아니고 가장 중요한 것도 아니다. 죄가 차지하고 있는 잘못된 위상을 바로잡으면 중요하고 강력한 다른 은유들이 보이기 시작한다. 이러한 작업을 통해 궁극적으로는 죄에 대한 이해 역시 풍요로워진다.

이스라엘 백성이 이집트의 노예가 된 이야기에서 죄는 전혀 문제가 되지 않는다. 유대 민족의 조상은 죄를 지었기 때문에 노예가 된 것이 아니다. 노예 상태인 그들에게 필요했던 것은 용서가 아니라 해방이었다. 그들에게 해방이 아니라 용서만 베풀고, 그들을 노예 상태인 채로 남겨두었더라면 어떠했을지 한번 상상해보라. 출애굽 이야기는 전혀 다른 이야기가 되었을 것이다.

이스라엘 백성의 바빌로니아 유수는 죄와 관련이 있다. 바빌로니아에서의 포로 생활이 죄 때문이라고 이야기하는 성서 구절들도 있다. 하지만 죄가 당시 이스라엘 백성이 처한 곤경을 나타내는 주요 이미지는 아니었다. 그들의 문제는 포로 생활이었다. 그들은 정든 고향을 떠나 바빌로니아라는 낯선 땅으로 끌려와 정복자들에게 억압당하며 노예처럼 헐벗고 굶주리며 살았다. 그들에게 가장 필요했던 것은 (비록 이 이야기에 나타나긴 하지만) 용서가 아니라 포로 생활에서 벗어나는 것, '고향'으로 돌아가는 것. 바빌로니아를 떠나 '광야'를 가로질러 집으로 가는 것이었다. 이 이야기에서 가장 중요한 은유가 죄인가? 그렇지 않다. 우리에게 문제 되는 것이 귀양살이라면, 우리에게 필요한 것은 고향으로 돌아가는 것이다. 우리에게 필요한 것은 이 고향으로 가는 길, 이사야서 40장 3절의 표현을 빌리면 "주님께서 오실 길"이다.

이사야의 이 표현은 귀양살이와 그로부터의 귀환이라는 주제와 공명한다. 마태오와 마르코, 루가 복음서에서도 이 표현을 사용한다. "주님께서 오실 길"이라는 말은 예수 이야기가 전하는 바를 압축하는, 일종의 결정체다. 이 이미지는 예수가 전한 비유 중 가장 널리 알려진 탕자의 비유에 잘 나타나 있다(루가 15:11~32). 작은아들은 '먼 고장'으로 떠난다. 즉, 그는 망명자가 된다. 타지에서 비참한 생활을 하던 그는 마침내 '제정신이 들어서' 아버지에게로 돌아갈 결심을 하게 된다. 아들은 죄를 고백할 준비를 했지만 아버지는 그런 고백을 듣지 않아도 된다. 집으로 돌아오는 아들을 멀리서 본 아버지는 아들을 궁휼히 여기고 달려가 아들을 맞이한다. 이 비유는 죄와 용서에 관한 이야기가 아니다. 아들이 용서는 받았지만 여전히 타지에서 돼지 치는 일을 하고 있었다면 어땠을지 생각해보라. 아무것도 변하지 않게 될 것이다. 아들이 용서를 받아 기분이 좀 나아졌을지는 모르겠다. 그러나 그렇게 된다면 누가 이 이야기를 애써 기억하겠는가? 이 이야기는 죄와 용서에 관한 이야기라기보다는 귀양살이와 귀환, 환대와 축하에 관한 이야기다.

인간 상황을 가리키는 성서의 또 다른 이미지는 시각장애, 청각장애, 척추 장애, 중풍, 부상 등 다양한 형태의 질병이다. 병자에게 필요한 것은 용서가 아니라 치유와 회복이다. 예수가 눈먼 자를 치유하는 요한 복음서 9장의 일화에서 엿볼 수 있듯 병자들은 자신이, 혹은 부모가 죄를 지어서 병을 얻은 게 아니다. 질병은 죄와 관련이 없다. 이때 용서는 요점에서 벗어난 것이다. 마치 '프리사이즈' 옷처럼 죄가 모든 인간 상황을 가리키는 유일한 은유가 되어버리면, 다른 은유들의 풍부하고 중요한 의미들은 가려지고 만다. 성서에 따르면 우리가 처한 곤경—그로부터 우리가 구출되어야 하는—은 단순히 죄로 수렴되지 않는다. 속박, 귀양살이, 눈멂, 질병, 완고한 마음 등 다른 문제도 있다. 이런 문제들에 용서는 적

절한 응답이 아니다. 속박당한 자는 그의 삶을 지배하는 파라오로
부터의 해방이 필요하며, 귀양살이 하는 이는 바빌로니아를 떠나
고향으로 돌아가게 해주어야 한다. 눈먼 이에게는 눈을 뜨는 것이
필요하고, 병든 자와 부상당한 자에게는 치유가 필요하며, 버림받
은 자에게는 공동체가 필요하다. 죄와 용서를 강조하는 천국과 지
옥 그리스도교는 이러한 의미들을 죄라는 그늘에 묻어버린다.

죄와 죄들

성서와 그리스도교 전통은 '죄'를 단수로 사용할 때도 있고 복
수로 사용할 때도 있다. 복수 형태로 쓰일 때는 하느님의 뜻을 거
스르는 불순종이나 하느님의 계명을 어긴 것과 같은 특정 잘못을
뜻할 때가 많다. 이를 '과녁에서 빗나감'이라고 이해하는 그리스도
교인들도 있는데, 여기서 '과녁'이란 하느님의 명령을 말한다. 우
리는 하느님의 명령을 거듭 어김으로써 '과녁을 빗맞힌다'. 죄가
이것만을 뜻한다면 우리에게 가장 필요한 것은 용서다.

이러한 이해방식에서 '죄들'은 개인이 저지른 잘못된 행위라는
'죄의 개별화'와 한 쌍을 이룬다. 물론 우리는 모두 개인적인 차원
에서 죄를 저지르고 '과녁을 빗맞힌다'. 하지만 이렇게 개인의 잘
못된 행위를 뜻하는 죄에만 초점을 맞추다 보면 성서가 전하는 '죄'
에 담긴 보다 풍부한 의미를 놓치게 된다. 성서 역시 죄를 개인이
저지르는 무엇으로서 이야기한다. 하지만 성서는 제도화된 죄, 구
조적 죄, 사회 구조에 자리 잡은 죄에 관해서도 이야기한다. 집합
적이고 집단적인 죄가 존재한다. 미가서 1장 5절에서 예언자 미가

는 야곱의 죄, 북왕국 이스라엘의 죄가 무엇이냐며 수사적 질문을 던진다.* 그는 이스라엘의 죄를 사마리아의 죄라고 답한다. 그렇다면 남왕국 유다의 죄는? 예루살렘의 죄다. 도시가 죄를 지었다니? 사마리아와 예루살렘은 각각 북왕국과 남왕국의 수도였다. 곧 군주제와 지배체제의 중심지였던 것이다. 지배계층은 사회 구조적으로 죄를 저질렀다. 이는 구조적인 불의이자 구조적인 폭력으로서의 죄다. 이러한 지배계층이 저지르는 죄에도 용서가 필요할까? 그렇다. 하지만 구조의 변화 또한 필요하다.

성서에서 단수 형태로 나오는 죄는 우리를 속박하는 권력을 가리킬 때도 쓰인다. 이때 죄는 개인의 잘못된 행위가 아니라 우리를 지배하는 권력, 세력—우리를 지배하며 놓아주지 않는 파라오—을 가리킨다. 바울은 로마인들에게 보낸 편지 7장 7~24절에서 이와 같은 죄에 관해 말한다.

> 죄는 … 내 속에 온갖 탐욕을 일으켰습니다. … 죄는 … 나를 속이고 … 나는 내가 하는 일을 도무지 알 수가 없습니다. 내가 해야겠다고 생각하는 일은 하지 않고 도리어 해서는 안 되겠다고 생각하는 일을 하고 있으니 말입니다. … 그런 일을 하는 것은 내가 아니라 내 속에 도사리고 있는 죄입니다. … 마음으로는 선을 행하려고 하면서도 나에게는 그것을 실천할 힘이 없습니다. 나는

---

* 이 모두가 거역하기만 하던 야곱의 죄 탓이다. 못 할 짓만 하던 이스라엘 가문의 죄 탓이다. 거역하기만 하던 야곱의 죄, 그것은 누구의 짓이냐? 사마리아의 짓이 아니더냐? 못 할 짓만 하던 유다 가문의 죄, 그것이 누구의 짓이냐? 예루살렘의 짓이 아니더냐? (미가 1:5)

내가 해야 하겠다고 생각하는 선은 행하지 않고 해서는 안 되겠다고 생각하는 악을 행하고 있습니다. 그런 일을 하면서도 그것을 해서는 안 되겠다고 생각하고 있으니 결국 그런 일을 하는 것은 내가 아니라 내 속에 들어 있는 죄입니다.

"그런 일을 하는 것은 내가 아니"라는 말은 변명이 아니다. 많은 이는 경험을 통해 이를 알고 있다. 우리는 대개 자유롭지 못하며 무언가에 속박되어 있다. 바울도 이 점을 분명하게 깨달았다. 죄가 이러한 힘, 세력에 속박되는 것을 뜻한다면 그 해결책은 용서가 아니라 속박으로부터의 해방이다. 단수 형태로서의 죄의 본성에 대해서는 수 세기에 걸쳐 여러 그리스도교 사상가가 통찰력 있는 주석을 달았다. 가장 영향력 있는 해설은 죄의 근원, 뿌리를 휘브리스hubris로 이해하는 것이다. 이 헬라어는 보통 '교만'pride으로 번역된다. pride는 휘브리스에 대한 번역으로 부적절한 면이 있다. 오늘날 일상에서 pride는 자부심처럼 긍정적인 의미로 쓰이거나 최소한 나쁘지 않은 의미로 쓰이기 때문이다. 누군가 자신이 하고 있는 일에 자부심을 느낀다고 해서 이를 문제 삼는 사람은 없을 것이다. 오히려 오늘날에는 많은 이가 낮은 자존감 때문에 고통스러워한다. 자기 자신에게 자부심을 느끼는 것은 좋은 일일 수도 있다.

휘브리스는 이러한 자부심 이상의 것이다. 휘브리스는 자기 자신을 부풀리는, 신과 같이 되려고 하는 경향성을 뜻한다. 자기 자신을 세계의 중심, 모든 관계의 중심으로 여기는 것이다. 이는 세계정복자나 극단적인 나르시시스트에게서만 찾아볼 수 있는 특성이 아니다. 이는 인간 성장 과정에서 자연스럽게 나타나는 보편적인 특성이다. 유아기에서 아동기로, 아동기에서 성인기로 나아가는 과정에서 우리는 차차 자신과 세계가 구별됨, 자신과 세계가 분리되어 있음을 깨닫는다. 자의식이 출현하는 것이다. 우리는 모두 이러한 경험을 한다. 자기 관심self-concern은 그 자연적인 귀결이며 (가시적인 차원에서는) 불가피한 결과다. 세계는 우리와 분리되어 있을 뿐 아니라 우리가 전적으로 의지할 수도 없는, 심지어 위험한 무엇이다. 그리하여 우리는 우리 자신과 우리 자신의 안녕에 몰두하게 된다. 이러한 경향성은 우리 모두가 갖고 있으며 우리 모두에게 일어난다.

휘브리스는 개인뿐만 아니라 집단, 국가, 인류의 차원에까지 퍼져나간다. 집단은 자신의 힘을 곧잘 부풀리고 자주 자신의 중요성을 과대평가하며 자신이 진리를 독점하고 있다고 생각한다. 이는 사회 갈등의 요인이 된다. 국가도 마찬가지다. 국가가 시민들에게 요구하는 충성을 생각해보라. 제국도 마찬가지다. 제국은 자신의 권력에 비할 수 있는 것은 아무것도 없다고 생각하며 모든 것을 할 수 있다고 생각한다. 이러한 상태가 도를 넘어설 때 제국은 멸망한다. 인류의 휘브리스는 생태 위기를 보면 잘 알 수 있다. 수천 년 동안 우리는 인간이 창조의 중심이자 정점이라 생각했다. 지금도 대다수 사람은 지구가 우리 소유물인 양, 만물이 우리의 유익을 위해서 존재하는 양 대한다.

휘브리스는 이 모든 것을 가리킨다. 이 말은 단수 형태의 죄를 표현하는 강력한 이미지다. 휘브리스는 많은, 어쩌면 모든 복수 형태의 '죄들'을 설명해준다. 대부분의 죄는 개인적인 차원에서든 사회적인 차원에서든 자기에 대한 관심, 자신의 안위에 대한 관심에서 발생하기 때문이다. 자신이 속한 집단, 국가의 안위를 우선시하는 경향은 대개 불의와 폭력으로 이어지기 마련이다.

죄의 근원, 뿌리를 이해하는 두 번째 방식은 휘브리스가 아닌 태만sloath으로 보는 것이다. 이는 언뜻 보기에 앞엣것과 정반대로 보인다. 하지만 둘은 양립 불가능한 것이 아니다. 오히려 이 둘은 상호보완적이다. 신학자 하비 콕스Harvey Cox의 통찰력 있는 저서에 나오는 비유를 끌어다 쓰자면 태만은 "뱀에게 맡겨두는 것"이다. 이 표현은 에덴동산에서 아담과 이브가 자신들이 무엇을 해야 할지를 뱀에게 의탁했다는 데서 착상을 얻었다. 이러한 맥락에서 바라보면 아담과 이브의 죄는 자신을 부풀린 휘브리스가 아니었다. 그들의 죄는 태만하게 뱀이 말한 걸 그대로 받아들였다는 것이다. 태만으로서의 죄는 다른 사람에게 자기 삶의 결정권을 넘기는 것, 남에게 들은 대로, 세상이 돌아가는 대로 그냥 '따라가는' 것이다. 휘브리스와 마찬가지로 태만은 죄들을 양산하는 근원적 죄다.

휘브리스—자신을 중심에 놓는 것—가 문제라면 용서는 해결책이 될 수 없으며 적절한 처방이라고도 할 수 없다. 자기중심성으로 인해 괴로워하고 고통받는 이는 용서받을 수 있고 용서받았다고 느낄 수 있지만 아무런 변화도 없이 휘브리스의 포로로 남을 수 있다. 용서는 해결책이 못 되며 적절한 처방도 아니다. 태만도 마찬가지다. 휘브리스와 태만에 대한 처방은 자신의 중심을 다른 곳에 놓는 것이다. 우리는 우리 자신의 중심을 우리 자신이 관심하는 바, 세상을 지배하는 힘이 아니라 하느님에게 놓아야 한다. 하느님에게 자신의 중심을 놓는 것이 "주님께서 오실 길"을 걷는 것, 귀향의 길을 걷는 것, 해방이자 회복이다.

성서에서 죄를 표현하는 또 다른 근원적인 이미지는 우상 숭배idolatry다. 그리스도교에서 우상 숭배에는 몇 가지 의미가 있는데 때로 그리스도교인들은 이 말을 왜곡하거나 하찮게 만들어버리기도 한다. 어떤 그리스도교인들은 우상 숭배란 다른 종교의 신을 섬기는 것으로 생각한다. 그들은 말한다. "저들이 섬기는 신은 우상이고, 우리가 모시는 하느님이 진짜 하느님이다." 어떤 개신교인들은 로마 가톨릭 신자들을 예수 외에 마리아나 성인들의 상을 성당에 둔다는 이유로 우상 숭배자로 여기기도 한다. 어린 시절 내가 다니던 교회에서는 로마 가톨릭 교회에는 성상이 가득하므로 우상 숭배를 하는 곳이라 가르쳤다. 실제로 로마 가톨릭 신자들은 마리아와 성인들에게 기도하기도 한다. 하지만 이 중 어떤 것도 성서가 전하는 우상 숭배를 온전히 담아내지 않는다. 성서는 우리에게 묻는다. 누가 당신의 주인인가? 당신은 누구에게 충성하는가? 당신 자신과 당신이 가장 사랑하는 사람들인가? 당신이 속한 집단과 국가인가? 인류인가? 아니면 이 모든 것 이상인 하느님인가? 우상 숭배는 하느님보다 작은 것을 삶의 중심에 두는 것이다. 우상 숭배에는 휘브리스와 태만이 모두 들어 있다. 우상 숭배는 하느님이 아닌 무언가에 중심을 두고 하느님이 아닌 다른 무언가가 우리 삶을 빚어내게 하는 것이다. 유한한 것에 중심을 두는 우상 숭배에서 죄들이 흘러나온다. 그렇기에 구약성서와 신약성서는 명령한다.

네 마음을 다하고 목숨을 다하고 생각을 다하고 힘을 다하여 주님이신 너의 하느님을 사랑하여라. (마르 12:30, 마태 22:37, 루가 10:27, 신명 6:5).

이렇게 죄를 폭넓게 이해하면 죄의 의미 또한 풍부해진다. 이러한 이해는 우리를 괴롭히는 것들에 적절한 이름을 붙이도록 도와준다. 그뿐 아니라 이러한 이해는 '프리사이즈' 식으로 우리의 상황을 단순하게 설명하려는 시도도 막을 수 있다. 사람들에게—대다수 사람에게—문제는 죄를 저지르는 것이라기보다는 죄에 휘말리는 것이다. 이때는 죄를 저지르는 사람만 있는 것이 아니라 죄에 희생당하는 이도 있다. 죄에 희생당하는 이들에게 필요한 것은 용서가 아니다(자신들에게 죄를 저지른 이들을 용서하는 것은 필요할지 모른다). 그들에게 필요한 것은 해방, 공동체, 치유, 회복, 그리고 정의롭고 평화로운 세상이다. 이 모든 것은 예수를 통해 결정적으로 계시된, 성서에 나오는 하느님이 바라는 모습이기도 하다.

이처럼 포괄적인 성서의 죄 이해에서 죄에 대한 우선적인 해결책은 용서가 아니다. 그보다 우선적인 해결책은 자신을 중심에 두는 것(휘브리스), 혹은 이렇게 저렇게 살라고 말하는 이 세상 세력들에게 자신을 내맡기는 것(태만)이 아니라 하느님에게 자신의 중심을 두는 것이다. 자신이나 이 세상에서 힘 있는 세력에 중심을 두는 것은 우상 숭배다. 그렇다면 이를 극복하는 해결책은 무엇인가. 성서는 말한다. "주님이신 너의 하느님을 사랑하여라."

소박한 제안

그리스도교 언어와 전례는 복수형의 죄들과 용서의 필요성만을 이야기해서는 안 된다. 그리스도교 언어와 전례는 권력으로서의 죄에 관해서도 이야기해야 한다. 그리스도교는 우리의 삶을 지배하는 파라오를 고발해야 하며, 우리가 포로 생활을 하고 있는 바빌로니아의 모습을 들여다보아야 한다. 우리 자신을 잠식하고 있는 자기 관심에 대해서도 이야기해야 한다. 우리가 어떻게 서로에게 상처를 입혔고 또 입었는지를, 얼마나 변환과 치유를 필요로 하는지를 이야기해야 한다. 안타깝게도 오늘날 그리스도교 예배에는 우리의 곤경과 필요와 관련된 이러한 이미지들이 충분히 반영되어 있지 않다. 대다수 교회는 (하느님과 이웃에게 저지르는, 주로 복수형으로 이해되는) 죄(들)만을 문제 삼는다. 전례 전통을 따르는 교회에서는 예배를 드릴 때 표준화된 '죄의 고백'과 '사죄의 선언'(용서의 선언)을 행한다. 전례 전통을 따르지 않는 교회에서는—대다수가 보수적인 교회다—표준화된 죄의 고백이나 사죄의 선언을 하지 않으나 죄가 하느님과 함께하는 삶에서 핵심 문제라는 점만큼은 분명히 한다. 우리의 죄로 인해 예수가 죽음을 맞이했다면서 말이다.

예배를 드릴 때 우리를 고통스럽게 만드는 것들을 가리키는 성서의 다른 이미지들도 강조한다면 어떠한 변화가 생길지 상상해보라. 우리가 파라오의 노예이며 해방을 필요로 한다는 점, 바빌로니아에서 포로 생활을 하고 있으며 고향으로 돌아가야 한다는 점, 우리는 눈이 멀었기에 다시 눈을 떠야 한다는 점, 우리는 병들고 상처 입었기에 치유와 회복이 필요하다는 점을 강조하는 전례와 설교를 상상해보라. 여기에 우리가 죄인이기에 용서가 필요하다는 것도 포함되었을 때 어떠한 변화가 일어날지 상상해보라. 예배를 드릴 때 우리를 고통스럽게 하는 것에 대한 성서의 다른 이미지들도 강조한다면 어떤 차이가 생길지 상상해보라.

전례에서 죄의 고백과 사죄 선언을 5주에 한 번만 한다고 상상해보라. 나머지 4주 동안에는 죄의 고백을 속박, 귀양살이, 눈멺, 질병처럼 우리의 곤경을 담아내는 이미지로 대체한다고 상상해보라. 사죄 선언을 하느님이 우리를 속박에서 풀어주시고, 귀양살이에서 고향으로 인도하시고, 우리의 눈을 다시 뜨게 하시며, 우리를 치유하고 회복하시기를 바라는 선언으로 대체한다고 상상해보라.

죄는 중요하다. 하지만 죄와 용서라는 문제가 하느님과 함께하는 삶을 지배하게 되면 성서와 그리스도교 전통이 갖고 있는 지혜와 열망은 위축되고 핍진해진다.

◇ 죄가 하느님과 함께하는 삶을 이해하는 데 가장 필요한, 그리고 가장 지배적인 개념이라고 생각하는가? 죄는 하느님과 함께하는 우리의 삶에 어떠한 영향을 미치는가? 당신은 죄가 무엇을 뜻한다고 생각하는가?

◇ 저자의 제안을 따라 죄를 용서와 잠시 떼어두고 휘브리스, 태만 우상숭배라는 은유를 적극적으로 숙고할 때 얻을 풍성함은 무엇일까?

성서는 우리에게 묻는다.

누가 당신의 주인인가? 당신은 누구에게 충성하는가?

당신 자신과 당신이 가장 사랑하는 사람들인가?

당신이 속한 집단과 국가인가?

인류인가? 아니면 이 모든 것 이상인 하느님인가?

우상 숭배는 하느님보다 작은 것을 삶의 중심에 두는 것이다.

우상 숭배에는 휘브리스와 태만이 모두 들어 있다.

우상 숭배는 하느님이 아닌 무언가에 중심을 두고

하느님이 아닌 다른 무언가가 우리 삶을 빚어내게 하는 것이다.

유한한 것에 중심을 두는 우상 숭배에서 죄들이 흘러나온다.

우리는 우리가 깨달았든 깨닫지 못했든 간에 이미 용서받은,

하느님에게 받아들여진 존재, 하느님의 사랑을 받고 있는 존재가 아닐까?

이는 성서와 그리스도교 전통에서 찾아볼 수 있는

용서와 은총의 급진적인 의미다.

14

—

용서와 회개

죄와 마찬가지로, 아니 바로 죄 때문에 대다수 그리스도교 교회에서는 용서를 주요한 주제로 다룬다. 죄를 강조하면 으레 용서도 강조하기 마련인데 통상적으로 이해하는 죄에 대한 해결책이 바로 용서이기 때문이다. 예배를 드리며 가장 널리 알려진 기도문인 주의 기도를 암송할 때마다 용서가 언급된다. 하느님에게 용서와 자비를 구하는 순서도 있다.

용서의 필요성에 대한 강조는 언제나 우리를 벌하는 하느님 이미지와 함께 나타난다. 하느님은 우리를 벌하실 수 있다. 우리가 저지른 죄에 대해 그분에게 용서를 구하지 않고 용서를 받지 못한다면 그분은 이생에서든 다음 생에서든 언젠가 우리를 벌하실 것이다.

어렸을 때 내 신앙 세계는 그러한 관념으로 가득 차 있었다. 지금도 어느 정도는 그렇다. 자살이 용서받을 수 있는 죄인가 없는 죄인가를 두고 사람들이 심각하게 논쟁하던 기억이 난다. 어떤 이들은 스스로 죽음을 택했으므로 회개할 기회를 잃어버렸다는 논리를 펼쳤다. 이 논리를 이어가면 자살하지 않더라도 죄를 용서받지 못한 채 죽으면 지옥으로 떨어진다는 결론이 나온다.

아마도 오늘날 대다수 사람은 이러한 생각이 극단적이라고 여길 것이다. 마지막으로 고해한 후 죄를 용서받지 못한 채 죽음을 맞이한다면 영원한 형벌을 받을까? 수 세기 동안 수많은, 어쩌면 대다수 그리스도교인이 이러한 두려움에 사로잡혔다. 용서받지 못한 상태에서 갑작스럽게 죽음을 맞이하거나 살해당한다면 어떻게 될까? 이때 용서받음은 영생으로 가는 길이다. 하지만 다른 해석들, 우리를 벌하는 성품을 지닌 하느님이 아니라 자비로운 성품을 지닌 하느님을 강조하는 해석틀로 용서를 이해해보면 어떨까? 하느님이 자비롭고 관대하며, 우리를 긍휼히 여기시고, 우리와 세상이 변환되기를 바라신다고 생각해보라. 이러한 해석틀과 맥락에서 용서는 무엇을 의미할까? 하느님과 우리의 관계에서, 그리고 우리 한 사람 한 사람이 맺는 관계에서 용서는 무엇을 의미할까?

하느님과 맺은 관계에서 이뤄지는 용서

우리는 하느님의 용서를 필요로 하는가? 그건, 전적으로 용서를 어떻게 정의하느냐에 달려있다. 용서란 하느님이 하기로 결정한 어떤 행동을 뜻하는가? 용서란 어떤 사람에게는 해주고, 어떤 사람에게는 해주지 않는 그런 것인가? 그렇다면 하느님이 행하는 용서의 근거는 무엇인가? 하느님에게 선택받은 자들에게는 있고 그렇지 못한 자들에게 없는 것은 무엇인가?

성서를 보면, 하느님의 명령을 어겼을 때 사람들은 하느님에게 용서를 구한다. 몇몇 성서 본문은 자신이 저지른 잘못에 대한 비통한 심정으로 가득 차 있다. 이처럼 커다란 죄책감이 문제가 되는 상황에서는 분명 용서가 해답이다. 그런데 하느님의 용서가 우리의 행위에 달린 것일까? 어떤 이들은 우리가 진정으로 죄를 고백하고 예수를 믿고 다르게 살기를 결단해야만 하느님께서 우리를 용서해주신다고 믿는다. 하지만 또다시 실패할 때는 어떻게 되는가? 다시 용서를 구해야 하는가? 이때 용서는 조건적이다(일반적인 사고방식이다). 우리는 어떻게 해야만 용서를 받을 수 있다고 생각한다. 하지만 우리는 우리가 깨달았든 깨닫지 못했든 간에 이미 용서받은, 하느님에게 받아들여진 존재, 하느님의 사랑을 받고 있는 존재가 아닐까? 이는 성서와 그리스도교 전통에서 찾아볼 수 있는 용서와 은총의 급진적인 의미다. 몇몇 영향력 있는 신학자는 이러한 용서와 은총의 차원을 강조하는 데 힘썼다. 마르틴 루터는 이를 발견함으로써 은총에 대한 그의 급진적인 이해에 이를 수 있었으며, 하느님에게 인정받기 위한 애달픈 몸부림에서 해방될 수 있었다. 현대에 이르러 20세기 가장 영향력 있는 주류 개신교 신학자였던 폴 틸리히는 한 설교에서 이러한 용서와 은총을 매우 인상적으로 표현했다.[1] '당신은 받아들여겼습니다'라는 제목의 설교에서 그는 우리의 모든 생각은 하느님과 우리를 갈라놓지만, 그럼에도 그분은 우리를 용서하고 받아들이신다고 이야기한다. 하느님의 사랑, 하느님의 은총, 하느님의 용서, 하느님의 받아들임에는 조건이 없다. 은총이라는 말은 하느님께서 베푸시는 사랑이 선물로 주어지는 것임을 가리킨다. 용서는 '그럼에도 불구하고' 이루어진다. 즉, 우리가 부족하고 잘못을 저지름에도 불구하고 하느님은 우리를 받아들인다. 우리는 자문한다. 나는 그분의 기대에 못 미치지 않았나? 예수를 따른다기에는 그에게 충성하지 않았고, 충분히 헌신하지도 못하지 않았나? 그의 명령을 따라 이웃을 배려하지 못하고 관대함으로 바라보지 못한 건 아닌가? 자발성도 모자라지는 않았나? 그렇다. 하느님의 용서, 하느님의 자비란 '그럼에도' 우리를 사랑하신다는 말인가? 그렇다.

물론 우리는 이를 알고, 깨닫고, 내면화해서 현실에서 이루어 나가야 한다. 그렇지 않으면 우리 삶에는 아무런 변화도 일어나지 않을 것이다. 하느님이 '그럼에도 불구하고' 우리를 받아들였음을 알지 못한다면 우리는 계속해서 죄책감을 느끼고 하느님에게서 소외된 채로 남게 될 것이다. 구원받기 위해 무엇을 해야 하는지에 끊임없이 집착하게 될 것이다. 그러나 용서가 조건 없이 이루어짐을 깨닫는다면 그리스도를 따르는 삶은 더는 용서받기 위해 특정 진술을 믿거나 특정한 실천을 해야 하는 것으로 국한되지 않을 것

---

[1] 'You Are Accepted' in Paul Tillich, *The Shaking of the Foundations* (Gloucester, MA: Peter Smith Publisher, Inc., 1988). 『흔들리는 터전』(뉴라이프)

이다. 하느님은 이미 우리를 받아들였고 우리의 안녕을 바라신다. 이를 알고, 깨닫고, 믿으면 삶은 변화한다. 이를 몸에 새기면 우리는 더는 어떤 기준에 우리 자신이 부합하는지 전전긍긍하지 않아도 된다.

이것이 전례적 교회에서 죄의 고백 후 하느님의 용서를 선포하는 사죄 선언에 담긴 의미다. 사죄 선언은 하느님이 우리를 용서하시고 받아들이셨다고 선언한다. 하지만 여기서 또 다른 문제가 발생한다. 우리는 누구의 판정을 받아들여야 하는가? 우리 자신? 문화? 교회? 아니면 하느님? 우리가 이미 하느님에게 용서받았다면, 하느님의 사랑을 받고 있다면 이제 그리스도교인은 어떻게 살아야 하는가? 그리스도교인의 삶이 특정 기준을 충족하는 게 아니라면 어떠한 식으로 펼쳐져야 하는가? 그리스도교인의 삶은 바로 그러한 근심에서 벗어나 우리 자신과 세상의 변환을 향한 하느님의 열망에 동참하는 것이다.

인간관계에서 이뤄지는 용서

용서는 하느님과의 관계에서뿐만 아니라 인간관계에서도 이뤄진다. 이를테면 부모는 자식을 키우며 용서가 그 과정의 일부임을 안다. 배변 훈련을 하는 동안 아이는 끊임없이 말썽을 일으킨다. 때로는 일부러 사고를 치기도 한다. 사춘기가 되면 또 다른 맥락에서 부모의 골치를 썩인다. 하지만 좋은 부모는 이 모든 순간에, 변함없이 자녀를 사랑한다. 바로 이것이 조건 없는 사랑으로서의 용서가 뜻하는 바다. 물론 그때에도 부모는 자신이 사랑하는 자식이 더 나은 존재가 되기를 바란다.

자신의 과거와 화해할 때 용서가 필요한 경우도 있다. 힘겨웠던 시절의 기억에 우리는 얼마나 붙들려 지내는가? 과거에 일어났던 일을 용서함으로써 우리는 과거의 상처에서 벗어날 수 있다. 어른이 되고 나서 맺는 인간관계에서도 용서는 중요한 비중을 차지한다. 나는 운이 좋은 편이라 누군가 내게 잘못을 저지르거나 죄를 범했다고 느낄 만한 일을 좀처럼 겪어보지 못했으며, 따라서 용서를 해야 할 일도 별로 없었지만 말이다. 많은 이가 타인의 잔혹한 행위, 배신, 냉담함, 무감각함 때문에 상처를 입고 가정에서, 직장에서, 혹은 사회 전체에서 부당한 처사를 경험한다. 이들에게는 용서할 수 있는 능력이 필요할지도 모른다. 극악무도한 범죄를 저지른 이들에게 용서의 경험은 삶을 바꿀 수 있는 결정적인 사건이 될 수도 있다. 남아프리카공화국 진실과 화해 위원회의 활동은 그 가장 대표적인 사례다. 이 같은 상황에서 용서란 무엇을 의미하는 걸까? 단순히 '괜찮다'라고 이야기해주는 걸까? 아니면 과거와 화해를 이루게 하고 굴레에서 벗어나 자유롭게 되어 새로운 삶으로 나아갈 수 있게 해주는 것일까? 용서 없이 해방은 가능한가?

회개

그리스도교인들은 죄와 용서를 말하면서 자주 이 둘을 회개와 연결하곤 한다. 우리가 지은 죄를 용서받기 위해서는 우리의 죄를 고백해야, 즉 회개해야 한다. 일부 그리스도교인들은 진실한 회개 없이는 용서받을 수 없다고 믿는다(어린 시절 나도 그렇게 믿었다). 이러한 관점에서 회개란 자신의 죄를 철저하게 뉘우치고 죄가 되는 행위나 생각을 하지 않겠다고 결단하는 것을 말한다. 회개를 하며 그러한 뉘우침과 결단이 충분치 못할 때도 우리는 용서받을 수 있을까? 회개에 대한 이해는 인간관계에서 용서를 실천하는 데도 영향을 미친다. 내게 잘못을 저지른 사람이 내게 미안하다고 말하긴 했으나 그 말이 진심인지 아닌지 알 수 없다면 그때도 그를 용서해야 할까?

이렇게 죄와 회개, 용서를 연결하는 사고방식은 사순절을 이해하는 방식에 영향을 미쳤다. 사순절, 곧 성주간, 성금요일, 부활절까지 이어지는 40일의 기간은 교회력에서 정한 '회개' 기간으로 대부분의 그리스도교인이 이를 지킨다(일부 개신교 교파에서는 사순절을 지키지 않는데, 사순절을 들어본 적도 없다는 그리스도교인들을 만날 때마다 나는 놀란다). 사순절 기간 우리는 우리의 삶을 돌이켜보고 죄를 성찰한다. 사순절은 우리의 죄를 사하기 위해 성금요일 죽음을 맞이한 예수를 따라 걷는 통회의 시간이다. 사순절과 성주간 동안 우리는 죄, 회개, 용서를 숙고한다.

그러나 성서에서 전하는 회개는 이와 사뭇 다르다. 성서에서 회개는 주로 두 가지 의미를 갖는다. 첫 번째 의미는 구약성서에 등장하는 히브리어인데 이 말은 흔히 '회개' 혹은 '회개하다'로 번역되나 그 본래 의미는 '돌이키다, 되돌아가다'이다. 이 말은 이스라엘의 바빌로니아 유수와 직접적으로 연결되어 있다. 회개한다는 것은 '되돌아가는 것', 고향, 성지, 하느님이 있는 곳으로 돌아가는 것을 뜻한다. 성지, 예루살렘, 시온, 성전은 모두 우리와 함께하시는 하느님을 상징하는 말이다. 회개는 그 하느님을 향해 돌아가는 여정을 시작하는 것이다. 그리고 하느님께서는 이 여정에 함께하신다.

'회개'는 신약성서의 중심 주제이기도 하다. 가장 먼저 기록된 복음서인 마르코 복음서에서 예수가 처음 한 말은 다음과 같다.

> 하느님의 나라가 다가왔다. 회개하고 이 복음을 믿어라. (1:15)

여기에서 회개하라는 말은 구약성서에서의 의미—귀양살이에서의 귀환, 돌이켜 하느님에게로 되돌아가는 것, '주님의 길'에 오르는 것—와 공명한다.

'회개하다'로 번역되는, 신약성서에 나오는 헬라어 단어의 어원을 살피면 회개의 두 번째 의미를 찾을 수 있다. 헬라어 '회개하다'의 어원은 '우리의 정신을 거스르는 것'이다. 그렇다면 '우리의 정신을 거스르는 것'의 뜻은 무엇일까? 우리 정신은 특정 시공간에서 이루어진 사회화의 산물이다. 우리는 성장하면서 사회화 과정을 거치고 우리가 배운 것을 따라 이 세상을 바라본다. 이러한 맥락에서 우리의 정신을 거스른다는 것은 새로운 방식, 예수에게서 결정적으로 드러난 하느님의 시선으로 세상을 바라보는 것을 말한다. 회개란 이를 뜻한다.

분명 성서는 회개를 말한다. 하지만 그 주안점은 통회와 슬픔, 죄책감이 아니라 그러한 것에서 우리 자신을 돌이켜 하느님에게로 되돌아가는 것에 있다. 회개는 변화지 용서의 선결 조건이 아니다.

회개란 자신을 돌이켜 하느님에게 되돌아가는 것, 우리의 정신을 돌이켜 새로운 방식으로 세상만사를 바라보는 것이다. 이는 매우 신나는 일이다.

하느님의 용서는 우리의 회개 여부에 달려 있지 않다. 하느님은 이미 우리를 용서하셨고 사랑하고 계신다. 하느님의 사랑을 보증받기 위해 해야 할 일은 없다. 이제 우리에게 남은 일은 우리 자신을 돌이켜 하느님에게로 되돌아가는 것, 우리의 정신을 거스르는 것, 곧 온전한 의미의 회개를 하는 것이다. 회개란 변환에 이르는 길이다.

생각해 보기

◇ 하느님의 용서를 죄의 사면으로만 본다면 인간 사이에서 이뤄지는 용서에 어떠한 영향을 미치는가?

◇ 하느님의 용서가 우리의 행위와 관계없이 이미 이루어졌다면, 이제 그리스도교인은 하느님과의 관계에 있어, 타자와의 관계에 있어 어떠한 삶의 방식을 택해야 할까?

요한 복음서 3장 16절은 미래의 천국을 위해

지금 예수에 관한 일련의 진술을 믿어야 한다고 말하는 게 아니다.

이 구절은 예수를 사랑하는 것, 그리고 예수를 통해,

성육신을 통해 알려진 하느님을 사랑하는 것,

'다가올 시대의 삶'에 지금 들어가는 것을 말한다.

15

—

요한 복음서 3장 16절

요한 복음서 3장 16절은 아마도 가장 유명한 성서 구절일 것이다. 나는 이 구절을 60년도 더 전에 외웠다.

> 하느님이 세상을 이처럼 사랑하사 독생자를 주셨으니 이는 그를
> 믿는 자마다 멸망하지 않고 영생을 얻게 하려 하심이라

많은 그리스도교인이 이 구절을 그리스도교 복음의 축약판으로 여긴다. 미식축구 경기를 보다 보면 골포스트 뒤편에서 요한 복음서 3장 16절이 쓰여 있는 팻말을 들고 있는 관중이 종종 나온다. 그들이 왜 그렇게 하는지 이해하기란 그리 어렵지 않다. 그 구절은 천국과 지옥 그리스도교 해석틀의 정수를 보여준다.

하느님이 세상을 이처럼 사랑하사 이 부분은 하느님이 세상을 사랑한다는 그리스도교의 확신을 표현한다. 구절의 나머지 부분을 어떻게 이해하는지에 따라 이 부분은 천국과 지옥 그리스도교 해석틀에서 의미가 달라질 수 있다.

독생자를 주셨으니(어떤 역본에서는 유일한 한 명의 아들이라고 번역하기도 했다) 천국과 지옥 그리스도교 해석틀을 따르는 이들은 이 부분을 예수가 하느님의 외아들이라는 것, 그리고 하느님이 세상의 죗값을 대신 치르게 하기 위해 예수가 죽음을 맞이할 수 있도록 예수를 보냈다는 것을 의미한다고 본다. '아들을 주었다'는 것은 우리가 용서받을 수 있도록 예수가 우리를 대신해 죽었음을 뜻한다.

이는 그를 믿는 자마다 우리가 해야 할 일은 예수가 하느님의 외아들이며 그가 우리를 위해 죽었다는 것을 믿는 것이다. 이것이 구원의 길이다.

멸망하지 않고 영생을 얻게 하려 하심이라 예수를 믿는 것의 결과는 죽음에서 살아남는 것, 영원한 생명을 얻는 것, 즉 천국에 가는 것이다.

이처럼 요한 복음서 3장 16절을 이해하는 방식이 천국과 지옥 그리스도교 해석틀의 중심 주제를 어떻게 전달하는지를 주목해 볼 필요가 있다. 이 이해에 따르면 우리는 우리의 죄를 용서하기 위해 죽은, 하느님의 외아들인 예수를 믿음으로써 구원받는다(천국에 갈 수 있게 된다). 또한 이러한 이해 방식이 첫 마디 "하느님이 세상을 이처럼 사랑하사"에 어떻게 조건을 다는지 주목해 볼 필요가 있다. 이 이해에서 하느님의 사랑은 조건적이다. 하느님은 세상을 사랑하지만 예수를 믿는 자만 구원할 것이다. 극단적으로 말하면 하느님은 우리를 사랑하시지만 예수를 믿지 않으면 지옥에 떨어뜨려 영원토록 고통받게 할 것이다. 하지만 이러한 이해는 이 구절이 요한 복음서라는 맥락에서 어떠한 의미인지를 심각하게 오해한 데서 비롯된 것이다.

하느님이 세상을 이처럼 사랑하사 다른 신약성서 문헌들과 마찬가지로 요한 복음서에 나오는 '세상'은 두 가지 뜻을 갖고 있다. 하나는 긍정적인 의미다. 이때 '세상'은 하느님이 창조하신 세상, 모든 피조물을 가리킨다. 다른 하나는 부정적인 의미다. 이때 '세상'은 인간이 만든 문화와 지배 체제를 뜻한다. 요한 복음서와 바울의 서신에서 '세상'은 예수를 거부한다. 그러나 하느님은 당신이 창조하신 세상, 곧 나, 우리, 그리스도교인, 더 나아가 인류, 인류뿐 아니라 모든 피조물을 사랑한다.

독생자를 주셨으니 요한 복음서에는 희생 제물이라는 개념이 나타나지 않는다. 다른 복음서들도 마찬가지다. 요한 복음서에서 아들을 '주는' 것은 예수의 죽음이 아니라 성육신 사건을 뜻한다. 하느님이 세상을 얼마나 사랑하느냐는 물음에 요한은 '기꺼이 인간이 되어 세상에 올 만큼'이라고 답하고 있는 셈이다.

이는 그를 믿는 자마다   여기서 '믿음'은 현대적인 의미의 '믿음'이
아니다. 성서에서 일반적으로 쓰이는 '믿음'이 그러하듯 이 구절에
서 '믿음'은 예수에 관한 신학적인 주장을 받아들이는 것을 뜻하는
것이 아니라 예수를 '사랑하는 것', 예수에게 마음을 바치는 것, 예
수에게 충성하고 예수와 함께하는 삶에 충실하며 헌신하는 것을
뜻한다. 이는 새로운 삶으로 나아가는 길이다.

멸망하지 않고 영생을 얻게 하려 하심이라   많은 그리스도교인이
'영생'Eternal life을 죽음 이후 축복받은 내세를 의미하는 것으로 이
해한다. 그러나 요한 복음서에서 영생은 현재 일어나는 경험이다.
'영생'으로 번역되는 헬라어 단어는 '다가올 시대의 삶'을 의미한
다. 요한 복음서에 담긴 신학에 따르면 영생은 미래의 것, 희망의
대상이면서 동시에 현재의 것, 현재 알 수 있고 경험할 수 있는 무
엇이다. 요한 복음서 17장 3절을 보라.

> 영생은 곧 참되시고 오직 한 분이신 하느님 아버지를 알고 또 아
> 버지께서 보내신 예수 그리스도를 아는 것입니다.

여기서 주목할 만한 것은 이 문장이 현재 시제라는 점이다. 이 문
장에서 영생(다가올 시대의 삶)은 곧 하느님과 예수를 아는 것이다.
우리는 지금 하느님과 예수를 앎으로써 다가올 시대의 삶에 참여

한다.

그러므로 요한 복음서 3장 16절은 미래의 천국을 위해 지금 예수에 관한 일련의 진술을 믿어야 한다고 말하는 게 아니다. 이 구절은 예수를 사랑하는 것, 그리고 예수를 통해, 성육신을 통해 알려진 하느님을 사랑하는 것, '다가올 시대의 삶'에 지금 들어가는 것을 말한다. 이 구절을 믿지 않는 이들이 지옥에 간다는 이야기도 아니다. 이 구절은 지금 하느님과 함께하는 삶으로 나아가는 길을 우리에게 전하고 있다.

생각해 보기

◇ 저자에 따르면 영생은 천국에 가는 것이 아니라 하느님과 예수를 아는 것이자, 다가올 시대의 삶에 지금 참여하는 것이다. 당신에게 이는 구체적으로 무엇을 뜻하는가?

'거듭남'은 그리스도교의 핵심으로,

그리스도교인의 삶의 목적과 전망을 보여주는 주요한 이미지다.

이 말은 우리의 변환, 그리고 궁극적으로는 세상의 변환을 그린다.

하느님의 영으로 태어난 사람들은 더욱 정의롭고 평화로운 세상을 향한

하느님의 열망에 함께한다.

16

거듭남

수많은 그리스도교인에게 '거듭남'born again은 순전한 긍정의 표현이다. 이 말은 그리스도교인들이 자기 자신을 예수에게 바치기로 결단한 순간, 혹은 그 과정을 일컫는다. 거듭남은 자신의 삶을 변화시키고 삶에 의미를 불어넣는다. 하지만 그 못지않게 많은 그리스도교인, 과거 그리스도교인이었던 이, 그리고 비그리스도교인에게 이 말은 부정적인 표현이다. '구원'이나 '의로움'과 마찬가지로 사람들은 이 말을 들었을 때 부정적인 무언가를 연상한다.

오늘날 '거듭남'이라는 말을 부정적으로 받아들이는 이유는 '거듭남'이 사실상 특정 형태의 그리스도교 신앙과 동일시되기 때문이다. 설문에 따르면 자신을 '거듭난' 그리스도인이라 여기는 대다수 사람은 아래 사항을 믿는다.

· 성서는 무오하다.

· 예수는 우리 죗값을 치르기 위해 죽었다. 예수를 믿으면 우리
는 용서받을 수 있다. (인터넷에서 '거듭남'을 검색해 보면 '4영리'라
고 하는, 그리스도교인이 되는 네 단계를 찾아볼 수 있다. 4영리는 우리
의 죄 많음, 우리의 죄로 인해 죽은 예수, 그리고 영생을 얻기 위해 예수
를 믿어야 함을 강조한다.)

· 창조는 창세기에 쓰인 대로 이루어졌다. 따라서 진화론은 배격
해야 한다.

· 낙태는 죄다. 낙태는 살인만큼이나 나쁜 죄이므로 합법화되어
서는 안 된다.

· 동성애는 죄다. 동성애자들에게 동등한 도덕적 · 법적 지위를
부여하는 것은 옳지 못하므로 막아야 한다.

· 그리스도교는 구원의 '유일한 길'이다. 따라서 다른 종교를 대
놓고 비방할 수 있다.

· 군국주의적 외교 정책을 지지하는 것은 그리스도교인의 삶과
모순되지 않는다. 그리스도교의 목적은 천국에 가는 것이지 전
쟁을 피하고 평화를 추구함으로써 이 땅에서 정의를 실현하는

게 아니다(예를 들어 미국의 이라크 침공이 있기 직전인 2003년 참전,

사실상의 개전을 가장 열렬히 지지한 층은 '백인 복음주의자'였다(84%)).

자신을 거듭난 그리스도인이라 여기는 사람이 모두 위 사항들에 동의하는 건 아니다. 하지만 대부분 그렇다. '거듭남'이라는 표현은 소위 '보수 그리스도교'conservative Christianity라 하는 종교적·정치적 우파와 주로 연결된다. 이 말은 흔히 오해를 불러일으키는데, 하나의 고정관념, 꼬리표이기 때문이다. 게다가 '보수 그리스도교'를 '보수적'이라고 보기도 힘들다. '보수'란 과거의 지혜를 보존하려는 경향이다. 하지만 우리 시대 '보수 그리스도교'는 근대의 산물로, 과거 그리스도교의 풍요로운 지혜를 보존하려는 경향과는 거리가 멀다. 보수 그리스도교는 그다지 보수적이라 할 수 없다.

'거듭남'과 특정한 부류의 그리스도교 사이의 연관성을 염두에 두면 그리스도교인들에게 이 말이 부정적 함의를 갖는다는 사실이 특별히 이상하지는 않다. 이에 관해 내 주변에 있는 그리스도교인들은 말했다. "거듭나고서도 여전히 못돼 먹을 수 있다." "거듭나고서도 여전히 자기 의에 빠져 있을 수 있다." "거듭나고서도 별다른 변화가 일어나지 않을 수 있다." 심지어 어떤 사람은 말했다. "거듭나고서도 형편없는 자식일 수 있다." 이러한 말들은 '거듭남'이 자주 부정적인 의미로 쓰임을 보여준다.

'거듭남'이 이렇게 부정적인 뜻으로 쓰인다는 건 안타까운 일이다. 이 말의 부정적인 함의 때문에 성서에서 전하는 '거듭남'의 풍요로운 의미가 묻히고 있다. 성서에서 말하는 '거듭남'은 풍요로운

의미를 가질 뿐 아니라 중요한 내용을 담고 있기도 하다. '거듭남'은 그리스도교인의 변환을 상징하는 강력한 은유다. '거듭남'에 관한 고전적인 신약성서 본문은 요한 복음서 3장 1~10절이다. 이 본문은 다음과 같이 시작한다.

> 바리사이파 사람들 가운데 니고데모라는 사람이 있었다. 그는 유대인들의 지도자 중 한 사람이었는데 어느 날 밤에 예수를 찾아와서 "선생님, 우리는 선생님을 하느님께서 보내신 분으로 알고 있습니다. 하느님께서 함께 계시지 않고서야 누가 선생님처럼 그런 기적들을 행할 수 있겠습니까?"하고 말하였다.

니고데모는 바리사이파 사람이자 지도자다. 이는 그가 지배 계급이자 엘리트 계층에 속한 사람이라는 뜻이다. 그는 "밤에" 예수를 찾아온다. 요한 복음서가 구사하는 풍성한 상징에 따르면 그는 여전히 "어둠 속에" 있다. 예수에 대한 그의 관심은 거짓이 없는 것처럼 보인다. 본문만 보면 그가 예수에게 묻는 말을 거짓 아첨으로 볼 이유가 없다. 예수가 대답한다.

> 정말 잘 들어두어라. 누구든지 새로 나지 아니하면 아무도 하느님의 나라를 볼 수 없다.

'거듭나다' 혹은 '새로 나다'라고 번역되는 헬라어 표현이 본문에 처음으로 등장한다. 성서 번역본에 따라 '위로부터 나다'라고 번역되기도 하는데, 번역 차이는 중요하지 않다. 위로부터 나는 것은 곧 새로 나는 것이다. 본문에서 이 표현은 '하느님의 나라'와 연관된다. 니고데모가 예수에게 다시 묻는다.

> 다 자란 사람이 어떻게 다시 태어날 수 있겠습니까? 다시 어머니 배 속에 들어갔다가 나올 수야 없지 않습니까?

니고데모는 "새로 남"이라는 은유를 문자 그대로 받아들여 사람이 어떻게 다시 어머니 배 속으로 들어갈 수 있는지 알고 싶어 한다. 니고데모는 문자주의자다. 그는 이 말에 담긴 상징적인 의미를 감지하지 못한다. 이런 일은 요한 복음서에서 흔히 일어난다. "어둠 속에" 있는 자들은 언어의 문자적 의미 너머의 의미를 알아차리지 못한다. 예수가 대답한다.

> 정말 잘 들어두어라. 물과 성령으로 새로 나지 않으면 아무도 하느님 나라에 들어갈 수 없다. 육에서 나온 것은 육이며 영에서 나온 것은 영이다. 새로 나야 한다는 내 말을 이상하게 생각하지 마라. 바람은 제가 불고 싶은 대로 분다. 너는 그 소리를 듣고도 어디서 불어와서 어디로 가는지를 모른다. 성령으로 난 사람은 누구든지 이와 마찬가지다.

예수는 새로 난다는 것이 '성령으로 나는' 것임을 세 차례나 강조한다. 니고데모는 어떻게 그런 일이 있을 수 있는지 다시 예수에게 묻는다. 그는 답한다.

　너는 이스라엘의 이름난 선생이면서 이런 것들을 모르느냐?

본문의 결말대로라면 니고데모는 이해하지 못한다. 그는 여전히 "이런 것들"을 모른다.

　다시 태어남rebirth, 성령으로 남이라는 은유는 철저한 변환을 가리키는 이미지다. 옛 삶은 가고 새 삶이 시작되었다. 신약성서에는 이에 상응하는 은유들이 많이 있다. 같은 맥락에서 바울의 편지는 그리스도와 함께 죽고 다시 살아나는 것, 그리스도와 함께 십자가에 못 박히는 것, 새롭게 창조되는 것을 말한다. 공관복음서에서 거듭남은 십자가를 지고 예루살렘, 즉 죽음과 부활의 장소로 예수를 따라가는 것이다. 거듭나는 것, 성령으로 나는 것은 과거의 정체성과 존재 방식이 죽고 새로운 정체성, 하느님의 영—그리스도교인들에게는 예수를 통해 알려진—을 중심에 둔 존재 방식으로 태어나는 것이다.

　'거듭남'은 그리스도교의 핵심으로, 그리스도교인의 삶의 목적과 전망을 보여주는 주요한 이미지다. 이 말은 우리의 변환, 그리고 궁극적으로는 세상의 변환을 그린다. 하느님의 영으로 태어난 사람들은 더욱 정의롭고 평화로운 세상을 향한 하느님의 열망에 함께한다.

◇ 저자는 이른바 미국 보수 그리스도교에서 '거듭남'이라는 말이 의미를 잃고 그리스도교인이 되는 과정, 혹은 천국에 가기 위한 통과의례 정도로 전락했다고 진단한다. 그렇다면 당신에게 '거듭남'은 어떠한 의미를 지니는가? 또한 저자가 제안하는 거듭남의 의미는 당신의 삶에 어떠한 통찰을 주는가?

"예수는 길이요 진리요 생명이다"라는 말은

"우리가 예수 안에 서 길과 진리와 생명을 본다"는 말이다.

이 말은 "예수"라는 말을 아는 것도,

"길"인 예수에 관한 이야기를 믿는 것도 아니다.

우리는 그의 삶을 통해 그 길을 본다.

우리는 그가 보여준 삶을 통해

하느님을 사랑하고 이웃을 사랑하는 삶,

세상을 억압하는 권력에 도전하는 삶,

철저하게 하느님을 중심에 두는 삶을 발견한다.

17

———

유일한 길

수 세기 동안 그리스도교인들은 그리스도교를 구원의 '유일한 길'로 여겼다. 오랜 시간 그리스도교인들은 이를 당연시했다. 그들은 주변 사람이 모두 그리스도교인이거나 그리스도교인일 수밖에 없는 세상에 살았다. 그들은 다른 종교를 가진 사람들과 접촉할 일이 없었다. 예외가 있다면 유대인들이 살던 도시뿐이었다. 그리고 유대인의 경우 예수가 '유일한 길'임을 거부하는 이들로 여기면 그걸로 끝이었다. 다른 종교와 단절된 이러한 상황은 오랜 시간 이어졌다. 나는 성장기와 대학 시절을 미국 중서부 지역 위쪽에서 보냈는데 그곳에서 내가 만난 이들은 대부분 그리스도교인이거나 과거에 그리스도교인이었던 이들이었다. 이러한 환경에서는 예수와 그리스도교가 구원의 '유일한 길'이라는 것을 당연시하기 쉽다.

게다가 천국과 지옥 그리스도교 해석틀에서 구원은 '천국에 가는 것'을 뜻한다. 바로 이러한 이유로 교회는 선교사들을 지원했다. 친숙한 선교 찬송 가사처럼 어둠 속에서 길을 잃고 죽어가는 영혼들이 있는데 교회는 그들에게 '예수의 소식, 구원의 소식'을 전해주어야 했다.

오늘날에도 많은 그리스도교인이 예수가 구원의 유일한 길, 천국으로 가는 유일한 길이라고 믿는다. 또한 정통 그리스도교라면 그와 같이 가르쳐야 한다고 생각한다. 예수가 구원의 유일한 길이라는 가르침은 근본주의 교회와 대다수 보수 복음주의 교회에서 행하는 설교와 가르침에 담긴 핵심 요소다. 예수가 구원의 유일한 길이기에 그들은 그리스도교 신앙을 믿는다.

역사적 의미

1세기에 예수가 "길이요 진리요 생명"이라고 선언했을 때 그것은 당시 그리스도교인들에게 무슨 의미였을까? 사도행전 4장 12절에서 베드로는 말한다.

> 이분[예수]에게 힘입지 않고는 아무도 구원받을 수 없습니다. 사람에게 주신 이름 가운데 우리를 구원할 수 있는 이름은 이 이름밖에는 없습니다.

이 말은 무슨 뜻이었을까? 이 말은 예수를 따르던 사람들의 경험을 증언한다. 그들은 예수를 통해 구원—해방, 구출, 치유와 회복,

귀양살이에서의 귀환, 어둠에의 빛, 새로 창조됨, 거듭남──을 경험했다. 이 경험에 기대어 그들은 외쳤다. "예수는 길이다!"

이는 연인이 서로에게 하는 사랑 고백과 같은 말이기도 하다. 사랑하는 이에게 "당신이 세상에서 제일 아름다워"라고 말할 때 그 말은 모든 사람이 동의하는 사실을 진술하는 것이 아니다. 이 말을 옆에 있는 다른 사람이 들으면 "이 사람이 세상에서 제일 아름답다고? 예쁘기는 하지만 세상에서 제일 아름답지는 않은 것 같은데?"라고 말할지도 모른다. 하지만 그건 의도를 제대로 파악하지 못한 것이다. 연인을 향한 사랑의 고백은 사랑과 헌신, 기쁨을 담은 말이다. "예수가 유일한 길이다"라는 말 역시 마찬가지다.

"예수가 유일한 길이다"라는 말은 경험과 사랑 그 이상을 가리키는 말이기도 하다. 이 말에는 분명한 주장이 담겨 있다. 이 말은 예수를 통해 보는 것이 "길이요 진리요 생명"이라고, "이분에게 힘입지 않고는 아무도 구원받을 수 없다"고 주장한다. 그렇다면 이 주장은 어떻게 이해해야 하는가?

이를 이해하는 한 가지 방법, 아마도 가장 일반적인 방법은 예수를 알고 그를 믿어야 한다는 것, 즉 그리스도교가 전하는 메시지를 알고 이를 믿어야 한다는 것이다. 이 말은 곧 올바른 언어, 즉 그리스도교 언어를 알고 믿음으로써만 구원받을 수 있음을 뜻한다. 언어를 통해──다른 언어 대신 올바른 언어를 믿음으로써──구원에 이른다는 것이다.

많은 그리스도교인이 이와 같이 믿지만 그렇지 않은 그리스도교인들도 있다. 그렇게 믿을 수가 없기 때문이다. 창조주를 단 하나의 종교 전통을 통해서만 알 수 있다는 주장은 급격히 설득력을 잃어가고 있다. 이는 이제 다른 여러 종교가 있음을 사람들이 알게 되었기 때문이기도 하고, 그리스도교를 비롯한 모든 종교가 특정한 문화, 역사 속에서 하느님, 신성을 경험함으로써 만들어진 것임을 알게 되었기 때문이기도 하다. 그런데 어떻게 한 종교가 자신을 "유일한 길"이라 주장할 수 있겠는가?

"나는 길이요 진리요 생명이다. 나를 거치지 않고서는 아무도 아버지께 갈 수 없다"라는 요한 복음서 14장 6절의 주장을 배타주의에 빠지지 않고 이해할 방법이 있다. 열쇠는 요한 복음서가 성육신에 관한 복음서라는 점을 인식하는 것이다. 이 복음서에서 예수는 인간의 삶에서 하느님을 보여줄 수 있는 모습으로 육화한다. "예수는 길이요 진리요 생명이다"라는 말은 "우리가 예수 안에서 길과 진리와 생명을 본다"는 말이다. 이 말은 "예수"라는 말을 아는 것도, "길"인 예수에 관한 이야기를 믿는 것도 아니다. 우리는 그의 삶을 통해 그 길을 본다. 우리는 그가 보여준 삶을 통해 하느님을 사랑하고 이웃을 사랑하는 삶, 세상을 억압하는 권력에 도전하는 삶, 철저하게 하느님을 중심에 두는 삶을 발견한다.

예수가 "길이요 진리요 생명"이라는 말에 담긴 성육신의 의미는 빌라도 앞에 선 예수를 보여주는 요한 복음서 18장 38절에서 명확하게 드러난다. 빌라도는 예수에게 진리가 무엇이냐고 묻는다. 이 이야기는 역설적이다. 빌라도 앞에 진리가 서 있기 때문이다. 우리는 예수에게서 길, 진리, 생명을 본다.

그렇다면 예수 밖에서 길, 진리, 생명을 발견하는 사람도 있을까? 내게 묻는다면 그렇다고 답하겠다. 오늘날까지 생명력을 유지하고 있는 모든 종교에는 하느님을 사랑하는 이들이 있으며, 누군가는 이 성스러운 이들을 통해 길과 진리, 생명을 본다. 다만 그리스도교인인 우리는 길과 진리, 생명을 예수에게서 가장 분명하게 발견한다. 그는 우리의 길, 우리의 진리, 우리의 생명이다.

생각해 보기

◇ 당신은 예수가 길과 진리, 생명이라는 말을 어떻게 이해해 왔는가? 이 말을 문자주의적으로, 배타적으로 이해했을 때 느꼈던 곤란함은 무엇인가?

◇ 이 말을 배타주의에 빠지지 않고 이해할 수 있다는 저자의 제안은 당신에게 얼마나 설득력 있게 다가오는가?

은유적인 내러티브로서

승천 이야기의 기본 의미는 분명하다.

예수는 지금 하느님과 함께 있다.

이 말은 다양한 뉘앙스를 띤다.

18

—

승천

교회력에서 예수의 승천을 기념하는 날인 승천일은 부활절 사십일 후, 성령강림절 열흘 전이다. 승천일을 기념하는 교파도 있고 그렇지 않은 교파도 있다. 내 기억으로 어렸을 적 다녔던 교회에서 승천일을 기념해 특별한 예배를 드리지는 않았다. 승천일은 대개 주 중에 있었고 교회는 승천일이 있는 주 일요일에 사람들에게 이를 상기시키곤 했다. 그래서 승천일이 무엇인지만 알았을 뿐 그렇게 중요하게 생각하지는 않았다. 그렇기에 1980년대 독일에서 안식년을 보낼 때 승천일이 공휴일이라는 걸 알고는 깜짝 놀랐다. 학교와 관공서는 문을 닫았고 회사도 대부분 마찬가지였다. 최근까지도 대다수 유럽 국가에서 승천일은 휴일이었다. 몇몇 나라에서는 여전히 그럴지도 모른다.

부활절과 승천일 사이의 사십 일이라는 기간은 사도행전 1장 1~11절에 나오는 승천 이야기에서 비롯되었다. 사도행전은 예수가 십자가 고난을 당한 후 "사십 일 동안" 사도들에게 나타났다고 전한다. 마지막으로 예수와 제자들은 예루살렘(혹은 그 근방)에 모였다. 예수는 제자들에게 성령이 그들에게 힘을 줄 테니 예루살렘에 머무르라고 하며 유대인들이 머물고 있는 모든 곳에서 "땅끝에 이르기까지" 자신의 증인이 되라고 명령한다. 그런 뒤 다음 구절이 이어진다.

> 예수께서는 이 말씀을 하시고 사도들이 보는 앞에서 승천하셨는데 마침내 구름에 싸여 그 모습이 보이지 않게 되셨다. 예수께서 하늘로 올라가시는 동안 그들은 하늘만을 쳐다보고 있었다. 그때 흰옷을 입은 사람 둘이 갑자기 그들 앞에 나타나서 이렇게 말했다. "갈릴래아 사람들아, 왜 너희는 여기에 서서 하늘만 쳐다보고 있느냐? 너희 곁을 떠나 승천하신 저 예수께서는 너희가 보는 앞에서 하늘로 올라가시던 그 모양으로 다시 오실 것이다."

(9~11절)

사도행전에서는 예루살렘이라고만 장소를 지칭하지만 루가 복음서에서 승천 이야기는 감람산에 있는 베다니아 마을(혹은 그 근방)을 무대로 펼쳐진다. 감람산은 예루살렘 동쪽에 있는 산으로 거룩한 도시가 한눈에 내려다보이는 곳이다. 현재 그곳에는 예수승천교회가 있다.

승천 이야기에 장소를 부여한 것은 루가 복음서에서부터 시작해 수 세기 동안 그리스도교인들의 상상을 시각화하는 데 한몫했다. 그리스도교 예술사를 보면 하늘로 올라가는 예수를 제자들이 올려다보고 있는 장면을 묘사한 작품들로 가득하다. 한 유명한 작품에서는 그림에 예수의 발만 보일 뿐이다. 나머지는 이미 하늘로 올라가 버렸기 때문이다.

언어를 문자주의적으로 해석하는 현대의 경향과 더불어 이러한 이미지는 오늘날 많은 사람이 승천을 특정 시공간에 일어난 사건, 역사적 사건이라고 생각하는 데 영향을 주었다. 많은 그리스도교인이 승천을 초자연적으로 일어났다 할지라도 기본적으로 누구나 그 자리에 있었다면 목격할 수 있었을 '공적' 사건으로 여긴다. 그 당시 현대 기술이 있었더라면 그 장면을 녹화할 수 있다고 생각하는 셈이다. 이러한 생각은 지금까지 이 책에서 사용한 용어로 표현하자면 승천 이야기를 (유연한 이해든 경직된 이해든) 문자사실주의적으로 이해한 것이다.

과연 승천은 이런 방식, 특정 시간에 특정 장소에서 일어난(혹은 일어나지 않은) 사건으로서 바라보아야 하는가? 승천은 그 이상의 무언가, 다른 무언가를 말해주는 이야기가 아닐까? 이때 도움을 주는 것은 다름 아닌 신약성서다. 신약성서에는 승천 이야기가 두 번 더 나오는데 여기서는 사십 일이라는 기간을 언급하지 않는다. 놀라운 점은 그중 하나가 사도행전과 동일한 저자가 쓴 루가 복음서 말미에 등장한다는 점이다. 루가 복음서는 부활절 이후 사십 일이 지난 때가 아니라 부활절 저녁에 예수가 승천하는 것으로 이야기를 마친다.

루가 복음서에 따르면 첫 번째 부활절은 정말 분주한 하루였다. 이 복음서에서 부활 일화들은 모두 같은 날 일어났다(24:1~53). 동이 채 뜨기도 전에 무덤으로 간 여인들은 빈 무덤을 발견한다. 그런 다음 예수는 자신을 따르던 사람 둘과 함께 엠마오를 향해 걸어간다. 그러고는 예루살렘에서 제자들과 사람들 앞에 나타나 먹을 것을 청하고, "모든 민족"(이방인들)에게 메시지를 전하라고 주문한다. 그리고 "위에서 오는 능력을 받을 때까지" 예루살렘에 머물러 있으라고 명령한다.

같은 날, 루가 복음서 맨 마지막 네 절에 따르면 예수는 하늘로 올라간다. 예수는 제자들을 베다니아 근처로 데리고 나가서 두 손을 들어 축복해준다. 그리고 그들을 떠나 하늘로 올라간다. 사람들은 엎드려 예수를 향해 경배하고 기쁨에 넘쳐 예루살렘으로 돌아가 날마다 성전에서 하느님을 찬미하며 지냈다고 루가 복음서는 기록한다.

같은 저자가 같은 이야기를 두 차례 했는데, 그 둘 사이에 사십 일이나 차이가 난다면 이를 어떻게 받아들여야 할까? 가능한 설명 중 하나는 '편집상의 미숙함' 탓으로 돌리는 것이다. 즉, 저자가 이 이야기를 이전에 했다는 것을 잊어버리고 다른 날에 일어난 것으로 설정했다는 것이다. 다른 설명은 예수가 사십 일 간격을 두고 두 차례 승천했다는 것이다. 하지만 이런 가능성을 심각하게 받아들일 사람은 별로 없을 것이다. 또 다른 설명은 저자가 말한 시간이 '달력' 상의 시간이 아니라 상징적 시간, 은유적 시간, 비유적 시간이라는 것이다. 즉, 저자가 승천 이야기를 특정일에 일어난 특정 사건으로 받아들이기를 바라지 않았다는 설명이다.

예수가 '올라가는' 시각적 이미지를 사용하지 않지만 세 번째 승천 이야기라 할 수 있는 성서 본문은 예수의 승천을 특정일에 일어난 특정 사건으로 받아들여서는 안 된다는 것을 보여준다. 마태오 복음서 28장 16~17절에서 제자들은 예수가 일러준 대로 갈릴래아에 있는 "산"으로 간다. 그곳에서 부활한 예수는 마지막으로 제자들 앞에 나타난다.

> 예수께서는 그들에게 가까이 오셔서 이렇게 말씀하셨다. "나는 하늘과 땅의 모든 권한을 받았다. 그러므로 너희는 가서 이 세상 모든 사람을 내 제자로 삼아 아버지와 아들과 성령의 이름으로 그들에게 세례를 베풀고 내가 너희에게 명한 모든 것을 지키도록 가르쳐라. 내가 세상 끝날까지 항상 너희와 함께 있겠다."
>
> (28:18~20)

마태오 복음서에서 부활한 예수가 마지막으로 나타나는 장면에서 그는 자신의 권한을 확인시켜 주고, 특히 이 세상 모든 사람—루가 복음서와 사도행전에 나오는 이방인을 비롯하여—을 제자로 삼으라고, "내가 너희에게 명한 모든 것을 지키도록" 가르치라고 명령한다는 점은 의미심장하다. 이 마지막 구절이 무엇을 뜻하는지 곱씹어볼 필요가 있다. 이 구절은 예수가 그들에게 이야기했을 법한 것을 믿으라고 말하는 게 아니라 예수가 명령한 것을 '따르라'

고 말한다. 마지막으로 결말에 나타나는 약속에 주목해보자. 부활한 예수가 말한다.

내가 세상 끝날까지 항상 너희와 함께 있겠다.

이는 예수가 언제까지나 이곳에서 함께하겠다는 약속이다. 이 약속은 이사야서 7장 14절과 공명하는데, 이 구절은 마태오 복음서 첫 장에서 예수의 탄생을 이야기할 때 사용되었다.[1] 마태오 복음서 기자는 마리아에게서 태어날 아이는 '임마누엘'이 될 것인데, 그 말은 "하느님께서 우리와 함께 계시다"라는 뜻을 갖고 있다. 이와 마찬가지로 마태오 복음서 마지막 구절에서 부활한 예수는 말한다. "내가 너희와 함께 있겠다." 이 말은 곧 다음과 같다. "나는 임마누엘이다—하느님께서 너와 함께 계시다."

이 이야기를 루가 복음서와 사도행전에 나오는 승천 이야기와 비교해보면 두 가지 점이 도드라진다. 바로 장소와 시간이다. 루가 복음서와 사도행전의 이야기는 예루살렘 혹은 그 근방을 무대로 하는 반면 마태오 복음서에서는 갈릴래아를 무대로 한다. 마태오 복음서와 마르코 복음서에는 부활한 예수가 예루살렘에 나타났다는 이야기가 없다. 부활한 예수는 갈릴래아에 나타난다. 또한 마태오 복음서에는 시간 간격이 드러나 있지 않다. 제자들이 예루살렘에서 갈릴래아까지 오려면 최소한 며칠은 걸렸을 것으로 추정할

---

[1] 그런즉, 주께서 몸소 징조를 보여주시리니, 처녀가 잉태하여 아들을 낳고 그 이름을 임마누엘이라 하리라. (이사 7:14)

수 있지만 말이다.

그렇다면 승천은 특정 시간, 특정 공간에서 일어난 사건인가? 나는 그렇게 생각하지 않는다. 복음서와 사도행전에서 루가와 마태오가 전하는 것을 봐도 그렇다. 승천 이야기는 또 다른 의미를 전한다. 승천 이야기는 예수를 다룬 은유적 서사, 우화, 비유다.

은유적 의미

예수에 관한 비유적인 이야기parabolic story로서 승천 이야기에 담긴 기본 의미는 예수가 이제 하느님과 함께 있다는 것이다. 승천 이야기는 고대인들이 상상한 우주의 삼 층 구조—하늘은 위에 있고, 지옥은 아래 있으며, 땅은 그 중간에 있는—에 착안해 이를 시각적으로 보여준다. 이러한 틀을 바탕으로 승천 이야기는 예수를 하늘, 곧 하느님이 있는 곳으로 올라가는 모습으로 그린다. 은유적인 내러티브metaphorical narrative로서 승천 이야기의 기본 의미는 분명하다. 예수는 지금 하느님과 함께 있다. 이 말은 다양한 뉘앙스를 띤다. 첫째, 예수는 더는 '여기' 있지 않다. 다시 말해, 더 이상 이곳에 피와 살이 있는 실체로 존재하지 않는다. 부활 이전의 예수는 없으며 이제 그는 하느님과 함께 있다. 그런데 하느님은 어디에나 존재한다. 따라서 예수도 어디에나 존재한다.

둘째, 그 결과 예수는 이제 시공간의 제약을 받지 않는다. 역사적 예수, 부활 이전의 예수는 언제나 특정 시간, 특정 장소에 있었다. 하지만 이제 예수는 하느님과 마찬가지로 모든 곳에 존재하기에 우리는 언제든 예수를 체험하고 예수를 알 수 있다.

셋째, 승천은 예수의 주권, 즉 예수의 권한과 관련돼 있다. 마태오 복음서에서 예수가 마지막으로 한 말 중 "나는 하늘과 땅의 모든 권한을 받았다"라는 말이 있다. 사도신경과 니케아 신경 모두 승천을 '하느님의 오른편'에 앉아 있는 예수와 연관을 짓는다. 예수는 이제 하느님의 오른편에 앉아 있다. 실제로 하느님에겐 오른편이나 왼편이 따로 없으며 예수도 어딘가에 앉아 있는 게 아니다. 하지만 신약성서에서 유래한 이 말에 담긴 의미는 분명하다. 군주제를 중심으로 하는 고대 사회에서 왕의 오른편에 앉아 있는 자는 가장 명예로운 자, 왕의 총애를 받는 자였으며 사실상 그리고 실제로 왕과 같은 권한을 갖고 있었다. 예수가 이제 하느님의 오른편에 앉아 있다고 하는 것은 예수가 주님이라는, 하느님이 예수를 세우고 자신의 오른편으로 올려주었다는 뜻이다. 승천 이야기에 담긴 이러한 의미는 신약성서와 초기 그리스도교에서 핵심이 되었던 물음과 연결이 된다 '누가 주님인가?' 1세기 상황에서 이 물음은 예수를 통해 알려진 하느님의 주권과 로마 황제의 주권—"이 세상", 인간이 만든 지배체제, 불의, 억압, 폭력—사이에서 선택을 요구하는 물음이었다. 예수의 주권은 곧 하느님의 주권을 의미한다. 누가 주님이냐는 물음 속에는 악몽으로 치닫기 일쑤인, 부와 권력을 향한 평범한 인간의 꿈과 인간과 세상의 변환을 그리는 하느님의 꿈의 대립이 담겨 있다.

마지막으로 승천 이야기는 예수를 따르는 이들의 경험과 확신, 삶에 예수가 항상 함께함을 웅변하는 이야기다. 예수는 여전히 그리스도교인들에게 '임마누엘', 이사야와 마태오의 언어를 빌려 쓰면 '우리와 함께하는 하느님'이다. 부활 이야기와 마찬가지로 승천은 예수가 단순히 과거의 인물이 아니라 현재에도 존재함을 보여준다. 또한 부활과 마찬가지로 승천은 예수가 주님임을 확증한다. 달력상의 시간을 루가는 상징적으로 활용하며 승천을 열흘 뒤에 있는 성령강림절을 예비하도록 배치했다. 루가 복음서와 사도행전에 나오는 승천 이야기에 따르면 예수는 더는 여기에 있지 않고 하느님과 함께 있다. 하지만 하느님의 영, 그리스도의 영, 성령이 내려와 그의 제자들과 함께할 것이다. 따라서 다음 장에서 다룰 주제는 성령강림절이다. 승천과 성령강림은 한 쌍이다.

생각해 보기

◇ 승천을 특정 시간, 특정 장소에서 일어난 일회적 사건으로만 이해할 때 우리가 놓치게 되는 부분은 무엇일까? 저자가 제안하는 대로 승천을 역사-은유적 접근으로 본다면 놓쳤던 부분의 의미를 되찾을 수 있을까?

성령강림절의 핵심은 예수가 약속한 영이

그의 제자들 사이에, 세상 가운데 존재한다는 것이다.

그 영은 하느님의 영, 성령, 그리스도의 영이다.

이는 신약성서와 초기 그리스도교의 근간을 이룬다.

19

성령강림절

교회력에 따르면 성령강림절은 승천일 열흘 후, 그러니까 부활절 오십 일 후다. 성령강림절은 성탄절, 부활절과 더불어 그리스도교에서 가장 중요한 축일 중 하나다. 성령강림절은 성령이 예수의 제자들에게 강림한 사건을 기념하는 날이다.

내 경우 성탄절이나 부활절에 비해 성령강림절에 대한 기억은 또렷하지 않다. 가장 먼저 기억나는 것은 그날이 교회의 생일이라는 점이다. 우리 교회는 안 그랬지만, 풍선 장식과 생일 케이크까지 준비해 성령강림절을 기념하는 교회들도 있었다. 또한 성령강림절은 내게 여름이 시작된다는 걸 알려주었다. 부활절이 예외적으로 이른 시기에 있지 않은 한 성령강림절은 학기가 끝나고 방학이 시작되던 시점에 있었다. 성령강림절 즈음에서는 주일학교에서 소풍을 가기도 했는데, 소풍을 끝으로 가을까지 주일학교도 방학을 했다. 성령강림절은 여름과 자유의 시작을 알리는 날이었다.

그리스도교의 축일이 되기 전 성령강림절(오순절Pentecost)은 유대교의 중요한 축일이었다. 원래는 예루살렘에 찾아가 지켜야 하는 세 가지 순례 축일 중 하나였던 오순절은 이집트로부터의 해방을 기념하는 유월절 오십 일 후에 지켰다. 이스라엘이 시나이 산에서 받은 계명을 되새기고 기념하는 이 날은 새로운 종류의 공동체가 탄생했음을, 곧 이집트에서 경험한 것과는 전혀 다른, 함께 살아가는 삶이 시작되었음을 기억하는 날이었다. 이러한 오순절의 의미와 더불어 오십 일이라는 시기는 초기 그리스도교인들의 성령강림절에 계승되었다. 성령강림절의 핵심은 예수가 약속한 영이 그의 제자들 사이에, 세상 가운데 존재한다는 것이다. 그 영은 하느님의 영, 성령, 그리스도의 영이다. 이는 신약성서와 초기 그리스도교의 근간을 이룬다.

하지만 그리스도교의 첫 번째 성령강림절을 다룬 '이야기'는 딱 한 차례, 사도행전에만 등장한다. 사도행전 1장에서 열두 제자는 예수가 성령이 올 때까지 머무르라고 명한 예루살렘에 머물러 있었다. 그리고 다음과 같은 내용이 이어진다.

마침내 성령강림절이 되어 신도들이 모두 한곳에 모여 있었는데 갑자기 하늘에서 세찬 바람이 부는 듯한 소리가 들려오더니 그들이 앉아 있던 온 집안을 가득 채웠다. 그러자 혀 같은 것들이 나타나 불길처럼 갈라지며 각 사람 위에 내렸다. 그들의 마음은 성

령으로 가득 차서 성령이 시키시는 대로 여러 가지 외국어로 말
을 하기 시작하였다. 그때 예루살렘에는 세계 각국에서 온 경건
한 유대인들이 살고 있었다. 그 소리가 나자 많은 사람이 몰려들
었다. 그리고 사도들이 말하는 것이 사람들에게는 저마다 자기
네 지방 말로 들리므로 모두 어리둥절해졌다. 그들은 놀라고 또
한편 신기하게 여기며 "지금 말하고 있는 저 사람들은 모두 갈릴
래아 사람들이 아닌가! 그런데 우리는 저 사람들이 하는 말을 저
마다 자기가 태어난 지방의 말로 듣고 있으니 어찌 된 셈인가?
이 가운데는 바르티아 사람, 메대 사람, 엘람 사람이 있는가 하
면, ……"

이어서 총 열다섯 개의 출신 지방 목록이 나열된 다음 2장 11절에
서 사람들의 의문이 감탄으로 바뀐다.

저 사람들이 지금 하느님께서 하신 큰일들을 전하고 있는데 그것
을 우리는 저마다 자기네 말로 듣고 있지 않은가.

이 이야기에서 무슨 일이 벌어지고 있는지 잘 살펴보라. 영은 '불'
과 '바람'처럼 내려온다. 이 둘은 하느님께서 함께하심을 가리키는
은유다. 구약성서에서 하느님은 불타지 않는 떨기에서 모세에게
말한다(출애 3:1~6). 광야에서 하느님은 불기둥으로 이스라엘 백성
과 함께 한다(13:21). 시나이 산에서 하느님은 불 속에서 내려온다
(19:18). 히브리어와 헬라어에서 '바람'을 뜻하는 말은 '숨'과 '영'을

뜻하기도 한다.

그런 다음 이야기의 강조점은 언어로 넘어간다. 군중은 제자들이 여러 언어로 이야기하는 것을 듣는다. 아마도 이 이야기 앞부분에서 '불의 혀'가 언급된 까닭에, 많은 이는 바울이 고린토인들에게 보낸 첫째 편지 14장 서두에서 얘기한 "이상한 언어(방언)로 말하기"glossolalia와 성령강림절을 한 데 묶어 생각하는 듯하다. 고린토인들에게 보낸 첫째 편지 14장에서 성령의 선물 중 하나로 이야기되는 '이상한 언어'는 이해할 수 없는 기도의 언어다. 오늘날 이른바 '은사주의' 교회라고 불리는 몇몇 교회에서는 이런 의미에서 이상한 언어로 말하는 것을 성령이 충만함을 보여주는 척도로 여긴다. 하지만 그것은 성령강림절 이야기가 뜻하는 바가 아니다. '불의 혀'로서 내려오는 영은 제자들이 모두가 이해 가능한 언어로 말할 수 있게 해준다. 다양한 언어를 사용하는 각지에서 온 사람들은 모두 제자들이 하는 말에서 "그들 자신"의 언어를 듣는다.

이 이야기에 담긴 은유적 의미는 창세기 11장에 나오는 유명한 바벨탑 이야기를 보면 잘 알 수 있다. 바벨탑 이야기는 창세기 제1부와 제2부 사이에 전략적으로 배치되어 있다. 창세기 제1부는 이스라엘의 '태고사'prehistory로, 창조 설화, 에덴동산, 인류의 조상, 노아의 홍수와 새로운 시작 등이 여기에 속한다. 그런 다음 바벨탑 이야기가 나오고, 그 사건으로 인해 하나였던 민족은 각기 다른 언어를 사용하는 여러 민족으로 분화된다. 이어지는 창세기 12장에서는 족장 시대를 다룬 서사가 시작되며, 하느님이 아브라함을 불러 그와 계약을 맺는다.

창세기 11장의 이야기를 간단히 살펴보자. 11장은 다음과 같이 시작한다.

온 세상이 한 가지 말을 쓰고 있었다. 물론 낱말도 같았다.

사람들은 도시를 세우고 "그 가운데 꼭대기가 하늘에 닿게" 탑을 쌓는다. 여기서 하느님은 생생하게 의인화되어 표현된다.

주님께서 땅에 내려오시어 사람들이 이렇게 세운 도시와 탑을 본다.

그리고 하느님은 말을 뒤섞어놓고 사람들을 온 땅으로 흩어버린다. 하느님이 그렇게 한 이유는 아래의 문장에서 엿볼 수 있다.

이것[도시와 탑을 세우는 일]은 사람들이 하려는 일의 시작에 지나지 않겠지.

이야기는 온 땅에 사람들이 흩어지고, 서로 알아듣지 못하게 되는 것으로 막을 내린다. 저자는 아래와 같은 말로 결론을 맺는다.

주님께서 온 세상의 말을 거기에서 뒤섞어놓아 사람들을 온 땅에 흩으셨다고 해서 그 도시의 이름을 바벨이라고 불렀다.

히브리어에는 '바벨'이라는 말과 '혼란'이라는 단어를 이용한 말장난이 있다. 영어의 babble(횡설수설)이란 단어도 이 이야기에서 유래했다. babble은 우리가 알아듣지 못하는 언어를 뜻한다.

루가가 전하는 성령강림절 이야기는 강력한 은유적 의미를 담고 있다. 성령 강림절은 바벨탑 사건과는 정반대의 사건이다. 바벨탑 사건으로 세상은 여러 언어와 민족으로 갈라졌고, 그 결과 오해와 대립, 갈등이 나타났다. 반면 성령강림절 사건으로 인류는 다시 통합되기 시작한다. 하지만 바벨탑 이야기와의 연관성 때문에 성령강림절에 담긴 근본 의미를 놓쳐서는 안 된다. 성령강림절은 예수가 약속한 영이 내려오고, 그럼으로써 예수가 언제까지나 함께하고 예수가 시작한 운동이 이어짐을 강조하는데 그 목적이 있다.

신약성서를 하나의 전체로 보았을 때 그 중심에는 하느님의 영, 성령, 부활한 예수의 영이 있다. 사도행전에서 예수의 부활 이후 대목에서 주인공은 성령이다. 베드로와 바울도 주요 인물이지만, 그들은 성령의 인도를 받는다. 이 문헌에 등장하는 다른 초기 그리스도교인들도 마찬가지다.

바울은 "성령의 선물"(고린토인들에게 보낸 첫째 편지 13장에 따르면 그중 가장 위대한 것은 사랑이다)뿐 아니라 "성령 안에서의" 삶에 관해서도 이야기한다. 그는 이 표현을 "그리스도 안에서의" 삶과 같은 뜻으로 수차례 사용한다. 그가 쓴 장중한 문장에서 그리스도, 부활한 예수와 성령은 동일시된다.

주님은 곧 성령입니다. 주님의 성령이 계신 곳에는 자유가 있습니다. 우리는 모두 얼굴의 너울을 벗어버리고 거울처럼 주님의 영광을 비추어줍니다. 동시에 우리는 주님과 같은 모습으로 변화하여 영광스러운 상태에서 더욱 영광스러운 상태로 옮아가고 있습니다. 이것이 성령이신 주님께서 이루시는 일입니다. (2고린 3:17~18)

주님, 부활한 그리스도가 성령이라는 점에 주목하라. 요한 복음서에서도 마찬가지다. 부활한 예수는 부활절 밤 제자들에게 성령을 준다(부활절 오십 일 후가 아니다. 이는 달력상의 시간이 문제가 아니라는 점을 보여준다).

이렇게 말씀하신 다음 예수께서는 그들에게 숨을 내쉬시며 말씀을 계속하셨다. "성령을 받아라." (20:22).

이는 요한 복음서 13~17장에 나오는 고별 담화 중 14장 15~31절에서 예수가 한 약속이 성취된 것이다. 하느님은 그들에게 "진리의 성령"을 보내줄 것이다. 예수는 그들을 고아처럼 버려두지 않을 것이다. 기어이 그들에게로 돌아올 것이다. 하느님은 예수의 이름으로 성령을 보내줄 것이다.

요한 복음서에서 성령의 강림은 곧 예수의 귀환이다. 요한 복음서 3장에 나오는 '거듭남'에 관한 유명한 구절은 "위로부터" 나는 것, 즉 성령으로부터 나는 것에 관해 이야기한다.

그러므로 성령강림절은 예수가 성령으로서 우리와 항상 함께함을 보여준다. 루가 복음서에서 예수의 공생애는 그 위로 영이 내리면서 시작된다.

주님의 영이 나에게 내리셨다. (4:18)

십자가에 달린 예수는 "아버지, 제 영을 아버지 손에 맡깁니다"(23:46)라는 말을 마지막으로 남기고 숨을 거둔다. 예수 안에 있던 영은 하느님에게로 돌아갔다가 성령강림절에 사람들에게 주어진다.

교회력에서 성령강림절 다음 일요일은 삼위일체주일이다. 이러한 연결과 진행은 은유적으로나 상징적으로나 절묘하다. 대림절, 성탄절, 공현절, 사순절, 성주간, 그리고 부활절은 하느님과 하느님이 육화한 예수에 관한 절기들이다. 삼위일체는 성령강림절의 성령 강림으로써 완성된다. 우리가 삼위일체주일을 지키는 데는 바로 이런 이유가 있다.

생각해 보기

◇ 당신이 속한 교회는 대림절에서 성령강림절에 이르는 주
요 축일(혹은 절기)을 어떻게 지키고 있는가? 또한 이 순서
와 절차를 따르며 당신은 그리스도교 신앙의 의미를 어
떻게 새겨왔는가?

◇ 저자가 제안하는 일련의 의미 새기기가 당신이 이 여정
의 의미를 풍성하게 새기는 데 어떠한 도움을 주는가?

휴거는 성서에 바탕을 둔 개념도 아니고

그리스도교 전통과 가르침을 따르지도 않는다.

수많은 그리스도교인이 휴거를 믿으며

휴거와 재림이 빠른 시간 내 일어날 거라 믿지만,

이러한 믿음은 그리스도교와 그리스도교인의 삶을 왜곡할 뿐이다.

20

휴거와 재림

역사를 통틀어 대다수 그리스도교인은 '휴거'rapture에 관해 들어 본 적이 없다. 오늘날에도 마찬가지다. 여기에는 그럴 만한 이유가 있다. 휴거라는 말이나 개념이 등장한 지는 두 세기밖에 되지 않았기 때문이다. 1800년대 이전에는 누구도 휴거에 관한 생각을 하지 않았다. 하지만 오늘날 미국의 수많은 그리스도교인, 특히 보수 개신교인에게 '휴거'는 자신의 신앙과 정체성을 이루는 데 커다란 비중을 차지한다. 이들에게 휴거란 예수의 재림, 최후의 심판 이전에 전개되는 7년의 시간이라는 시나리오가 시작하는 사건이다. 좀 더 구체적으로 말하면 휴거는 진정한 그리스도교인들이 예수가 재림하기 전 하늘로 들려 올라가는 사건을 가리킨다. 휴거를 믿는 이들은 이렇게 공중으로 들린 이들이 '환란'tribulation─땅에 남겨진 사람들이 겪게 될 끔찍한 고통, 전쟁과 파괴—을 면하게 될 것으로 생각한다.

휴거를 전제로 한 연작 소설로 제목만큼은 그럴싸한 『남겨진 사람들』Left Behind이 있다. 1990년대 중반 처음 출간된 이래 이 12권짜리 시리즈는 6천만 부가 넘게 팔렸으며 뉴욕타임스가 선정한 소설 부문 베스트셀러 목록에도 올랐다. 여기서 유념해야 할 점은 (주님께 감사하게도) '소설' 부문이라는 것이다.*

소설은 휴거가 일어난 이후 남겨진 사람들에게 일어나는 일들을 그린다. 최후의 심판이 있기까지 7년이라는 시간 동안 그들에게는 예수에게 헌신함으로써 회개할 기회가 주어진다. 회개한 자 중 다수는 '환란군'tribulation force의 일원이 되어 적그리스도 세력의 군사 무기에 맞서 싸운다. 놀랄 것도 없이 여기서 적그리스도는 국제연합UN의 수장이다. 아마겟돈 전투에서 두 세력이 맞서고 있을 때 예수는 지구에 다시 내려와 적그리스도의 군대를 물리치고 최후의 심판을 한다. 무적의 전사 예수는 수많은 사람을 영원한 고통으로 가득한 지옥으로 보내버린다. 이 소설을 접한 수많은 독자 가운데 얼마나 많은 사람이 소설에서 그리는 공상적인 그리스도교를 진지하게 받아들일까? 확실하게 알기란 어렵지만 대다수가 그러리라 본다. 언젠가 휴거가 일어날 것이며 그날이 곧 올 수도 있다는 전제들을 받아들이지 않는 이상 이 소설은 그리 많은 독자에게

---

* 『레프트 비하인드』 1~12(홍성사)

읽히지 못했을 것이다.[1]

『남겨진 사람들』이 출간되기 전 휴거를 다룬 저작들도 있다. 1970년대 베스트셀러였던 『대유성 지구의 종말』TheLate Great Planet Earth을 비롯해 휴거를 다룬 핼 린지Hal Lindsey가 쓴 책들은 그 대표적인 예다. 또한 근본주의자들과 보수 교회들이 모여 진행하는 '예언 컨퍼런스'prophecy conference는 휴거, 휴거와 재림을 알리는 징조를 자주 모임의 주제로 삼았다.

휴거를 믿는 것과 예수가 '곧' 올 것으로 믿는 것은 다르다. 교회사에서 이따금 그랬듯 후자를 믿더라도 전자는 믿지 않을 수 있다. 많은 그리스도교인이 재림이 임박했다고 믿은 시기가 있었다. 그리스도교 초창기 때도 그랬고 1000년이 가까워질 때도 그랬다. 1500년대 종교개혁이 일어났을 때도 임박한 재림을 믿는 그리스도교인이 있었다. 1840년대 뉴욕 북부의 밀러 추종자들처럼 예수가 곧 재림할 거라고 믿는 소종파는 그리스도교 역사에서 언제나 있었다. 하지만 이렇게 예수의 임박한 재림을 말하던 운동들도 휴거는 말하지 않는다. 그럼에도 오늘날 미국 그리스도교에서는 휴거와 재림이 한 쌍을 이루곤 한다. 휴거를 믿는 사람들 대부분은 휴거가 곧 일어날 것이라고 생각하고, 예수의 재림을 믿는 사람들은 대부분 휴거를 믿는다. 설문조사에 따르면, 미국 그리스도교

---

[1] 휴거에 대한 믿음이 어떻게 출현했는지, 그 믿음의 영향은 무엇인지, 그리고 '휴거 신학'의 바탕이 되는 성서 본문들에 대한 대안적이고 보다 설득력 있는 독해는 무엇인지 알고 싶다면, 읽기 쉬운 다음 책을 참조하라. Barbara Rossing, *The Rapture Exposed* (Boulder, CO: Westview Press, 2004). 『미국의 중동정책과 묵시 종말론』(경성대학교출판부)

인의 20% 정도가 예수의 재림이 향후 50년 안에 일어날 것이라고 '확신'한다. 게다가 그중 20%의 사람들은 50년 안에 재림이 일어날 수도 있다고 믿는다. 추측건대 재림이 곧 일어날 것이라고 믿는 사람들 대다수는 휴거를 믿을 것이다. 그리고 그들은 대부분 휴거와 예수의 임박한 재림을 가르치는 교회에 다닌다.

역사적 관점으로 본 휴거

수많은 그리스도교인이 휴거를 '성서가 전하는 가르침'이라고 생각한다. 휴거 뒤에는 성서의 권위가 버티고 있다고 생각하는 것이다. 그러나 휴거는 성서적이지 않으며 오랜 전통을 지닌 개념도 아니다. 휴거를 처음 주장한 사람은 영국의 복음주의자 존 넬슨 다비John Nelson Darby다. 다비는 《데살로니가전서》에서처럼 예수의 재림과 세상의 종말에 관해 이야기하는 성서의 몇몇 구절을 해석하면서 휴거를 발견해냈다.

> 주님께서 친히 하늘로부터 내려오실 것입니다. 그러면 그리스도를 믿다가 죽은 사람들이 먼저 살아날 것이고, 다음으로는 그때에 살아남아 있는 우리가 그들과 함께 구름을 타고 공중으로 들리어 올라가서 주님을 만나게 될 것입니다. 이렇게 해서 우리는 항상 주님과 함께 있게 될 것입니다. (1데살 4:16~17)

이 구절을 어떻게 해석하든 간에 중요한 점은 다비 이전에 어떤 그리스도교인도 이 구절에서 휴거라는 개념을 찾아내지 못했다는 사실이다. 휴거는 근대의 발명품이다.

다비는 영국인이었지만 영국보다 미국에 더 큰 영향을 끼쳤다. 그의 유산 중 하나인『스코필드 주석 성서 Scofield Reference Bible』는 1909년에 초판이 출간되었다. 이 성서에 수록된 주석은 세계사를 휴거 및 예수의 재림에서 절정을 이루는 하느님의 갖가지 섭리를 분류했다.『스코필드 주석 성서』는 성서와 그리스도교에 관한 미국 개신교인 다수의 사고방식을 형성했다.

휴거가 근대의 발명품임을 아는 것이 중요한 이유는 또 있다. 휴거에 관해 들어본 적이 없어 무언가 중요한 걸 놓친 게 아닐까 염려하는 그리스도교인이 있다면 염려하지 않아도 된다. 휴거는 성서에 바탕을 둔 개념도 아니고 그리스도교 전통과 가르침을 따르지도 않는다. 수많은 그리스도교인이 휴거를 믿으며 휴거와 재림이 빠른 시간 내 일어날 거라 믿지만, 이러한 믿음은 그리스도교와 그리스도교인의 삶을 왜곡할 뿐이다. 휴거와 예수의 임박한 재림을 강조할 때 무슨 일이 일어날지 생각해보라.

· 이 세상은 그다지 중요하지 않게 된다. 중요한 건 휴거와 심판에 대비하는 것이기 때문이다. 앞으로 50년 안에 모든 게 끝난다면 무엇하러 정치 · 경제 구조를 바꾸려 애쓰겠는가. 모든 게 곧 끝난다면 환경파괴도 그리 대단한 문제는 아니다. 평화? 휴거 신학에 따르면 전쟁과 임박한 전쟁은 종말의 전조다. 평화를 위해 활동하는 건 오히려 휴거와 재림에 방해가 될 수 있다. 그리고 이 땅에 평화를 이룰 수 있다는 생각 자체가 망상으로

간주된다.

· 휴거 신학과 『남겨진 사람들』을 보면 폭력으로 점철되어 있다.
이른바 적그리스도 군대만 폭력적인 게 아니다. 휴거와 예수의
임박한 재림을 강조하는 사람들은 모두 적그리스도 군대뿐만
아니라 하느님과 예수도 폭력적으로 그린다. 그들이 보기에 하
느님과 예수는 세상의 악인들을 '파괴'하는 데 관여하며 예수를
따르는 이들도 폭력을 휘두른다. 역사의 절정을 적그리스도와
의 전쟁, 대결전으로 보며, 하느님과 예수가 폭력을 휘두른다
고 생각한다면 어떤 신학이 나오게 될까?

· 휴거 신학은 기본적으로 자신의 안위에 대한 관심의 산물이다.
휴거가 일어났을 때 이 땅에서 일어나는 고난을 피할 수 있도
록 하늘에 올라가기 위해서 무엇을 해야 하는지를 다루기 때문
이다. 과연 그러한 것을 그리스도교라고, 그리스도교가 전하는
바라고 할 수 있는가?

휴거는 없을 것이다. 그리스도교의 목표는 이 세상에서 벗어나
는 게 아니다. 그리스도교는 이 세상을 사랑하며, 더 나은 세상을
만들기 위해 이 세상을 변화시키고자 한다.

재림
휴거 신학과는 별개로 예수의 재림은 실제로 일어날 것인가?

당장이든 몇 세기 후든 몇 천 년 후든, 아니면 몇백만 년 후든 언젠가, 어느 날에 예수는 다시 오는가? 아마도 대다수 그리스도교인은 예수가 다시 온다고 믿을 것이다(혹은 그렇게 믿어야 한다고 생각할 것이다). 신약성서에는 예수의 재림을 말하는 구절들이 있다. 그리스도교 예배에서 고백하는 신경들도 예수가 "산 이와 죽은 이를 심판하러 다시" 올 거라 말한다. 그렇다면 예수는 다시 올까? 그건 우리가 재림이 무엇을 뜻한다고 생각하는지에 달려 있다. 재림을 모든 이가 보고 경험할 수 있는—비디오카메라로 촬영할 수도 있는—미래의 사건이라 상상할 수 있다. 하지만 설사 그 장면을 찍었다고 해서 그 장면을 CNN에서 다루지는 못할 것이다. 방송하기도 전에 모든 게 끝나버릴 테니 말이다. 과연 이런 것이 재림일까? 재림은 미래 어느 날 누군가 경험할 수 있는 그런 사건을 뜻하는가?

신약성서—복음서, 바울의 편지, 요한의 묵시록— 여러 구절은 예수가 '곧', 성서 저자의 세대 혹은 적어도 그들 세대의 일부가 살아 있을 때 다시 올 것이라고 이야기한다. 이 말을 문자 그대로 받아들인다면, 그 구절들은 틀렸다. 예수의 재림은 그들의 시점에서 '곧' 일어나지 않았다. 이를 이해하는 방법의 하나는 그들의 기대, 언젠가 예수가 산 자와 죽은 자를 심판하러 다시 오리라는 기대는 옳았으나 '곧'이라는 말을 그들 자신의 시대라고 생각한 점은 틀렸다고 보는 것이다. 예수가 언젠가 다시 올 것이라는 이러한 이해방식은 천국과 지옥 그리스도교의 일부다. 이 틀에서 예수의 재림은 곧 일어날 수도 있고 어쩌면 한동안은 일어나지 않을 수도 있지만 그리스도교인이라면 예수의 재림이 일어날 것이라고 믿어야 한다.

시공간에서 일어나는 사건으로서 미래의 어느 날 예수의 재림이 일어난다고 해도 그 구체적인 모습을 상상하기란 쉽지 않다. 예수가 문자 그대로 (초자연적이라 할지라도) 특정 날짜에 지구에 온다면 어디로 올 것인가? 예루살렘? 로마나 솔트레이크시티? 아니면 동시에 모든 곳에 재림하는가? 그렇다면 어떻게 그것이 가능한가? 지구를 둘러싼 섬광이면서도 '사람'의 모습을 한 그런 형태를 지니고 있을까? 예수의 재림을 언젠가 시공간에서 일어날 사건으로 받아들인다 해도 이를 상상하기란 쉽지 않다. 재림이 어떻게 이루어질지 상상할 수 있는가? 나는 할 수 없다. 그리고 그것이 꼭 내 상상력이 협소하기 때문이라고는 생각하지 않는다. 그렇다면 1세기 그리스도교인들이 예수가 다시 온다고 주장했을 때 그 말은 무엇을 의미했을까? 이 말은 예수를 통해 시작된 것이 완성되고 결실을 보리라는 그들의 확신을 표현한다. 그들에게 예수는 단지 과거나 현재가 아니라 미래이기도 했다. 예수는 하느님 나라가 도래하기를, 이 땅을 향한 하느님의 꿈이 실현되기를 열망했다. 1세기 예수를 따르던 사람 중에는 예수가 빠른 시간 내 재림할 거라 확신한 사람도 있었다. 하지만 그들은 틀렸다. 재림은 일어나지 않았다. 그렇다고 해서 그들이 예수에게서 본 세상에 대한 비전과 비전이 이루어지기를 바라는 열망, 그 비전이 언젠가는 실현되리라는 확신도 틀렸다고 봐야 할까? 예수가 다시 와서 자신이 시작한 일을 완성할 것이라 주장하는 것은 미래에 대한 예수의 비전, 하느님의 꿈에 헌신함을 뜻한다.

그렇다면 재림은 미래의 특정 순간, 특정한 날에 일어날까? 나는 그렇게 생각하지 않는다. 재림의 의미는 문자 그대로 사실적인 게 아니다. 재림에는 문자적인 의미 이상의 의미가 담겨 있다. 재림은 부활한 그리스도, 그리스도의 영으로 이미 경험한 예수가 귀환하는 것을 뜻한다.

어떠한 면에서 교회력의 리듬을 따라 예수는 이미 재림하고 있다. 대림절을 겪으며 우리는 예수의 강림을 기억하고, 이미 이곳에 있는 그리스도의 재림을 준비한다. 또한 예수는 성찬례를 통해서도 재림한다. 빵과 포도주 가운데 그리스도는 우리와 함께한다. 재림은 그리스도교인의 궁극적인 소망을 가리킨다. 그 소망이란 바울의 표현을 빌려 말하면 "하느님이 만유에 온전히 깃드는" 것이다(1고린 15:28).

생각해 보기

◇ 당신은 휴거에 관해 생각해 본 적이 있는가? 그렇다면 휴거는 당신의 그리스도교 신앙에서 어느 정도의 비중을 차지하는가?

◇ 저자가 이야기하듯 휴거가 근대의 산물임이 분명하다면, 그래서 당신의 그리스도교 신앙에서 휴거를 배제해야 한다면 당신의 신앙은 어떠한 변화를 겪겠는가? 이때 당신은 종말과 재림을 어떻게 이해할 수 있을까?

육체적으로 죽음을 맞이한 이후

또 다른 삶에 대한 희망이 담긴 천국은

오랜 시간 그리스도교의 한 요소로 자리매김했다.

하지만 이 말이 그리스도교 초기 몇 세기 동안에는

전면에 등장하지 않았으며 1천 년 경이 되어서야

주목받기 시작했음을 유념할 필요가 있다.

21

천국

일반적으로 그리스도교인들은 천국heaven을 축복받은 내세와 연결한다. 이때 천국의 반대말은 지옥hell이다. 또한 대다수 그리스도교인은 천국과 지옥 이외에도 제3의 선택지인 연옥purgatory이 있다고 여긴다. 연옥은 망자가 죄를 씻기 위해 머무르는 곳으로 바로 천국으로 가기엔 자격이 부족하고 지옥에 가야 할 만큼 극악무도하지는 않은 이들이 간다.

성서는 '천국'이라는 말을 여러 의미를 담아 쓰나 그 중 내세를 뜻하는 것은 없다. 천국은 주의 기도 첫 구절 "하늘heaven에 계신 우리 아버지"처럼 하느님이 머무는 곳을 뜻할 때가 있다. 때로는 단순히 하늘을 가리킬 때 쓰이기도 한다. 장엄한 비전을 드러내는 요한의 묵시록 21장 1절은 그 대표적인 예다.

그 뒤에 나는 새 하늘heaven과 새 땅을 보았습니다.

여기서 하늘은 말 그대로 하늘sky이다. 또한 천국은 '하느님'과 동의어로 쓰일 때도 있다. 마태오 복음서가 대표적인 예인데, 마르코와 루가 복음서에서 "하느님 나라"라고 표현한 부분을 이 복음서에서는 "하늘나라"kingdom of heaven라고 표현한다. 마태오는 "하느님 나라"를 이러한 방식으로 표현했다. 그는 하느님 나라가 이 땅을 위한 것임을 알고 있었다. 이 복음서에 나오는 주의 기도를 보면 "아버지의 나라가 오게 하시며 아버지의 뜻이 하늘에서와같이 땅에서도 이루어지게 하소서"라고 나와 있다. 그가 "하늘나라"라는 표현을 사용한 것은 유대인들이 '하느님'이라는 말을 쓰는 것을 삼갔기 때문이다. 하지만 어떠한 식이든 사람들이 '천국'이라는 말을 들었을 때 통념적으로 생각하는 축복받은 내세를 뜻하지는 않는다.

그럼에도 육체적으로 죽음을 맞이한 이후 또 다른 삶에 대한 희망이 담긴 천국은 오랜 시간 그리스도교의 한 요소로 자리매김했다. 하지만 이 말이 그리스도교 초기 몇 세기 동안에는 전면에 등장하지 않았으며 1천 년 경이 되어서야 주목받기 시작했음을 유념할 필요가 있다. 이후 내세를 가리키는 천국은 (지옥에 대한 위협과 더불어) 그리스도교인이 되는 주요 동기로 작동했다.

그렇다면 내세에 관해 어떻게 생각해볼 수 있을까? 이에 대해 내 견해를 얘기하고자 한다. 물론 이 책 모든 부분에서 나는 내 견해를 개진하고 있다. 고대든 현대든 작가라면 누구든 자신이 특정

주제에 관해 쓴 책은 결국 그 주제에 관한 자신의 관점이나 견해를 반영한다고 말할 수밖에 없다. 누구도 자기 자신의 관점에서 벗어날 수는 없다. 하지만 나는 이 책에서 내 견해보다는 주류 성서학자와 신학자들—성서 무오설과 문자주의에 빠져 있지 않은 학자들—의 견해를 전달하고자 노력했다. 내세와 관련해서는 내 견해가 주류 그리스도교 학자들 사이에서 어떻게 받아들여지는지 알지 못한다. 어찌하였든 이제부터는 내가 내세에 관해 어떻게 생각하는지 이야기해 보겠다.

죽음 이후 일어나는 일에 관한 한 나는 불가지론자다. 불가지론이란 말 그대로 '알지 못함'을 뜻한다. 불가지론은 신앙과 무신론 사이의 중간 지대가 아니다. 불가지론은 '알지 못하는' 상태다. 나는 죽음 이후 무슨 일이 일어나는지 알지 못한다. 무언가를 믿기로 결심한다고 해서 '알지 못하는' 상태가 해결되는 건 아니다. 무엇인가를 믿는다고 해서 그것이 진실이 되지는 않는다. 예를 들어 나는 지구와 세계가 1만 년 전에 창조되었다고 믿을 수 있다. 그러나 그러한 믿음과 실제 사실은 아무런 상관이 없다.

이러한 맥락에서 나는 죽음 이후 무슨 일이 일어나는지 알지 못한다. 내세란 없다는 말에도 나는 모른다고 할 수밖에 없다. 임사 체험에 관한 연구를 살펴볼 때가 있기는 하다. 임사 체험에 관하여 계속 보고되는 바에 따르면, 우리가 죽음을 맞이한 뒤에는 또 다른 영역에 들어선다고 한다. 임사 체험을 한 사람들은 자신이 터널 같은 곳으로 들어갔다고, 밝은 빛을 보았다고, 유체 이탈을 했다고 말하곤 한다. 하지만 이게 정확히 무엇을 의미하는지는 아무도 모른다.

축복받은 내세가 있다 하더라도 무언가 확실해지는 건 없다. 오히려 모르는 부분이 더 늘어날 뿐이다. 죽음 이후에 또 다른 삶이 있다면 그것은 천국 아니면 지옥으로 나뉘는 것일까? 아니면 연옥이 존재하는 것일까? 대다수 그리스도교 교파는 연옥을 믿는다. 연옥을 거부하는 건 개신교뿐이다.

내세는 환생reincarnation으로 연결될 수도 있다. 우리는 환생이라는 말을 들으면 불교와 힌두교를 떠올리지만 그리스도교에서도 고대부터 지금까지 환생을 주장하는 소수파가 있다. 200년경에 활동한 오리게네스Origen처럼 초기 그리스도교 신학자 중에도 환생을 믿는 사람들이 있었다. 6세기 말에 와서야 교황 그레고리우스Gregory the Great가 이를 이단으로 선포했는데, 그러한 사상을 받아들이는 그리스도교인들이 없었다면 교황이 이단 선포를 하는 일은 애초에 없었을 것이다. 게다가 어떤 조사에 따르면 놀랍게도 오늘날 미국 로마 가톨릭 신자 네 명 중 한 명, 개신교 신자 다섯 명 중 한 명 정도가 환생을 믿는다. 그러면 죽음 이후 그리스도교인이 갖는 선택지는 천국, 지옥, 연옥에 환생까지 있는 것일까?

축복받은 내세가 있고 내가 그곳에 간다면 그때 내가 나라는 걸 알 수 있을까? 다시 말해 내세에서도 개인의 정체성은 지속하는 것일까? 이런 질문은 우습게 보일지도 모른다. 하지만 우리가 내세에 우리가 '너'와 '나'로 알고 있는 상태에 있지 않다면? 그때 내세란 우리에게 어떠한 의미가 있을까? 내 삶에서 가장 기뻤던 순간을 떠올려보면 그때 나는 그 순간에 너무나 몰입한 나머지 내가 마커스 보그라는 사실, 내가 어떤 경험을 하고 있다는 것조차 의식하지 못했다. 이처럼 우리 인생에서 가장 좋은 일을 경험할 때 자아를 의식하지 못한다는 걸 염두에 둔다면 내세에도 과연 자아를 의식하게 될까? 그렇다면 내세에서의 삶이 지금 이곳에서의 삶보다 낫다고 장담할 수 있을까?

이 물음을 좀 더 비틀어보자. 축복받은 내세가 있다면 거기서 가족들을 만나게 될까? 그렇다면 그건 좋은 일일까? 나쁜 일일까? 어떤 이들에게 가족은 삶에서 가장 커다란 기쁨을 맛보게 해주는 기쁨의 원천이므로 가족을 다시 만난다는 게 커다란 희망으로 다가올 것이다. 반면 가족이 괴로움과 고통의 원천이 되는 사람도 있다. 이런 사람도 내세에서 가족과 영원히 함께하는 것일까? 현재의 관계는 내세에서도 그대로 이어지는 것일까?

이런 문제가 안겨주는 곤혹스러움을 바탕에 깔고 사두가이파 사람들은 예수에게 질문을 던졌다(마르 12:18~27). 한 여인이 서로 다른 일곱 남자와 결혼했다면 내세에서는 누구의 아내가 될 것인가? 예수의 대답은 현세와 내세 사이의 급격한 단절을 암시한다.

사람이 죽었다가 다시 살아난 다음에는 장가드는 일도 없고 시집가는 일도 없이 하늘에 있는 천사들처럼 된다.

이것이 무슨 뜻일까? 본문은 예수의 수수께끼 같은 말로 끝을 맺는다.

하느님께서 죽은 이들의 하느님이 아니라 살아 있는 이들의 하느
님이라는 뜻이다. 그러니 너희의 생각은 아주 잘못된 것이다.

하느님은 죽은 이들의 하느님이 아니라 살아 있는 이들의 하느님
이라니 이건 또 무슨 말까? 어쩌면 예수가 제시한 답은 사두가
이파 사람들이 던진 질문에 대한 답이 아닐는지도 모른다. 일단 예
수가 남긴 말을 답으로 받아들인다면, 내세는 적어도 현세에서의
관계가 지속하는 것과는 상당히 다름을 알 수 있다.

　고린토인들에게 보낸 첫째 편지 15장 35~50절에서 바울이 부활
에 관해 이야기한 것을 살펴도 현세와 내세의 연속성 정도는 모호
하다. 여기서 바울은 "육체적인 몸"과 "영적인 몸"이라는 두 가지
몸을 대비시킨다. 바울은 두 몸의 연속성과 불연속성을 모두 이야
기하기 위해 하나의 이미지를 사용한다. 육체적인 몸은 씨앗과 같
고, 영적인 몸은 다 자란 곡식과 같다. 둘 사이에는 분명 연속성이
있다. 씨앗은 곡식이 된다. 하지만 다 자란 곡식과 씨앗이 얼마나
다른지 생각해보라.

　마지막으로, 축복받은 내세가 있다 하더라도 나는 그것이 그리
스도교인만을 위한 것이라고는 상상할 수 없다. 세계의 창조주가
단 하나의 종교 전통에만 자신을 온전히 드러내기로 정했고 그 일
이 우리 종교에서 일어났다고 생각하는 것은 내게는 믿음을 넘어
서는 문제다.

　이러한 이유로 나는 죽음 이후의 문제와 관련하여 불가지론자
다. 이 문제와 관련해서는 내가 무엇을 선호하는지조차 잘 모르겠

다(내가 무엇을 선호한다고 해서 그것이 정말 죽음 이후에 그러한 것이 이루어지는지는 아무도 모른다). 다만 나는 이것을 확신한다. 즉 우리는 죽는다 해서 무無가 되지 않으며 하느님에게로 간다. 이거면 충분하다. 나는 로마인들에게 보낸 편지에서 바울이 한 이야기에 동의한다.

우리 가운데는 자기 자신을 위해서 사는 사람도 없고 자기 자신을 위해서 죽는 사람도 없습니다. 우리는 살아도 주님을 위해서 살고 죽더라도 주님을 위해서 죽습니다. 그러므로 우리는 살아도 주님의 것이고 죽어도 주님의 것입니다. (14:7~8)

내 젊은 시절 멘토였던 마르틴 루터가 한 말 중 좋아하는 두 이야기가 있다. 정확한 문구는 잊었지만 그 요점은 확실히 기억한다. 하나는 내세는 하느님의 일이기에 우리는 그에 관해 염려할 필요가 없다는 것이다. 또 다른 하나는 우리가 내세에 관해 알 수 있는 건 출산을 통해 태어나는 아이가 자신이 맞이할 세상에 관해 아는 정도라는 것이다.

내세는 있을까? 있다면 어떤 모습일까? 나는 모른다. 하지만 이 생에서 하느님이 우리가 가라앉지 않고 떠 있을 수 있게 해주셨듯이 죽음을 맞이하더라도 우리를 떠 있게 해주시리라 확신한다. 우리는 죽어 하느님에게로 간다. 나는 이 이상은 알지 못한다. 어쩌면 그것이 내가 알아야 할 전부다.

◇ 당신이 천국을 단지 죽어서 가게 될 세계나 차원이라고
  생각해왔다면, 이는 구체적으로 어떠한 모습인가? 그리
  고 그 모습이나 방식은 얼마나 성서에 근거하는가? 또한
  그렇게 믿음으로써 생길 수 있는 문제점은 무엇일까?

◇ 성서가 그리는 천국이 모호하고 불분명한 개념임을 염두
  에 두고 불가지론자들이 말하듯 사후에 무슨 일이 일어
  날지 알 수 없다고 생각한다면, 이는 그리스도교에 대한
  당신의 시각에 어떠한 영향을 끼치겠는가?

내세는 있을까? 있다면 어떤 모습일까? 나는 모른다.

하지만 이생에서 하느님이 우리가 가라앉지 않고

떠 있을 수 있게 해주셨듯

이 죽음을 맞이하더라도 우리를 떠 있게 해주시리라 확신한다.

우리는 죽어 하느님에게로 간다. 나는 이 이상은 알지 못한다.

어쩌면 그것이 내가 알아야 할 전부다.

니케아 신경을 고백하는 것은 전복적인 행위다.

우리는 이 신경을 고백함으로써

우리를 지배하려는 다른 주인들의 요구를 무효화한다.

예수를 통해 드러난 하느님이

우리의 주님, 단 하나뿐인 주님이다.

이 세상, 문화의 지배자들은 우리의 주인이 아니다.

22

신경과 삼위일체

로마 가톨릭과 동방 정교회, 그 외 여러 주류 개신교 교회에서는 예배를 드릴 때마다 "나는 믿나이다" 혹은 "우리는 믿나이다"로 시작해 하느님과 예수, 성령에 관한 일련의 명제를 고백하는 신경을 암송한다.

서방 교회에서는 사도신경the Apostles' Creed과 니케아 신경the Nicene Creed 두 가지를 사용하는 반면 동방 교회에서는 니케아 신경만 사용한다. 두 신경 모두 세 부분으로 이루어져 있는데 모두 하느님에 관한 내용이다. 첫 번째 조항은 창조주 하느님을 다루고 두 번째 조항은 예수를 통해 계시된 하느님을, 세 번째 조항은 성령 하느님을 다룬다. '삼위일체'trinity라는 말이 신경에 직접 등장하지는 않으나 위에서 볼 수 있듯 신경은 삼위일체의 형식을 갖추고 있다. 그러므로 이 장에서는 삼위일체도 다룰 것이다.

많은 그리스도교인에게 신경은 골칫거리다. 사람들이 내게 가장 많이 물어보는 질문을 열 개쯤 꼽는다면 신경을 어떻게 대해야 하느냐는 질문이 첫손에 꼽힌다. 이런 질문을 던진 사람들은 대개 질문을 던지고 나서 자기는 이제 신경을 고백하지 못하겠다고 이야기한다. 이처럼 많은 사람이 신경을 고백하는 데 애를 먹는다. 신경에 담긴 내용을 문자 그대로 받아들여야 한다고, 절대적인 진리로 믿어야 한다고 생각하기 때문이다.

사도신경과 니케아 신경을 모두 다루려면 분량이 너무 많아지니 여기서는 니케아 신경 하나만 다루려 한다. 오늘날 그리스도교인들이 니케아 신경이나 사도신경과 관련해 제기하는 문제는 동일하다. 앞으로 '신경'이라는 말은 니케아 신경을 가리킬 때 쓰도록 하겠다. 신경 한 줄 한 줄에 주석을 달지는 않을 것이다. 그러려면 책 한 권을 따로 써야 할 텐데 신경을 다룬 좋은 책들은 이미 많이 나와 있다.[1] 대신 여기서는 많은 이가 신경을 고백할 때 맞닥뜨리는 문제들을 다루고자 한다. 문제는 대개 신경에서 '믿는다'라는 말이 쓰이는 방식, 신경을 문자 그대로 절대적인 진리로 받아들여야 한다는 관념에서 발생한다. 이 문제들을 다룰 때 나는 이 책에서 일관되게 사용한, 그리스도교 언어에 대한 역사-은유적 접근법을 사용할 것이다.

---

[1]   Luke Timothy Johnson, *The Creed* (New York: Doubleday, 2003), Berard L. Marthaler, *The Creed*, rev. ed. (New London, CT: Twenty-Third Publications, 2007), 사도신경에 관한 책이나 니케아 신경과도 연관이 있는 Joan Chittister, *In Search of Belief* (Liguori, MO: Liguori Triumph, 1999)도 참조하라.

니케아 신경

니케아 신경에서 대부분의 분량을 차지하는 건 예수에 관한 내용이다. 앞서 이야기했듯 세 가지 조항으로 이루어져 있지만 창조주 하느님을 다루는 첫 번째 조항은 (원어로는) 딱 한 문장이다. 성령을 이야기하는 세 번째 조항도 마찬가지다. 325년 작성된 니케아 신경 원안을 보면 세 번째 조항 역시 한 문장으로 되어 있다. 성령에 관한 상세한 내용이 추가된 것은 381년 콘스탄티노플 공의회다.

이 책의 독자는 대부분 니케아 신경을 잘 알고 있겠지만, 아닌 사람도 있을 수 있고 기억을 되살려야 할 사람도 있을 테니 신경 전문을 옮긴다. 읽으면서 예수에 관한 내용이 얼마나 되는지 살펴보라.

1조항. 우리는 믿나이다. 한 분이시며 전능하신 하느님 아버지, 하늘과 땅과 유형무형한 만물의 창조주를 믿나이다.

2조항. 오직 한 분이신 주 예수 그리스도를 믿나니, 모든 세계에 앞서 성부께 나신 하느님의 외아들이시며, 하느님에게서 나신 하느님이시요, 빛에서 나신 빛이시요, 참 하느님에게서 나신 참 하느님으로서 창조되지 않고 나시어, 성부와 일체이시며, 만물이 다 이 분으로 말미암아 창조되었으며, 우리 인간을 위하여, 우리의 구원을 위하여, 하늘에서 내려오시어, 성령으로 동정녀 마리아에게 혈육을 취하시고 사람이 되셨으며, 본티오 빌라도 치하에

서 우리를 위하여 고난을 받으시고, 십자가에 못 박히시고 묻히
셨으며, 성서 말씀대로 사흘 만에 부활하시고, 하늘에 올라 성부
오른편에 앉아 계시며, 산 이와 죽은 이를 심판하러, 영광 속에
다시 오시리니 그분의 나라는 끝이 없으리이다.

3조항(말했듯이 325년에 작성된 니케아 신경에서는 한 문장으로 되어 있
다. 그 밖의 내용은 381년에 추가되었다). 주님이시며 생명을 주시는
성령을 믿나니, 성령은 성부와 성자로부터 나오시며, 성부와 성
자로 더불어 같은 경배와 영광을 받으시며, 예언자들을 통하여
말씀하셨나이다. 하나이요 거룩하고 사도로부터 이어오는 공교
회와, 죄를 용서하는 하나의 세례를 믿으며, 죽은 이들의 부활과,
후세의 영생을 믿고 기다리나이다. 아멘.

신경을 비판하는 사람들은 신경이 대부분 예수를 다루고 있음
에도 불구하고 그의 역사적인 삶—예수가 전한 메시지와 가르침,
공적 활동—에 관해서는 아무런 얘기도 하고 있지 않다고 지적한
다. 신경은 예수의 탄생에서 곧장 죽음으로 넘어가며 그 사이의 일
에 대해서는 아무런 언급도 하지 않는다. 이것이 예수의 가르침과
활동을 중시하지 않는다는 것을 뜻한다면 그러한 비판은 정당하
다. 하지만 니케아 신경은 그것을 의도하지 않았다.

니케아 신경을 좀 더 수월하게 이해하기 위해서는 그 역사적 배
경을 살펴보아야 한다. 신경을 만든 니케아 공의회는 기원후 325
년 로마 제국의 첫 번째 '그리스도교인' 황제인 콘스탄티누스가 소

집했다. 당시 콘스탄티누스는 313년 그리스도교를 합법화함으로써 그리스도교인에 대한 로마 제국의 탄압을 종식했던 차였다. 그는 제국의 통합을 바랐으며 312년 정적이었던 막센티우스를 제거함으로써 군사적·정치적 통합을 이뤄냈다. 이러한 연장선에서 콘스탄티누스는 종교적으로는 그리스도교를 통해 제국을 통합하길 원했다. 그런데 그리스도교를 합법화한 이후 그는 그리스도교인들이 예수의 '본성' 문제로 신학적으로 심각하게 분열되어 있음을 알게 되었다. 이러한 갈등을 해소하기 위해 콘스탄티누스는 오늘날 이스탄불에서 그리 멀지 않은 니케아 호수 근처에 있는 자신의 궁전으로 주교들을 불러 모았다. 주교들—그리스도교가 합법화되기 이전 로마 제국의 핍박으로 불구의 몸이 되거나 눈이 먼 사람도 있었다—은 융숭한 대접을 받았다. 그들은 니케아까지 황실에서 쓰는 교통수단을 제공받았으며 황실에서 쓰는 숙소도 제공받았다. 황제는 그들을 맞이하며 환영 연회도 열었다.

앞서 언급했듯 콘스탄티누스는 이 공의회를 통해 예수의 본성에 관해 의견의 일치를 이루기를, 그럼으로써 그리스도교 내부의 갈등이 제국 내부의 갈등으로 비화하지 않기를 바랐다. 주교들이 어떠한 결론을 내는지는 그의 관심사가 아니었다. 중요한 건 오직 의견의 일치였다.

공의회의 쟁점은 예수와 하느님의 관계였다. 모든 주교가 예수가 신성하다는 데에는 동의했지만 예수가 하느님과 동일한지, 즉 하느님과 '일체'이며 '동일본질'인지, 아니면 하느님보다는 조금 못한 존재인지, 즉 신성하지만 하느님이 그를 창조했기에 하느님과 동등하지는 않은 존재인지에 대해서는 의견이 갈렸다. 아타나시우스Athanasius는 전자를 대변했고, 아리우스Aruis는 후자를 대변했다. 결론은 아타나시우스의 승리였다.

무엇이 교리상 정통인지를 중시하는 그리스도교인들은 오늘날에도 아리우스와 아타나시우스가 갖는 입장의 차이를 매우 중요한 문제로 여긴다. 하지만 다른 이들은 이 문제를 전혀 모르거나 알더라도 이해하기 힘든 애매한 문제로 여긴다.

4세기 맥락에서 두 입장 중 어느 쪽을 택하느냐는 문제는 엄청나게 중요한 문제였다. 당시 그리스도교인들은 이 문제를 두고 격론을 벌였다. 게다가 여기에는 콘스탄티누스가 처음에는 이해하지 못했을 거라 생각되는(그의 관심은 어떠한 결론을 내느냐가 아니라 어떻게 의견을 일치시키느냐였음을 기억하라) 문제가 달려 있었다. 이전 로마 황제들과 마찬가지로 콘스탄티누스는 신성한 자, 신의 아들, 주님으로 경배되었다. 하지만 그는 신경의 언어를 빌리면 "창조되지 않고" 나지 않았다. 그는 하느님과 '일체'도, '동일 본질'도 아니었다. 아타나시우스의 해석은 예수를 황제 위에 둔 반면 아리우스의 해석은 이 점에서 불명료해 예수를 황제와 동급으로 만들 위험이 있었다. 니케아 신경은 하느님의 아들인 예수의 지위를 분명하게 황제보다 높은 자리에 올려놓았다. 니케아 공의회 이후 콘스탄티누스는 '아리우스파'가 된다. 아리우스를 좇아 예수의 지위가 하느님보다 낮다는 입장을 옹호하게 된 것이다. 이후 4세기 동안 그의 뒤를 이은 황제들도 대체로 아리우스의 입장을 옹호했다.

그러므로 니케아 신경에서 가장 문제가 되는 사항은 이것이다.

예수는 이 세상 모든 지배자 위에 군림하는가, 아니면 지배자 중하나인가? 이 문제는 오늘날까지 이어져 내려오고 있다. 예수는문화의 지배자들보다 위에 있는가, 아니면 우리가 충성하는 수많은 대상 중 하나일 뿐인가? 우리는 종교 영역에서는 예수에게 충성하고, 기타 영역에서는 다른 대상에게 충성해야 하는가? 종교적인 헌신과 정치적인 헌신은 분리되는가? 아니면 예수는 모든 우두머리 중의 우두머리인가? 니케아 신경(그리고 그 전에 쓰인 신약성서)이 제시하는 답은 명확하다. 예수는 주님이자 하느님의 아들이며다른 모든 지배자 위에 있다.

그러므로 니케아 신경을 고백하는 것은 전복적인 행위다. 우리는 이 신경을 고백함으로써 우리를 지배하려는 다른 주인들의 요구를 무효화한다. 예수를 통해 드러난 하느님이 우리의 주님, 단하나뿐인 주님이다. 이 세상, 문화의 지배자들은 우리의 주인이 아니다.

니케아 신경을 역사적 맥락에서 살펴봄으로써 우리는 또 다른함의를 발견할 수 있다. 4세기에 만들어진 이 신경은 당시 신앙의선조들이 쓰던 언어로 되어 있다. 이 언어는 역사의 제약을 받는,상대적인, 역사적 산물이다. 니케아 신경을 작성하며 신앙의 선조들은 몇몇 주요 용어들—본질, 존재, 창조되는 것과 나는 것의 구분 등—을 그리스 철학에서 차용했다. 주된 논점과 예수에 관한 진술은 신약성서에 바탕을 두고 있지만 말이다. 그리스도교에서 가장 중요한 신경이 다른 시대, 다른 장소에서 쓰였다면 본질이나 존재 같은 말은 없었을지도 모른다. 예수를 강조하는 방식 또한 달랐을지 모른다. 이를테면 예수를 하느님의 독생자, 즉 '유일한 아들'이라고 표현하지 않았을지도 모른다. 나는 1990년대 남아프리카공화국에서 우리가 쓰고 있는 말이 어떤 지역에서는 사뭇 다른 의미를 지닐 수도 있음을 실감했다. 남아프리카공화국에 있는 흑인 그리스도교 단체는 아프리카에서는 '독생자'가 '장자'보다 낮은 지위에 있다고 말해주었다. 그곳에서 '독생자'는 외톨이를 뜻했다.

곰곰이 생각해본다면 신경에 담긴 언어를 문자 그대로, 절대적인 진리로 받아들여야 한다는 관념은 기이하게 다가온다. 신경에 따르면 예수는 "하늘에서 내려오시어" 이후 "하늘에 올라" 갔다. 그럼 하늘(천국)은 실제로 위에 있는 걸까? 신경에 따르면 예수는 "성부 오른편에 앉아" 있다. 그런데 하느님에게 왼편, 오른편이 따로 있을까? 또 하느님이 아버지(성부)라면 하느님은 남성이란 말인가? 이런 언어를 진지하게 받아들여야 할까? 물론이다. 그럼 문자 그대로 받아들여야 할까? 그건 아니다.

캐슬린 노리스Kathleen Norris는 자신의 저서에서 사우스다코타 작은 마을에 있는 어느 장로교 교회에서 겪은 일화를 소개한다. 교인들이 일어나 "하느님에게서 나신 하느님이시요, 빛에서 나신 빛이시요, 참 하느님에게서 나신 참 하느님으로서 창조되지 않고 나시어…"라며 신경을 고백할 때 그녀는 윌리엄 블레이크William Blake의 시를 떠올렸다고 말한다. 이처럼 신경의 언어는 시의 언어다. 신비를 담아낸 시의 언어이지 문자 그대로의 사실을 담아낸 언어가 아니다. 그리스도교인에게 예수는 매우, 그리고 결정적으로 중요한가? 물론이다. 그렇다면 예수를 표현하는 우리의 언어를 문자 그대로 이해해야만 하는가? 그건 아니다.

앞서 말했듯, 그리고 그리스도교인이라면 대부분 알고 있듯 신경은 "나는 믿나이다" 혹은 "우리는 믿나이다"로 시작한다. 오늘날 신경 때문에 곤란을 겪고 있는 그리스도교인들이 문제를 겪는 이유는 '믿는다'는 말의 통상적인 의미 때문이다. 오늘날 '믿는다'는 말은 어떤 진술, 대체로 확실하지 않은 명제를 진실로 받아들이는 것을 뜻한다고 10장에서 이야기한 바 있다. 이와 더불어 과거에 '믿는다'는 말에 담긴 그리스도교적 의미가 '사랑한다'였다고, 즉 일련의 진술을 진실로 받아들이는 것이 아니라 믿음의 대상을 향한 사랑과 충성, 헌신을 뜻한다고도 말했다. "나는 믿나이다"라는 말은 그 무언가에 내 마음을 준다는 뜻이다.

이를 염두에 두면 신경 낭독에 담긴 의미를 완전히 다르게 이해할 수 있다. '믿는다'는 말을 '사랑한다'로 대체해보라. "나는 하느님을 사랑하나이다." 나는 내 마음을 하느님에게 바친다. 이 하느님은 누구인가? "하늘과 땅과 유형무형한 만물의 창조주" 그리고 예수에게서 결정적으로 드러난 하느님이다. "나는 예수를 사랑하나이다." 예수는 누구인가? 우리에게 하느님에 대한 결정적인 계시를 보여준 이다. "나는 성령을 사랑하나이다." 성령은 누구인가? "주님이시며 생명을 주시는", "예언자들을 통하여 말씀"한, 예수가 계시한 하느님의 변함없는 현존이다. 사랑으로서의 믿음은 어떤 명제를 문자 그대로 받아들이는 것이 아니며, 그 명제를 절대인 진리로 믿는 것도 아니다. 믿음은 예수와 성령을 통해 계시된 하느님을 사랑하는 것이다.

신경과 그리스도교 공동체

신경 때문에 곤란해 하거나 혼란스러워하던 그리스도교인들에게 도움이 되었는지 모르겠다. 이제 몇 가지 부분에 관해 좀 더 생각해 보려 한다.

어떤 단체가 있다면 그 단체는 단체를 이루는 구성원을 대상으로 단체의 정체성을 재확인하는 의식을 하기 마련이다. 이를테면 단체명에 '사슴'이 들어가는 어떤 친목 단체에서는 회원들이 모이면 양손으로 사슴뿔 모양을 만들어 자기 머리에 붙이고는 일련의 구호를 함께 외친다고 한다. 이 단체의 구성원들은 모일 때마다 이러한 행위를 하며, 그럼으로써 특정 공동체에 자신이 속해있음을 되새긴다.

신경을 고백하는 것이 손으로 사슴뿔 모양을 만드는 행위와 똑같다고 말하려는 건 아니다. 그렇지만 신경을 고백함으로써 우리는 신경을 함께 고백하는 공동체와 일체감을 갖는다. 이러한 일체감은 시간과 공간을 넘어선다. 그리스도교에서 신경을 고백하는 행위는 그리스도교인이 있는 곳이라면 어디에서든지 이루어진다. 다양한 언어를 사용하는 온 세계의 그리스도교인은 신경을 고백함으로써 하나가 된다. 이러한 일체감은 과거와 현재를 잇는다는 점에서 시간을 넘어선다. 신경을 고백함으로써 우리는 1500년이 넘는 시간 동안 같은 신경을 고백하고 들은 그리스도교인들과 하나가 된다. 이를 통해 우리는 산 자와 죽은 자를 아우르는 성도의 교제에 참여한다.

오늘날 모든 교회가 신경을 쓰지는 않는다. 근본주의와 일부 복음주의 교회는 보통 신경을 쓰지 않는다. 자유주의적인 일부 개신교 교회에서도 신경을 쓰지 않는다. 하지만 여전히 수많은 교회가 정기적으로 신경을 고백한다. 그리스도교 주요 교파의 공식 전례에는 대체로 신경을 고백하는 순서가 들어 있다. 신경을 고백하는 교회들에게는 많은 이가 신경을 고백할 때 겪는 문제를 해결하도록 도와줄 과제가 있다. 그 해결책 중 하나는 이번 장에서 이야기한 것처럼 신경을 교육하는 것이다. 많은 그리스도교인은 자신이 다니는 교회에서 이러한 교육을 받지 못했다. 내가 알기로는 그리스도교 예배를 처음 드리는 이들이나 새 신자들도 신경 때문에 낙담하는 일이 잦다. 그들은 말한다. "전부 생소한 이야기인데 일어나서 이 모든 걸 믿는다고 해야 한다고? 이게 그리스도교인이 된다는 뜻이야?" 그렇다면 신자와 방문자 모두에게 신경이 우리가 믿어야만 하는, 문자 그대로 절대적인 진리인 일련의 명제가 아님을 어떻게 알릴 수 있을까? 두 가지 방안이 있다.

첫째, 신경을 노래로 부르는 것이다. 내가 속한 교파의 찬송가에는 신경을 노래로 만든 곡이 있다. 이렇게 하는 것이 도움을 줄 수 있는 이유는 사람들이 노랫말을 문자 그대로 받아들여야 한다고는 생각하지 않기 때문이다. 수많은 그리스도교인이 "태양이 끝없이 도는 곳마다 예수가 왕이 되시고"라고 시작하는 찬송가를 부른다. 이 가사를 문자 그대로 받아들이면 태양이 지구 둘레를 돈다는 말이 되지만 나는 이제껏 이 찬송이 지동설을 부정하기 때문에 노래를 부르지 않겠다는 그리스도교인을 본 적이 없다. 노랫말이 중요하지 않다는 게 아니다. 노랫말은 매우 중요하다. 그냥 말로 하는 것보다 노래로 부르면 기억에 더 강하게 남는다. 찬송가든 유행가든 얼마나 많은 노랫말을 외우고 있는지 생각해보라. 더욱이 노랫말에 따라 노래는 시시해질 수도 있고 사람의 마음을 울릴 수도 있다. 여기서 문자주의의 문제는 발생하지 않는다.

둘째, 사도신경과 니케아 신경이라는 두 고전적 신경 대신 다양한 신경을 전례에 사용해 보는 것이다. 내가 아는 몇몇 교회에서는 이러한 방식을 택하고 있다. 어떤 곳에서는 니케아 신경은 격주로 쓰고, 그 사이 일요일에는 현대의 여러 신경을 쓴다. 어떤 곳에서는 매월 한 번 니케아 신경을 쓰고, 나머지 일요일에는 다른 신경들을 활용한다. 그 효과는 동일하다. 다양한 신경을 씀으로써 우리는 우리가 믿는 것, 우리가 사랑하는 것이 무엇인지 고백하는 방식이 다양함을 깨닫는다. 어떤 신경도 절대적이지 않다. 니케아 신경이라 해도 마찬가지다. 모든 신경, 신앙고백은 특정 시간, 특정 지역의 언어를 사용한 역사적 산물이다. 신앙을 고백하는 것이 중요한가? 그렇다. 그렇다면 신앙을 고백하는 방식은 단 하나만 있는가? 그렇지 않다. 역사적 · 문화적 제약을 받는 신앙 고백'들'이 있을 따름이다.

삼위일체

삼위일체 교리를 간단히 말하면 한 하느님이 세 위격을 가진다는 것이다. 니케아 신경과 마찬가지로 삼위일체 교리도 4세기에 만들어졌다. 니케아 신경이 그러하듯 오늘날 많은 그리스도교인은 삼위일체 교리를 문젯거리로 여긴다. 가장 큰 이유는 현대 영어에서 통용되는 '위격'person이라는 말에 담긴 의미 때문이다. 현대 영어에서 이 말은 독자적인 인격, 곧 개별 존재를 뜻한다. '위격'을 이런 식으로 이해하면 삼위일체 교리란 창조주, 성자, 성령 세 인격으로 구성된 위원회 같은 것이라고 주장하는 것처럼 들린다.

그러므로 그리스도교의 친척뻘인 유대교와 이슬람교 신자 중 많은 이가 그리스도교를 향해 유일신론를 포기하고 '삼신론'tri-theism 을 받아들였다고 생각하는 것도 무리는 아니다. 하지만 그리스도 교인이든 유대교나 이슬람교 신자든 이런 식으로 삼위일체를 이해 하는 것은 삼위일체의 원 의미와는 동떨어진 이해다.

삼위일체에 사용된 언어는 신약성서로 거슬러 올라간다. 50년 대에 바울은 한 편지의 말미에서 축복의 인사를 하며 하느님과 예 수, 성령을 언급한다.

> 주 예수 그리스도의 은총과 하느님의 사랑과 성령께서 이루어주
> 시는 친교를 여러분 모두가 누리시기를 빕니다. (2고린 13:13)

90년경에 기록된 마태오 복음서에서는 부활한 그리스도가 제자들 에게 명령한다.

> 그러므로 너희는 가서 이 세상 모든 사람을 내 제자로 삼아 아버
> 지와 아들과 성령의 이름으로 그들에게 세례를 베풀고 내가 너희
> 에게 명한 모든 것을 지키도록 가르쳐라. (28:19~20)

삼위일체가 교리(공식화된 가르침이라는 뜻)로 발전하기까지는 일정한 시간이 걸렸다. 신경의 세 조항에 암묵적으로 들어있던 내용은 4세기 후반에야 뚜렷하게 드러났다. 특히 소아시아 중부 지역(현재 터키)의 지명을 딴 '카파도키아의 교부들'로 널리 알려진 카이사레아의 바실리우스Basil of Caesarea, 니사의 그레고리우스Gregory of Nyssa, 나지안주스의 그레고리우스Gregory Naziansus는 그들의 신학 저작에서 삼위일체를 시적인 아름다움을 담아 표현했다.

왜 그리스도교인들은 하느님의 '삼중성'threefoldness을 주장하는가? 많은 종교는 암묵적으로, 때로는 명시적으로 하느님의 '이중성'twofoldness를 인정한다. 심지어 유일신론을 내세우는, 그리스도교의 친척인 유대교와 이슬람교도 그러하다. 두 종교에서 하느님은 초월적이면서도 내재적이고, 모든 것을 넘어서면서도 이 세계와 만물에 현존한다. 힌두교도 궁극적인 실재가 이중성을 지니고 있다고 주장한다. 힌두교에 따르면 이 궁극적인 실재는 완전히 초월적인 '브라만'이면서 우리 한 사람 한 사람 안에 존재하는 '아트만'이기도 하다. 유일신교를 포함해 종교들은 대개 이위일체를 주장한다. 그렇다면 왜 그리스도교는 여기에 세 번째를 더하는가? 답은 분명하다. 바로 예수 때문이다. 그리스도교가 유대교의 이중적 유일신교에서 삼중적 유일신교로 옮겨간 이유는 1세기 예수의 제자들에게 그리고 그 이후 그리스도교인들에게 예수가 이루 말할 수 없을 만큼 중요했기 때문이다. 제자들에게 예수는 하느님의 결정적 계시였으며 이는 이후 그리스도교인들에게도 마찬가지였다. 바로 이점, 예수에게서 하느님의 결정적인 계시를 본다는 점, 예수를 하느님의 현현으로 본다는 점 때문에 사람들은 그리스도교인이 된다. 삼위일체를 받아들인다는 것은 예수가 그리스도교에서 중심 역할을 하고 있음을 증언하는 것이자 그를 찬미하는 것이다.

'위격'으로 번역되는 헬라어와 라틴어 단어의 의미는 그 현대적 의미와는 사뭇 다르다. 삼위일체 교리가 생성된 4세기에 라틴어 '페르소나'persona와 헬라어 '프로소폰'πρόσωπον은 연극 무대에서 배우들이 쓰는 가면을 뜻했다. 배우들은 자신을 감추기 위해서가 아니라 다른 역할을 연기하기 위해 가면을 썼다. 이는 라틴어 페르소나의 어원에 잘 나타나 있는데, 페르소나의 어원적 의미는 '~을 통해 이야기하다', '~을 통해 소리 내다'이다. 문자 그대로의 의미를 보자면, 페르소나는 배우가 관객들에게 무언가를 이야기하기 위해 택한 통로다. 페르소나/프로소폰의 원 뜻을 삼위일체에 적용하면 그리스도교인에게 한분 하느님이 세 가지 역할과 방식—창조주이자 이스라엘의 하느님으로, 예수 안에서, 그리고 성령을 통하여—으로 알려지고 이야기한다고 볼 수 있다. 이러한 설명은 삼위일체에 대한 '외적인'external 이해라고도 불린다. 그것이 계시의 세 가지 양태, 우리가 경험하고 알게 되는 하느님의 세 가지 역할에 초점을 맞추기 때문이다. 어떤 신학자들은 삼위일체가 하느님 안에서 이루어지는 '내적'internal 관계 또한 의미한다고 주장한다(삼위일체의 하나 됨을 강조할 때는 '하느님 안에서'라는 말 대신 '신성Godhead 안에서'라는 표현을 쓰기도 한다).

하느님 안에 내적인 관계가 있다는 말은 중요한 주장이다. 이러한 주장은 하느님의 관계성을 강조하는 모델을 낳고, 따라서 실재의 관계성을 강조하는 모델을 낳는다. 실재는 정적인 것이 아니라 역동적이고 관계적인 것이다. 하지만 이러한 내적 관계가 정확히 무엇인지, 어떻게 이루어지는지 신학 논쟁이 불거질 때면 나는 우리가 너무 많은 것을 알려 애쓰는 건 아닌가 하는 생각이 든다.

삼위일체와 관련한 논쟁 중 가장 유명한 논쟁은 11세기에 교회의 대분열을 초래한 논쟁이다. 당시 교회는 둘로 나뉘어 성령이 '성부'로부터 나오는지, 아니면 '성부와 성자'로부터 나오는지 논쟁을 벌였다. 동방 교회는 전자를 지지했고 서방 교회는 후자를 지지했다. 1054년 그리스도교는 이 문제로 둘로 갈라져 가톨릭과 동방 정교회로 나뉘었다. 각 교회는 서로를 파문했다. 논쟁의 양 당사자가 알고 있었는지는 확실치 않지만, 이 쟁점에는 중요한 문제가 결부되어 있다. 하느님의 영이 ('성부에게서만'이 아니라) '성부와 성자'에게서 나온다면 하느님은 예수를 통해서만 계시되므로 우리는 오직 그리스도교를 통해서만 하느님을 알 수 있다. 하지만 하느님의 영이 '성부에게서만' 나온다면 하느님은 예수가 아니더라도 알려질 수 있으므로 다른 종교를 통해서도 하느님을 알 수 있다.

본론으로 돌아가면, 삼위일체를 이루는 세 위격 사이의 '내적인' 관계의 본질에 대해 확신을 가지고 논하기란 어렵다. 우리가 어떻게 알 수 있겠는가? 하지만 삼위일체의 '외적인' 의미에 주목한다면 그것이 뜻하는 바는 분명하다. 하느님은 한 분이다(그리스도교인은 유일신을 믿는다). 한 분 하느님은 우리에게 세 가지 방식으로 자신을 드러낸다.

생각해 보기

◇ 신경을 고백할 때 곤란함을 느낀 적이 있는가? 그렇다면 어느 대목에서 가장 혼란스럽고 곤혹스러웠는가?

◇ 당신의 그리스도교 신앙에서 삼위일체 교리는 얼마만큼의 비중을 차지하는가?

◇ 니케아 신경에 등장하는 '본질', '존재' 등의 용어는 그리스 철학에서 차용한 것이다. 그렇다면 오늘날 우리의 맥락에서 우리의 언어로 신경을 고백한다면 어떻게 고백할 수 있을까?

빵과 포도주는 예수의 살과 피를 의미했기에
대속은 성찬식과 깊은 연관을 맺고 있었다.
성찬식은 죄와 죄의식, 우리의 죄를 위한
대속자로서의 예수에 관한 이미지들로 가득했다.
지금도 곳곳에서 거행되는 여러 성찬례에는
이러한 이해가 반영되어 있다.

23

—

주의 만찬

그리스도교가 시작될 때부터 사람들은 식탁에 둘러앉아 빵과 포도주를 나누는 행위를 매우 중요한 의식으로 간주했다. 오늘날까지도 그리스도교인들은 이를 가장 중요한 성사로 지킨다. 개신교의 경우 성사를 두 개만 인정하는데 하나는 성찬례고 다른 하나는 평생에 한 번 받는 세례다. 그러므로 빵과 포도주를 나누는 성찬례는 개신교인이 되풀이해서 경험하는 유일한 성사다. 로마 가톨릭의 경우에는 일곱 개를 성사로 인정하나, 마찬가지로 미사를 가장 중시하고 가장 자주 거행한다.

그렇다면 이 빵과 포도주의 성사는 어떠한 의미를 가질까? 전형적인 사례는 아닐지라도 내 경우를 들어보겠다. 어린 시절 내가 다니던 교회에서는 성찬식—당시 내가 다니던 교회에서는 성찬례를 이렇게 불렀다──을 했다. 분기별로 한 번씩 했으니 일 년에 네 차례 했다고 볼 수 있다. 여름에도 성찬식을 했는지는 확실히 기억나지 않는다. 하지 않았다면 일 년에 단 세 차례 한 셈이다. 당시 다니던 교회에서는 성찬식을 너무 자주 하면 그 의미가 퇴색하고 가치가 떨어진다고 생각했다. 더군다나 일요일마다 성찬식을 하는 건 로마 가톨릭의 관습인데 우리는 로마 가톨릭 신자가 아니었다.

성찬식을 할 때는 '자격'worthiness, 즉 그리스도의 살과 피인 빵과 포도주를 받을 자격을 강조했다. 이것의 바탕이 된 성서 본문은 고린토인들에게 보낸 첫째 편지 11장 27~29절이었다.* 그 때문에 성찬식을 한다고 해서 매번 참여하지는 않았다. 성찬식을 할 때마다 거기에 참여하는 것은 자기 스스로 빵과 포도주를 받을 자격이 있다고 여김을 뜻했다. 누군가 매번 성찬식에 참여할 때면 사람들은 의심스러운 눈길을 보내며 수군거렸다. "자기가 자격이 있는 줄 아나 봐."

빵과 포도주는 예수의 살과 피를 의미했기에 대속은 성찬식과 깊은 연관을 맺고 있었다. 성찬식은 죄와 죄의식, 우리의 죄를 위한 대속자로서의 예수에 관한 이미지들로 가득했다. 지금도 곳곳에서 거행되는 여러 성찬례에는 이러한 이해가 반영되어 있다.

5백여 년 전 종교개혁 이후 빵과 포도주가 어떻게 예수의 살과

---

* 그러니 올바른 마음가짐 없이 그 빵을 먹거나 주님의 잔을 마시는 사람은 주님의 몸과 피를 모독하는 죄를 범하는 것입니다. 각 사람은 자신을 살피고 나서 그 빵을 먹고 그 잔을 마셔야 합니다. 주님의 몸이 의미하는 바를 깨닫지 못하고 먹고 마시는 사람은 그렇게 먹고 마심으로써 자기 자신을 단죄하는 것입니다. (1고린 11:27~29)

피일 수 있는지 의견 일치를 보지 못했고 서구 그리스도교는 갈라졌다. 로마 가톨릭은 빵과 포도주가 예수의 살과 피로 변한다는 '성변화'聖變化, transubstantiation를 믿는다. 루터교는 빵과 포도주가 예수의 살과 피로 변화하는 것이 아니라 예수의 살과 피가 빵과 포도주 속에, 빵과 포도주와 함께 있는 것이라는 '성체공존설'聖體共存說, consubstantiation을 내세운다. 일부 개신교는 성변화와 성체공존설을 모두 거부하고 성찬례를 예수와 그의 행적을 되새기는 기념식으로 받아들인다. 하지만 대속으로서의 예수의 죽음이나 빵과 포도주를 통해 예수가 어떻게 현존하는지(혹은 어떻게 기억되는지)에 관한 물음은 초기 그리스도교에서 문제시된 사항이 아니었다. 이러한 질문이 제기된 것은 훨씬 나중의 일이다.

빵과 포도주

1세기 그리스도교인들은 식사 때 먹고 마시는 빵과 포도주를 예수의 살과 피와 연관 지어 이야기했다. 공관복음서와 바울은 예수가 배반당하고 체포되고 처형되기 전날 밤 빵을 떼며 "이것은 내 몸이다"라고 말하고, 포도주를 따르며 "이것은 나의 피다"라고 말했다고 전한다─이를 제정사制定辭라 부른다. 그렇기에 제정사의 골자는 예수에게로 소급된다. 예수가 자신의 마지막 밤에 그와 같이 말했을 가능성은 분명히 있다. 그게 아니라면 그 말들은 부활 이후, 1세기에 예수를 따르던 사람들이 지어낸 것일지도 모른다. '제정사'가 예수에게로 소급되는지 아닌지는 지금 여기서 다루고자 하는 것은 아니다. 중요한 질문은 이것이다. 빵과 포도주를 나누는 식사가 1세기라는 역사적 상황에서는 어떠한 의미였을까? 몇 가지 의미가 있다.

첫째, 빵과 포도주는 지중해 지방의 주식이었다. 물론 빵과 포도주만 먹고 마신 것은 아니었지만, 빵과 포도주는 삶의 물적 토대를 상징했다. 초기 그리스도교인들은 요즘처럼 면병 한 조각과 포도주 한 모금을 나누지 않았다. 그들은 실제로 식사를 나누었다. 그리스도교에서 가장 중요한 성사는 다른 것이 될 수도 있었다. 그렇지만 현재 그리스도교에서 가장 중요한 성사는 음식, 생명의 양식을 나누는 것을 기초로 한다.

둘째, 초기 그리스도교에서 빵과 포도주를 함께 나누는 것은 예수가 행한 식탁 교제의 연장이라는 점에서 중요했다. 예수의 공생애 활동에서 음식, 식사를 나누는 것은 각별했다. 주의 기도에서도 일용할 양식을 구하는 대목이 나온다는 점을 생각해 보라. 그뿐만 아니라 예수는 점잖은 사람들이 기피했던 소외된 사람, 불결한 사람, 추방된 사람과 함께 식사했으며 그로 인해 비판받기도 했다. 이처럼 예수가 한 식탁 교제는 사회적 경계가 날카롭게 나뉘어 있던 세계에서 포용성을 상징하는 실천이기도 했다. 이런 점에서 볼 때 (내가 어린 시절 다녔던 교회를 비롯해) 많은 교회가 성찬례를 폐쇄적으로 진행한다는 것은 아이러니한 일이다. 이제는 대부분 교회에서 어떤 교파에 속하든지 세례를 받은 신자라면 누구나 성찬례에 참여하는 것을 허락하지만, 최근까지만 해도 각 교파에서 '교인'으로 인정한 사람만 성찬례에 참여할 수 있었다. 이와 달리 예수의 식탁 교제는 개방성과 포용성을 띠었다.

비슷한 주제를 바울에게서도 찾아볼 수 있다. 바울에게 예수를 따르는 삶이란 "그리스도 안에" 있는 삶이다. 우리는 새로운 정체성과 새로운 존재 방식을 획득함으로써 "그리스도 안에"서 "그리스도와 하나"가 된다. 이는 그리스도와 함께 죽고 살아남으로써 가능해지는데, 세례는 바로 이를 상징한다. 또한 이러한 새로운 정체성과 새로운 존재 방식은 예수의 살과 피를 상징하는 빵과 포도주를 나누는 성찬을 통해, 그리스도를 몸에 받아들임으로써 가능해진다. 성찬을 함께함으로써 우리는 그리스도와 하나가 된다. 우리는 한 몸이 된다. 그리스도의 몸에 대한 바울의 이미지는 급진적 평등주의를 내포한다. 그리스도 안에서는 유대인이나 이방인이나, 남자나 여자나, 노예나 자유인이나 사람 간의 위계가 없으며 성령의 은사에 따른 위계도 없다(갈라 3:28, 1고린 12:12~27).

셋째, 빵과 포도주에는 분명한 은유적 용도가 있다. 요한 복음서에서 예수는 "생명의 빵", "하늘에서 내려온 살아 있는 빵"(6:48, 51)이며 광야에서 받은 '만나'다. 예수는 음식이자 음료다. 그는 우리의 굶주림과 갈증을 해소해준다. 광야에서 받은 만나처럼 예수는 여정에서 얻게 되는 식량이다. 여정에서 쓰러지지 않으려면 우리는 먹어야 한다. 예수가 광야에서 얻게 되는 빵이라는 주제는 성찬례에 출애굽의 이미지를 더해준다. 예수, 복음, 하느님 나라는 새로운 출애굽, 새로운 해방에 관한 것이다.

넷째, "살과 피"라는 말은 빵과 포도주를 본질적으로 예수의 죽음과 연관시킨다. 신약성서에 나오는 '제정사'의 네 가지 버전은 모두 그러한 연관성을 말한다. 잔혹하게 죽임당할 때 살과 피가 뜯

겨 나간다. 따라서 '살과 피'라는 말은 예수가 세상의 권력자와 지
배자들에게 잔혹하게 살해되었음을 상기시켜 준다. 성찬례는 이러
한 예수와 하나가 되는 것이다. 성찬례를 통해 우리의 삶과 예수의
삶이, 우리의 열망과 예수의 열망이 연결된다.

성찬례

성찬례에서 앞에서 언급한 의미들이 충분히 살아나지는 않는
다. 성찬례 때 사용하는 언어들이 죄와 죄의식, 대속을 강조하며
천국과 지옥 그리스도교의 해석틀을 대변하기 때문이다. 이때 '살
과 피'라는 말은 예수가 세상의 죄를 씻기 위해 자신의 살과 피를
바쳤다는 사실을 강조하는 데 쓰인다. 성찬례가 이러한 언어에 사
로잡힌 것은 대속이 예수의 죽음을 이해하는 방식으로 널리 받아
들여지기 시작한 지난 몇백 년 사이에 대부분의 성사가 제정되었
기 때문이다. 하지만 성찬례에서 사용되는 '희생 제물'이라는 말이
모두 대속을 가리키는 건 아니라는 점에 주목할 필요가 있다. 예
컨대 대부분의 전례적 교회에서는 성찬례 중 "그리스도 우리의 과
월절 어린 양께서 우리를 위해 제물로 바쳐지십니다"라고 말한다.
유대교에서 과월절 양은 대속이나 죄를 위한 제물이 아니다. 출애
굽기 12장 13절을 보면 과월절 양의 피를 이스라엘 백성의 집 문
설주에 바르는 것은 하느님이 보낸 "죽음의 천사"를 향해 이 집은
넘어가라고 알리는 신호다. 그리고 과월절 양은 잡아먹는다. 제물
은 이집트에서 새로운 삶으로 나아가는 여정을 위한 양식이다.

그럼에도 대부분의 성찬례에서 중심 주제는 대속이다. 성사를

거행할 때 융통성을 허용하는 교파라면 정형화된 성사를 고집하는 교파에 비해 이러한 문제를 쉽게 고쳐나갈 수 있을 것이다. 하지만 정형화된 성사를 지키는 교회에서도 초기 그리스도교에서 성찬이 어떠한 의미를 갖고 있었는지를 안다면 오늘날 행해지는 성찬례에 대해 좀 더 깊게 이해할 수 있다. 성찬례의 의미, 그리스도교의 기원까지 거슬러 올라가는 빵과 포도주 성찬에 담긴 의미는 매우 풍부하다. 성찬례는 음식, 음식을 나누는 것, 포용성과 관련되어 있다. 성찬례를 통해 우리는 그리스도와 하나가 되고, 그리스도 안에서 하나가 된다. 새로운 삶을 향한 여정을 걷는 가운데 양식을 얻는다. 새로운 세상을 꿈꾸었던 예수의 열망에 동참한다.

생각해 보기

◇ 당신이 속한 교회에서는 성찬례를 얼마나 자주 행하는가? 자주 행한다면, 혹은 그렇지 않다면 그 이유는 무엇인가?

◇ 성찬례에 참여할 때 당신은 그 행위에서 어떠한 의미를 발견하는가?

◇ 성찬례를 사회적 경계를 넘어서는 포용성을 상징하는 실천으로 볼 때, 우리의 그리스도교 신앙이 얻을 유익은 무엇일까?

주의 기도를 1세기라는 역사적 맥락 아래 살필 때

우리는 먼저 예수가 가르침을 전한 주요 청자가

시골 농민이었음을 염두에 두어야 한다.

같은 맥락에서 우리는 이 기도가 빼앗기고 박탈당한 이들에게

어떠한 의미로 다가갔을지 상상해야 한다.

24

—

주의 기도

'주님의 기도', '주기도문'이라고도 불리는 주의 기도는 세상에서 가장 많은 사람이 알고 있는 기도다. 거의 모든 그리스도교 예배에서 이 기도를 사용하고, 개인이 신앙생활을 할 때도 이 기도를 사용한다. 그리스도교인은 대부분 이 기도를 암송한다. 이 기도를 단순히 입으로 되뇌는 것에 익숙해진 나머지 이 기도에 담긴 내용을 딱히 숙고하지 않는 경우가 많다. 하지만 이 기도에는 놀라운 내용이 담겨 있다.[1]

우선 주의 기도와 관련된 역사적 맥락을 살펴보자. 이 기도는

---

[1] 주의 기도에 관해서는 다음 책을 참조하라. John Dominic Crossan, *The Greatest Prayer: Rediscovering the Revolutionary Message of the Lord's Prayer* (San Francisco: HarperOne, 2010). 『가장 위대한 기도』(한국기독교연구소)

세 가지 버전이 있으며 각각 1세기 후반에 쓰인 그리스도교 문헌인 마태오 복음서, 루가 복음서, 그리고 신약성서에 포함되지는 않았으나 기원후 100년경 기록된 '디다케'Didache*에 실려 있다. 마태오 복음서에 수록된 버전(6:9~13)은 디다케 버전과 거의 동일하다. 대부분의 교회에서 이 버전을 쓰므로 대다수 그리스도교인에게는 이 버전이 가장 익숙할 것이다.

> 하늘에 계신 우리 아버지,
> 온 세상이 아버지를 하느님으로 받들게 하시며
> 아버지의 나라가 오게 하시며,
> 아버지의 뜻이 하늘에서와같이
>   땅에서도 이루어지게 하소서.
> 오늘 우리에게 필요한 양식을 주시고
> 우리가 우리에게 잘못한 이를 용서하듯이
>   우리의 잘못을 용서하시고
> 우리를 유혹에 빠지지 않게 하시고 악에서 구하소서.

마태오 버전에는 (개신교에서는 사용하나 로마 가톨릭에서는 사용하지 않는) 결말부의 송영이 빠져 있다(이 송영은 디다케 버전에 실려 있다).

> 나라와 권세와 영광이 영원토록 아버지의 것이옵니다.

---

* 『열두 사도들의 가르침 - 디다케』(분도출판사)

루가 복음서에 나오는 버전(11:2~4)은 마태오의 버전보다 짧으며 여러 면에서 다르다.

아버지,
아버지의 이름을 거룩하게 하시고*
아버지의 나라가 오게 하소서.
날마다 우리에게 필요한 양식을 주시고
우리가 우리에게 잘못한 이를 용서하오니
　우리의 죄를 용서하시고
우리를 유혹에 빠지지 않게 하소서.

이처럼 다른 버전이 존재하기 때문에 학자들은 이 기도가 예수에게로 소급되는 것인지, 아니면 각기 다른 그리스도교 공동체의 산물인지 결론을 내리지 못하고 있다. 예수가 이 기도를 '외우라고' 제자들에게 가르쳤다면 각기 다른 버전이 있다는 것은 어떻게 설명해야 할까? 상황에 따라 여러 형태로 가르쳐주었기 때문에 세 가지 버전 모두 정확하다고 해야 할까? 아니면 예수는 기도의 핵심 내용만 가르쳤고 각 공동체가 각기 다른 방식으로 발전시킨 것일까?

예수에게로 소급되든 제자들이 만들었든, 주의 기도는 예수가 무엇을 가장 중시했는지(혹은 예수를 따르던 사람들이 그가 가장 중시한

---

* 내용 전개상 여기서는 영문 "Hallowed be your name"을 그대로 옮겼다.

것을 무엇이라 여겼는지)를 보여준다. 예수에게 헌신한다는 것은, 이 기도에 나오는 내용이 이루어지기를 바란다는 것을 뜻한다.

주의 기도는 무엇을 말하지 않는가

주의 기도가 전하는 내용은 천국과 지옥 그리스도교의 해석틀이 강조하는 내용과는 거리가 멀다. 이 기도가 구체적으로 무엇을 말하는지 다루기에 앞서 이 기도가 무엇을 말하지 않는지부터 살펴보자.

· 주의 기도는 영생에 관한 기도가 아니다. 이 기도에는 죽고 난 뒤 천국에 가게 해달라는 청원이 없다.

· 주의 기도는 물질적 성공에 관한 기도가 아니다. 이 기도에는 우리가 번영을 누리게 해달라는 청원이 없다. 오늘날 일부 교회가 '번영 복음'prosperity gospel이라는 흐름에 물들어 있다는 점을 생각하면 이는 심각하게 생각해 볼 부분이다.

· 주의 기도는 믿음에 관한 기도가 아니다. 이 기도에는 우리가 믿음을 가질 수 있도록 하느님에게 도와달라는 청원이 없다.

· 주의 기도는 예수에 관한 기도가 아니다. 물론 이 기도의 핵심 내용은 예수까지 소급되는 것일 수 있으므로, 이 기도를 통해 예수의 주된 관심사가 무엇인지 알 수는 있다. 그러나 이 기도

에 예수가 하느님의 아들이며 그가 우리의 죄를 씻어 내기 위해 죽었음을 믿는다는 내용은 없다.

주의 기도는 무엇을 말하는가

주의 기도를 1세기라는 역사적 맥락 아래 살필 때 우리는 먼저 예수가 가르침을 전한 주요 청자가 시골 농민이었음을 염두에 두어야 한다. 같은 맥락에서 우리는 이 기도가 빼앗기고 박탈당한 이들에게 어떠한 의미로 다가갔을지 상상해야 한다.

하늘에 계신 우리 아버지 마태오 복음서와 루가 복음서 모두 기도 도입부에서 하느님을 부를 때 '아버지'라는 호칭을 쓴다. 많은 사람에게는 루가 버전에 나오는 "아버지"라는 짧은 호칭보다는 마태 버전에 나오는 "하늘에 계신 우리 아버지"라는 긴 호칭이 익숙할 것이다. 루가 복음서와 마태오 복음서에서 '아버지'라는 뜻으로 사용한 헬라어 뒤에는 아람어 '아바'abba가 있다. 아람어 '아바'는 아버지를 친근하게 부르는 말이다. 이 말에는 어떤 격식이나 거리감이 없다. 당시 사람들은 자신의 아버지를 부를 때 이 말을 썼으며 오늘날로 따지면 '아빠'라고 부르는 것과 비슷한 분위기를 자아냈다. 주로 어린아이들이 이 말을 쓰긴 했지만 어른이 되었을 때도 아버지를 부를 때 이 말이 쓰였다. 유대교와 초기 그리스도교에서는 영적 스승, '영적 아버지'를 부를 때 이 말을 쓰기도 했다. '아바'라는 말은 가족을 형상화하며 당시 그리스도교인들은 이 말을 쓰면서 친밀감과 소속감을 느꼈다. 이 말은 하느님이 친근한 부모와 같으며 이 기도를 드리는 사람은 누구나 한 가족에 속함을 확증해준다.

아버지의 이름을 거룩하게 하시고 이 구절은 적어도 두 가지 의미
로 다가온다. 먼저, 이는 우리가 하느님의 이름을 성스럽고 경건
하게 여겨야 함을 상기하는 구절일 수 있다. 하지만 하느님을 향해
당신의 이름을 거룩하게 해달라고 청하는 구절일 수도 있다. 기도
의 나머지 부분이 하느님을 상대로 한다는 점을 고려하면 설득력
이 있는 것은 후자다. 이 부분은 뒤에서 다시 다루도록 하겠다.

아버지의 나라가 오게 하소서 여기서 '나라'는 물론 하느님 나라다.
하느님 나라는 공관복음서에 나오는 예수의 핵심 메시지다. 마르
코 복음서의 경우 하느님 나라의 도래는 예수의 모든 메시지를 압
축한 표현이다(1:15).* 중요한 사실은 하느님 나라가 천국이나 내세
를 뜻하지 않는다는 것이다. 하느님 나라는 이 땅을 위한 것이다.
마태오의 버전을 보면 이 부분이 좀 더 명확하게 드러난다.

아버지의 뜻이 하늘에서와같이 땅에서도 이루어지게 하소서 신학자
존 도미닉 크로산John Dominic Crossan은 이와 관련해 인상적인 표현을
남겼다. "하늘은 잘 돌아가고 있다. 문제가 있는 곳은 바로 이 땅
이다." 그렇기에 우리는 이 땅에 하느님 나라가 도래하기를 기도

---

* 요한이 잡힌 뒤에 예수께서 갈릴래아에 오셔서 하느님의 복음을 전파하시
며 "때가 다 되어 하느님의 나라가 다가왔다. 회개하고 이 복음을 믿어라"
하셨다. (마르 1:14~15)

한다. 하느님이 왕으로 계시고 다른 지배자들이 왕의 자리에서 내려왔을 때 일어날 우리 삶의 모습이 바로 하느님 나라다. 하느님은 당신의 나라가 이 땅에서 이루어지기를 바란다. 이 세상이 경제 정의가 살아있는 세상, 평화가 이루어진 세상, 나라마다 칼을 쳐서 보습을 만들고 창을 쳐서 낫을 만들며 모든 가정이 자신의 포도나무와 무화과나무를 가질 수 있고(자기 땅을 가질 수 있고) 누구도 위협을 받지 않으면서 살 수 있는 세상이 되기를 그분은 열망한다(미가 4:1~4, 이사 2:2~4).

오늘 우리에게 필요한 양식을 주소서 하느님 나라가 오게 해달라는 간청 직후 양식을 구하는 간청이 이어진다. 이때 양식은 하루 먹을 만큼의 식량이다. 풍족한 식량을 가진 이들에게 이러한 간청은 우리가 하느님께 의존하고 있음을 상기하는 이야기로만 들릴지 모른다. 그리고 이러한 맥락에서 이 구절을 앞으로도 계속 우리에게 음식을 허락해 달라는 것으로 생각할 수도 있다. 하지만 1세기 가난한 농민계급에게 음식—필요한 양식—은 생존이 걸린 문제였다. 그들 다수는 최저 수준의 생활이나 그보다 못한 생활을 해야 했으며 빈곤, 실업, 흉년, 질병 등 온갖 이유로 빈번하게 식량 부족에 시달려야 했다. 하느님 나라의 도래는 모든 삶의 물적 기반을 이루는 것, 즉 양식과 관련이 있다. 하느님 나라는 이 세상을 위한 양식이다.

우리가 우리에게 잘못한 이를 용서하듯이 우리의 잘못을 용서하소

서 이 구절이 용서를 간청하는 구절이라는 점은 명약관화하다. 그런데 무엇을 용서해달라는 뜻일까? 영역 성서들을 보면 때로는 '빚'debt라 나와 있기도 하고 '죄'sin라고 나와 있을 때도 있으며 때로는 '침해'trespass라 쓰여 있을 때도 있다. 어떤 그리스도교인이 자신이 속한 교파가 아닌 다른 교파에 속한 교회에서 예배를 드린다면 주의 기도를 드릴 때 어떤 말이 쓰이는지 신경을 써야 할 것이다.

헬라어를 어떻게 번역하느냐에 따라 이 구절은 상당히 의미가 달라진다. '침해'라는 말을 쓴다면 사람들은 '무단침입 금지'와 같은 팻말을 떠올릴지도 모른다. 하느님이 교인들의 재산권이 침해받는 일이 없도록 애를 쓴다는 말처럼 들릴 수도 있다.

'죄'라는 말을 쓴다면 이 구절은 하느님과 함께하는 삶에서 가장 커다란 문제가 죄라는 생각을 암시한다. 이렇게 생각하면 저 구절은 우리가 지은 죄를 하느님이 용서해주셨기 때문에 우리에게 죄지은 사람을 용서해야 한다는 뜻이 된다.

'빚'이라는 말을 쓴다면, 빚을 죄의 은유로 이해하지 않는다면 저 구절은 사뭇 다르게 읽힌다. '빚'을 '죄'의 은유로, 혹은 동의어로 봐야 하는지는 명확하지 않다. 마태오 복음서와 디다케는 이 대목에서 '빚'과 '채무자'를 뜻하는 헬라어를 사용했다. 루가 복음서의 경우 앞부분("우리가 우리에게 잘못한 이를 용서하오니")에는 '빚'을 뜻하는 헬라어를 썼고 뒷부분("우리의 죄를 용서하시고")에서는 '죄'를 뜻하는 헬라어를 썼다. 여러 가지를 고려했을 때 원어는 '빚'과 '채무자'였을 것이다. 물론 1세기에도 '빚'을 '죄'의 은유로 썼을 가능성은 있다. 하지만 양식을 간청한 다음 용서를 간청하는 내용이 나온다는 사실을 염두에 두면 '빚'은 실제 채무를 뜻했음을 짐작할 수 있다. 양식과 더불어 빚은 농민계급의 삶을 옥죄는 주된 요인이었다. 당시 농민 가족이 빚을 졌는데—절박한 상황이 아니었다면 애초에 빚을 지지 않았을 것이다—그 빚을 갚지 못하면 땅을 잃거나 빚을 갚을 때까지 노예 상태로 전락했다. 용서를 구하는 이 간청은 하느님에게 우리가 빚진 것을 감해주시기를 간청하는 것, 즉 탕감을 구하는 것이다. 우리가 우리에게 빚진 자를 탕감해주는 것처럼 말이다.

양식에 대한 간청과 마찬가지로 용서에 대한 간청 역시 하느님 나라에 대한 간청 다음에 나온다는 점을 주목해야 한다. 하느님 나라는 일용할 양식을 제공하고 빚을 탕감해준다. 모두가 필요한 만큼 가져야 하며, 누구도 경제적인 불행 때문에 노예가 되어서는 안된다. 부채 탕감은 문자 그대로 받아들이든 경제적 빈곤 상태에서 해방됨을 뜻하든 은유로 받아들이든 간에 현재 질서를 전복하는 것이다.

죄의 용서가 중요한가? 물론이다. 하지만 이 간청을 죄에 대한 용서로만 생각하면 그 의미는 축소된다. 물론 남아프리카공화국 진실과 화해 위원회의 활동을 통해 보았듯이 용서는 급진적인 의미를 띨 수도 있다. 그러나 대개 용서는 "지나간 길은 지나간 일이고" 식의 태도를 뜻하는 덜 급진적인 행위로 이해된다. 죄의 용서라는 맥락으로만 이 구절을 읽는다면 용서는 전복적 행위가 아니라 관대한 사람이 지닐 수 있는 품성 정도에 지나지 않게 된다.

우리를 시험에 들지 않게 하시고 악에서 구하소서 많은 교인에게는 "우리를 유혹에 빠지지 않게 하시고 악에서 구원하소서"라는 번역문이 더 익숙하다. 이 구절은 지극히 일반적인 이야기라 학자들은 과연 이 구절에 구체적인 의미가 있기나 한지 의문을 품는다. "우리를 시험에 들지 않게 하소서"는 루가와 마태오 버전에 모두 나온다. 여기서 시험이 구체적으로 박해를 가리킨다고 생각하는 사람도 있다. "우리가 괴롭힘과 추방, 폭행이라는 시련을 겪지 않게 하소서." 그보다는 좀 더 일반적인 상황을 가리킨다고 생각하는 사람도 있다. "우리의 인격과 충성, 헌신을 시험하는 상황에 놓이지 않게 하소서." 여기서 쓰인 헬라어는 예수가 광야에서 40일을 보내는 동안 받았던 '유혹'과 같은 단어다(마태 4:1~11, 루가 4:1~13).

"악에서 구하소서"는 적어도 두 가지로 이해할 수 있다. 첫째 '악'은 흔히 우리를 지배하고 통제하는 권력으로 이해된다. 그렇다면 이 구절은 악한 권력으로부터 우리를 구해달라는 뜻일 수 있다. 둘째, 이 구절은 '악을 행하는 것에서 우리를 구하소서'를 뜻할 수도 있다. 어쩌면 둘 다를 의미하는 것일 수도 있다. 악을 행하는 일은 보통 악한 권력 아래서 이루어지기 때문이다.

이 시점에서 다시 첫 번째 간청인 "아버지의 이름을 거룩하게 하소서"로 돌아가 보자. 하느님에게 하느님의 이름을 거룩하게 해달라고 청하는 것은 어떠한 의미가 있을까? 하느님은 '아버지'로서 이 세상의 '가장'이다. 1세기는 가부장제 사회였으므로 가정의 머리는 남성이었다. 그렇다면 어떤 가장이 좋은지, 어떤 가장이 나쁜지 무엇으로 판단할 수 있을까? 가정이 어떻게 돌아가고 있는지를 보면 알 수 있다. 아이들은 제대로 보살핌을 받고 있는가? 가족들 모두 부족함이 없는가? 가장이 자식 중 특정 아이만을 편애하지는 않는가? 가축들은 잘 돌보고 있는가? 건물은 잘 관리되고 있는가? 모든 가족 구성원이 건강한가?

하느님에게 하느님의 이름을 거룩하게 해달라고 간청하는 것은 이 세상을 좋은 가정으로 만들어달라고 간청하는 것이다. 이는 하느님 나라에 대한 간청과 상응한다. "하늘에서와같이 땅에서도 … 아버지의 나라가 오게 하소서."

주의 기도는 예수가 가장 중시한 것이 무엇인지를 압축적으로 보여준다. 주의 기도를 드리며 우리는 예수가 열망했던 것을 열망한다. 예수는 하느님이 바라는 것이 무엇인지를 드러내는 결정적인 계시이므로 하느님이 열망하는 것을 열망한다고도 할 수 있다. 이 기도를 드리며 우리는 세상을 향한 하느님의 꿈이 이루어지기를 기원한다. 기도를 드림으로써 우리는 하느님의 열망과 예수의 열망에 동참하라는 초대에 응한다.

생각해 보기

◇ 당신은 주의 기도를 암송할 때 그 의미를 얼마나 되새기는가? 하늘, 아버지의 나라, 양식, 죄(혹은 빚), 악과 같은 말의 의미(주의 기도가 만들어진 당시의 의미, 오늘날 주의 기도가 우리에게 주는 의미)를 되새기며 암송해 보자.

그리스도교는 '하느님의 꿈',

지금 여기서 세상이 변환되기를 바라는

하느님의 열망을 이야기하는 종교다.

하느님은 이 세상을 중시한다.

그분은 모든 피조물을 사랑하시기에

자연 세계뿐 아니라 인간 세상에도 관심을 기울인다.

그 연장선에서 정치, 경제 체제와 관습이 정의로운지 불의한지,

공정한지 불공정한지, 폭력적인지 비폭력적인지 관심한다.

그리스도교인은 다른 종류의 세상, 정의롭고 평화로운 세상을 향한

하느님의 꿈, 하느님의 활동에 참여하도록 부름받았다.

결론 - 무엇이 위기인가: 그리스도교의 심장

그리스도교 언어를 어떻게 이해하느냐를 두고 일어나는 갈등은 오늘날 그리스도교 안에서 벌어지고 있는 갈등의 핵심이다. 이 문제는 미국 그리스도교의 분열을 낳았고 다른 나라에서도 문제가 되고 있다. 특정 성서 본문을 문자 그대로 이해하고 절대적인 진리로 받아들이는 사고방식은 내가 속한 세계 성공회 공동체의 일치를 위협하고 있기도 하다. 심지어 이 문제로 미국 성공회는 세계 성공회 공동체에서 제명될 뻔했다.

하지만 교회의 일치가 위협받는 것보다 더 심각한 문제가 있다. 그리스도교 언어를 이해하는 문제는 곧 그리스도교의 근본에 관한 문제와 연결된다. 과연 그리스도교는 무엇인가? 내세, 즉 언젠가 천국에 들어가기 위해 무엇을 믿고 어떻게 살아야 하는지를 이야기해주는 종교인가? 한편으로는 죄를 강조하고 죄의식을 부추기며 형벌을 받을 거라 위협하면서, 다른 한편으로는 예수가 이런 죄를 씻어 주기 위해 우리 대신 죽었음을 믿음으로써 용서를 받는 것이 그리스도교의 핵심일까? 그리스도교는 개인의 의로움 정도를 측정하는 일종의 절대 기준으로만 우리 삶에 관계하는 걸까? 그리고 그 기준에 부합하지 못했을 때 용서를 구하는 것하고만 관련된 것일까?

천국과 지옥 그리스도교는 이 순간에도 대다수 그리스도교인, 특히 근본주의적이고 보수적인 그리스도교인의 의식과 무의식 속에서 생명을 이어가고 있다. 물론 그들도 그리스도교가 현재 삶과 관련이 있다고, 그리스도교인은 변환된 삶으로 사람들을 인도하는 소명을 받았다고 생각한다. 그렇지만 말로 표현하든 안 하든 많은 이는 사후의 운명을 더 우선시한다. 그들은 묻는다. "당신은 영생을 어디서 보낼 것인가?"

이러한 형태를 지닌 그리스도교는 대개 개인에 초점을 맞춘다. 개인에 초점을 맞추는 것은 이러한 형태를 지닌 그리스도교의 본질일지도 모르겠다. 여기서 중요한 건 개인으로서 우리가 무엇을 믿고 무엇을 행하느냐이다. 천국에 가게 될(혹은 가지 못하게 될) 사람은 개인이기 때문이다. 이러한 형태를 지닌 그리스도교가 강조하는 윤리적인 가르침은 모두 개인의 행실에 방점을 둔다. 오늘날 공적 영역에서 가장 많은 충돌을 일으키는 그리스도교 윤리, 예컨대 낙태, 피임, 성행위, 성적 지향, 가정, 교회, 사회에서 여성이 맡은 역할 등의 문제를 생각해보라.

분명 개인의 확신과 행실은 중요하다. 그리스도교인들은 무엇이 실재이고 삶이란 무엇이며 이를 어떻게 보아야 하는지, 어떻게 살아야 하는지에 관해 세상의 시각과는 다른 시각을 갖도록 부름받았다. 회심은 본질적으로 개인의 차원에서 일어난다. 하지만 그리스도교는 개인의 회심만 이야기하는 종교, 개인 삶의 변환만 이야기하는 종교가 아니다. 그리스도교는 '하느님의 꿈', 지금 여기서 세상이 변환되기를 바라는 하느님의 열망을 이야기하는 종교다. 하느님은 이 세상을 중시한다. 그분은 모든 피조물을 사랑하시기에 자연 세계뿐 아니라 인간 세상에도 관심을 기울인다. 그 연장선에서 정치, 경제 체제와 관습이 정의로운지 불의한지, 공정한지 불공정한지, 폭력적인지 비폭력적인지 관심한다. 그리스도교인은 다른 종류의 세상, 정의롭고 평화로운 세상을 향한 하느님의 꿈, 하느님의 활동에 참여하도록 부름받았다.

이는 유토피아적 비전일까? 그렇다. 완벽하게 정의롭고 평화로운 세상을 상상하는 건 불가능하다. 이런 맥락에서 유토피아는 헬라어 어원에 담긴 의미 그대로 '어디에도 없는 곳'이다. 그러한 세상은 어디에도 없다. 이러한 유토피아는 실현 불가능한 꿈이다. 하지만 유토피아의 또 다른 어원에 담긴 의미는 '좋은 장소', '축복받은 장소'이다. 유토피아는 이상적인 곳, 하느님의 꿈이 실현된 곳이다.

유토피아를 향한 비전을 결코 실현할 수 없다고 해서 이를 (불완전하게나마) 실현하기 위한 노력을 그쳐야 하는 건 아니다. 오히려 그러한 깨달음은 유토피아적 비전을 향해 나가기 위해 우리가 할 수 있는 일들을 하도록 우리를 독려한다. 그리스도교인이 된다는 건 세상이 바뀌기를 바라는 하느님의 열망에 동참하는 것이다.

내세와 개인의 구원에 집중하는 천국과 지옥 그리스도교는 이 세상을 향한 하느님의 꿈을 가려버린다. 하느님의 말씀이 예수로 육화된 것은 이 세상 밖으로 우리를 데려가기 위함이 아니었다. 이 세상을 구원하기 위해서였다. '구원'이라는 말이 속박으로부터의 해방을 뜻함을 기억하라. 세상이 변환되기를 열망하는 하느님의 꿈을 가로막는 권력들과 그 권력들이 만들어낸 장애물로부터 이 세상을 해방하기 위해 하느님의 말씀은 예수를 통해 육화되었다.

그리스도교의 두 가지 비전

그리스도교에는 두 가지 비전이 있다. 하나는 천국에 가기 위해 우리가 믿고 행해야 하는 것을 강조한다. 다른 하나는 변환된 세상을 향한 하느님의 열망을 강조한다. 이 둘은 똑같은 언어를 사용하고 똑같은 성서를 본다. 둘의 차이는 이 똑같은 언어를 이해하는 방식에 있다. 그리스도교 언어는 천국과 지옥 그리스도교의 해석틀 안에서 이해되거나 변환된 세상을 향한 하느님의 열망이라는 해석틀 안에서 이해된다.

나는 두 번째 해석틀이 성서가 본래 말하고자 하는 바에 가깝고 더 오래되었으며 전통적이라고 확신한다. 또한 두 번째 해석틀은 관습적이지 않으며 전복적이다. 이 해석틀은 고대의 맥락에서 그리스도교 언어에 담긴 옛 의미를 신중하게 받아들인다. 첫 번째 해석틀은 4세기 로마제국에서 시작해 점차 유럽 전역과 일부 중동

지역까지 그리스도교가 주류 문화와 결탁하는 과정에서 나온 산물이다. 그 결과 그리스도교는 내세와 개인의 사후 운명에 관한 종교가 되어버렸다. 이 세상을 변환시키는 종교가 아니게 된 것이다. 당시 세상은 그리스도교 권력이 지배하고 있었다. 이러한 맥락에서 천국과 지옥 그리스도교는 성서에 담긴 정치적 열망을 순화하며 나아가 거세해 버린다.

그리스도교 언어를 어떻게 말하고 어떻게 이해하는가의 문제는 중요하다. 이에 따라 그리스도교에 대한 이해가 바뀔 수도 있고 새로운 활력을 얻을 수도 있다. 통상 쓰이는 그리스도교 언어의 의미에 문제가 너무 많아 성서와 그리스도교 언어를 폐기 처분한 그리스도교인들에게도 이는 중요한 문제다. 하지만 그 의미가 불분명하다고 해서 신앙의 언어를 회피한다면, 그 의미를 확실하게 안다고 자임하는 이들이 그리스도교 언어를 독점하게 된다. 그렇다면 정말 불행한 일이 아닐 수 없다. 그리스도교 언어에는 말할 수 없이 풍요롭고 놀라운 지혜가 담겨 있다. 그리스도교 언어는 사람과 세계를 변화시키는 힘을 갖고 있다.

성서의 언어와 그리스도교 언어를 그 통상적인 의미 때문에 무시하거나 거부한다면 심각한 문제가 제기된다. 그리스도교 언어를 사용하지 않고도 우리는 그리스도교인이 될 수 있는가? 종교는 언어와 같다는 이 책의 전제가 옳다면, 그 대답은 '아니오'다. 그리스도교인이란 '그리스도교 언어를 말하는' 자이기도 하다.

그리스도교인이 아니라고 해서 최후의 심판을 받는 건 아니다. 그리스도교인이 아니더라도 하느님을 사랑할 수 있는가? 그렇다.

그리스도교인이 아니더라도 정의롭고 평화로운 세상을 열망하고 꿈꿀 수 있는가? 그렇다. 다른 종교 전통에서도 이러한 비전을 찾아볼 수 있다. 어떤 경우에는 무신론도 그러하다. 성서의 핵심을 이루는 윤리적인 열망은 그리스도교에 몸담지 않은 이들도 충분히 받아들일 수 있다. 문제는 하느님을 사랑하거나 그 열망에 동참하기 위해 그리스도교인이 되어야만 하는가가 아니다. 문제는 우리 자신과 세상의 변화를 바라는 하느님의 열망에 동참하지 않고서도 그리스도교인이 될 수 있는가이다. 긍휼과 정의, 평화가 넘치는 세상을 향한 하느님의 열망을 자신의 열망으로 받아들이지 않고서도 그리스도교인이 될 수 있는가?

이는 오늘날 그리스도교인들에게 중요하고도 까다로운 문제다. 미국은 특히나 그렇다. 미국 시민이자 그리스도교인으로서 나는 현재 미국 그리스도교가 하고 있는 일들에 적잖은 당혹감을 느낀다. 통계상 미국은 세계에서 가장 많은 그리스도교인이 살고 있는 나라다. 종교를 물어보면 약 80%가 '그리스도교'라고 답한다. 실제로는 이 가운데 절반 정도만 교회에 나간다 할지라도 이 숫자가 큰 숫자라는 점은 부정할 수 없다.

또한 미국은 우리 시대의 제국이다. 어떤 사람은 미국의 힘이 쇠퇴해간다고 걱정하기도 한다. 예전에는 좌파들만이 미국을 제국이라 불렀다(제국이라는 말은 한때 좌파들 고유의 수사로 쓰였다). 하지만 지금은 보수주의자들도 미국을 제국으로 선언하며 그 사실을 자축한다.

그리스도교인이면서 미국인이라는 정체성은 애매한 상황을 빚어낸다. 미국은 세계에서 가장 많은 그리스도교인이 살고 있는 나라다. 그러면서 세계에서 가장 강력한 군사력을 갖춘 나라이기도 하다. 미국 인구는 세계 인구의 1/5 정도지만, 군사비 지출은 세계 군사비 지출의 절반가량을 차지한다. 130여 개 나라에 700개가 넘는 군사기지를 두고 있으며 미 해군은 미국 뒤를 잇는 13개 국가의 해군력을 다 합친 것만큼이나 강력하다. 미 공군이 세계 최강이라는 건 놀랄 일이 못 된다. 놀라운 사실은 세계에서 미 공군 다음으로 공군력이 강한 군대가 미 해군이라는 사실이다. 미국은 전 세계 국가들의 군사력을 합친 것과 맞먹을 만큼 막강한 군사적인 힘을 갖추기로 결심했다. 이 나라의 신조는 '우리는 하느님을 신뢰한다'이지만 실제로 신뢰하는 것은 힘, 특히 군사력이다.

앞서 말했듯 미국은 세계에서 가장 많은 그리스도교인이 살고 있는 나라다. 그러면서 어떤 선진국보다 빈부 격차가 큰 나라이기도 하다. 미국의 소득 불균형 정도는 상상을 초월한다. 미국과 여타 선진국들의 소득 불균형 정도를 비교해놓은 도표를 보면, 미국의 수치는 도표 끝자락에 있다. 더군다나 이 불균형은 지난 30년 동안 더 심각해졌다. 부자들은 더 큰 부와 권력을 누리게 되었고 중산층과 빈곤층 삶의 질은 점점 더 낮아졌다. 지구 상에서 그리스도교인이 가장 많이 사는 나라에서 말이다.

그럼에도 미국 그리스도교인 대다수는 압도적인 군사력에 의존하는 외교 정책을 지지하고, 더 작은 정부와 더 적은 세금을 강조하는 국내 정책을 지지한다. 의도적이든 아니든 이는 부유층, 특히 상위 1~2%에 속하는 자들의 잇속을 위해 나머지 국민을 희생하는 것이다.

바야흐로 미국 그리스도교인들은 커다란 위기를 맞았다. 그리스도교 언어를 되살리는 데 그리스도교의 미래와 미국의 미래가 달려 있다. 미국은 고대에, 그리고 멀지 않은 과거에 역사 저편으로 사라져버린 지배체제들과 점점 더 닮아갈 것인가? 아니면 세계에서 가장 많은 그리스도교인이 살고 있는 나라로서 가던 길에서 돌이켜 긍휼과 정의, 평화에 헌신할 것인가?

어쩌면 너무 많은 걸 기대하는 것일지도 모른다. 과거 제국들의 역사를 돌아보면 전망은 어둡다. 제국은 모두 사라졌다. 성서는 그 이유에 대해 그들이 '휘브리스'로 가득했기 때문이라고 이야기한다. 휘브리스는 보통 '자만, 자부심'을 뜻하는 영어단어 프라이드pride로 번역하지만 이보다 더한 것을 의미한다. 무언가 좋은 일을 하고서 자신을 스스로 대견하게 여기거나 자랑스러워 하는 게 문제 될 건 없다. 하지만 휘브리스는 그런 게 아니다. 휘브리스란 자기 자신, 자기 나라, 혹은 자기 종교를 부풀리는 것을 뜻한다. 이는 궁극적으로 우상 숭배와 맞닿아 있다. 하느님이 아닌 다른 것을 자신의 삶, 안위, 비전의 중심에 놓기 때문이다. 휘브리스는 고전적인 제국의 죄이며 영락없이 제국의 쇠망을 몰고 왔다.

그렇다고 너무 당황할 필요는 없다. 미국이 자신이 가던 길에서 돌이키는 것은 도덕적으로나 실질적으로나 중요하나 제국이 무너진다 해도 나라는 무사할 수 있다. 예외도 있다. 때로는 제국은 몰락해 황폐해졌지만 언제나 그렇지는 않았다. 대영제국은 몰락했지만 영국은 무사하다. 프랑스제국과 오스만제국도 무너졌지만 프랑스와 터키는 무사하다. 미 제국의 쇠망―부풀려진 자기 자신을 원래 모습으로 바로잡는 것―은 좋은 일일지도 모른다.

그리스도교란 무엇인가

그리스도교인들은 그리스도교인이 되는 걸 복잡하게 만들기 일쑤다. 특히나 올바른 믿음을 강조하는 갖가지 신앙 형식들이 그렇다. 유아 세례가 옳은가? 아니면 성인이 될 때 세례를 받는 것이 옳은가? 예정인가, 자유의지인가? 성령은 성부에서만 나오는가, 아니면 성부와 성자에게서 나오는가(이 문제로 서방 교회와 동방 교회가 1054년 분열되었다)? 타락 전 선택설이 옳은가, 타락 후 선택설이 옳은가? 즉 하느님은 예수를 메시아로 보내기로 인류가 타락하기 전에 결정하셨는가 아니면 타락 이후에 결정하셨는가(17세기 초 네덜란드 개혁교회는 이 문제로 갈라졌다)? 성찬례에서 빵과 포도주는 정말 예수의 살과 피가 되는가, 아니면 예수가 죽음을 맞기 전 마지막으로 나누었던 만찬을 그저 기념하는 것인가? 그리스도교인이 되기 위해서는 성서가 오류가 없다는 점, 예수가 동정녀에게서 태어났으며 물리적으로 육체적으로 부활했다는 점을 문자 그대로 이해하는 것을 비롯해 이른바 '5대 근본조항'을 인정해야 하는가? '정확한 믿음'을 강조할 때 그리스도교는 복잡해진다.

하지만 궁극적으로 그리스도교가 전하는 핵심 메시지는 간단하다. 하느님을 사랑하고 하느님이 사랑하는 것을 사랑하라는 것이다. 이는 곧 성서를 통해 드러난, 예수에게서 가장 결정적으로 드러난 하느님을 사랑하는 것을 뜻한다. 우리는 우리 가운데 살았던 예수에게서 하느님의 성품과 열망을 볼 수 있다. 그는 하느님 나라, 변환된 세상에서의 삶을 열망했다. 이 세상은 하느님의 열망을 담고 있다.

그리스도교는 위대한 전통이다. 다른 모든 종교와 인류의 전통처럼 어두운 면이 있지만, 좋은 면에서 그리스도교는 진실, 선, 아름다움에 관한 종교다. 또한 그리스도교는 인류의 커다란 갈망 두 가지를 이야기한다. 그것은 개인의 변화에 대한 소망과 이 세상이 좀 더 좋은 곳이 되기를 바라는 소망이다. 그리스도교의 본질을 추리면 결국 그 메시지는 '(예수를 통해 계시된) 하느님을 사랑하고 세상을 변화시켜라'가 될 것이다. 이 비전을 주장하려면 그리스도교 언어를 되살려야 한다. 그리스도교 언어를 이해하는 방식, 그리스도교인으로 말하는 것은 실로 중요하다.

그리스도교 언어를 어떻게 말하고
어떻게 이해하는가의 문제는 중요하다.
이에 따라 그리스도교에 대한 이해가 바뀔 수도 있고
새로운 활력을 얻을 수도 있다.
... 그리스도교 언어에는 말할 수 없이
풍요롭고 놀라운 지혜가 담겨 있다.
그리스도교 언어는 사람과 세계를
변화시키는 힘을 갖고 있다.

그리스도교 신앙을 말하다

- 왜 신앙의 언어는 그 힘을 잃었는가?

초판 발행 | 2013년 12월 26일
개정판 발행 | 1쇄 2017년 4월 20일
　　　　　　 5쇄 2024년 3월 30일

지은이 | 마커스 J. 보그
옮긴이 | 김태현

발행처 | 비아
발행인 | 이길호
편집인 | 이현은
편　집 | 민경찬 · 양지우
검　토 | 박용희 · 방현철 · 차주호
제　작 | 김진식 · 김진현
재　무 | 황인수 · 이남구 · 김규리
마케팅 | 이태훈 · 민경찬
디자인 | 손승우

출판등록 | 2020년 7월 14일 제2020-000187호
주　소 | 서울시 강남구 봉은사로 442 75th Avenue 빌딩 7층
주문전화 | 010-8729-9237
팩　스 | 02-395-0251
이메일 | viapublisher@gmail.com

ISBN | 978-89-286-3799-7 04230
한국어판 저작권 ⓒ 2013 ㈜타임교육C&P